财务会计综合实训

Financial Accounting

裴淑红 张 兰⊙著

中国市场出版社
China Market Press

图书在版编目（CIP）数据

财务会计综合实训/裴淑红，张兰著．—北京：中国市场出版社，
2010.6

ISBN 978 - 7 - 5092 - 0651 - 5

Ⅰ．①财…　Ⅱ．①裴…②张　Ⅲ．①财务会计　Ⅳ．①F234.4

中国版本图书馆 CIP 数据核字（2010）第 088996 号

书　　名：	财务会计综合实训
作　　者：	裴淑红　张　兰　著
责任编辑：	胡超平
出版发行：	中国市场出版社
地　　址：	北京市西城区月坛北小街 2 号院 3 号楼（100837）
电　　话：	编辑部（010）68012468　读者服务部（010）68022950
	发行部（010）68021338　68020340　68053489
	68024335　68033577　68033539
经　　销：	新华书店
印　　刷：	河北省高碑店市鑫宏源印刷包装有限责任公司
规　　格：	787×1092 毫米　1/16　22.25 印张　550 千字
版　　本：	2010 年 6 月第 1 版
印　　次：	2010 年 6 月第 1 次印刷
书　　号：	ISBN 978 - 7 - 5092 - 0651 - 5
定　　价：	38.00 元

前　言

会计学专业是一门强调实践性的学科。会计学专业学生除了系统学习会计理论外，还必须辅之以财务会计综合实训。本书从基础知识、实例操作和综合实训三个角度系统阐释了从编制审核会计凭证、开设登记会计账簿到编制财务报表的企业会计核算流程和方法。通过对本书的学习，相信读者能够全面提升会计实务能力。

一、本书的基本结构

本书由基础篇、实例篇和实训篇三部分构成。

1. 基础篇

基础篇，由会计凭证、会计账簿、财务报表构成。

会计凭证，重点讲解会计凭证的概念和种类、填制和审核、装订和保管的基础知识、基本规定和具体方法。

会计账簿，重点讲解会计账簿的概念和种类、设置和登记、对账和结账、试算平衡以及错账的更正的基础知识、基本规定和具体方法。

财务报表，重点讲解编制资产负债表、利润表、现金流量表、所有者权益变动表的基础知识、基本规定和具体方法。

2. 实例篇

实例篇，由企业基本情况和业务资料模块（模块1）、编制记账凭证和科目汇总表模块（模块2）、开设登记会计账簿和编制科目余额表模块（模块3）、编制财务报表模块（模块4）构成。

模块1，介绍了企业基本情况、会计核算的基本要求和具体方法以及2009年12月份企业发生的72笔经济业务。

模块2，根据模块1提供的资料，编制了72笔经济业务的记账凭证并据此分上、中、下旬编制科目汇总表。

模块3，根据模块2编制的记账凭证，开设登记现金日记账、银行存款日记账、总分类账和明细分类账，并编制科目余额表。

模块4，根据模块1、2、3提供的资料，分别按月、按年度编制资产负债表、利润表、现金流量表和所有者权益变动表。

3. 实训篇

实训篇，由实训目的、实训资料、实训要求构成。

实训目的，明确了本实训拟实现的对学生会计实务操作能力、组织协调能力、敬业精神和团结协作精神方面的培训目标。

实训资料，介绍了实训企业基本情况、内部机构设置、会计核算基本要求、经济业务资料和建账资料，为同学进行财务会计综合实训提供了实训素材。

实训要求，针对综合实训提出了分组、经济业务选择、实训手段、实训内容、实训程序及参考进度、提交实训资料以及实训所需设备和耗材等具体实训要求，为教师安排实训、学生自我实训提供了方便。

二、本书的特点

1. 体例新颖

本书打破了传统的以资产、负债、所有者权益、收入、费用和利润会计六要素为基础的分项会计实务体例结构，建立了由基础篇、实例篇和实训篇三部分构成的能够综合反映企业会计实务的体例结构。

2. 经济业务全面、典型、实用

本书以生产高档护肤类化妆品的增值税一般纳税人为会计主体，设计了2009年12月份72笔经济业务，涵盖了一般企业主要的日常经济业务和特殊交易或事项，业务全面、典型、实用。

经济业务包括：银行结算、银行对账，材料采购、材料成本及差异的计算与分摊，产品生产、产品销售、产品成本及差异的计算与分摊，销售折让、销售退回，交易性金融资产、持有至到期投资、长期股权投资的核算，固定资产折旧、处置的核算，债务重组、非货币性资产交换、非货币性福利、以非现金资产抵债的核算，资产减值准备的计提，职工薪酬的核算、发放与缴纳，混合销售行为及兼营非应税劳务行为的税务处理，税款的核算、汇缴，会计差错的更正，本年利润的结转，利润的分配，等等。

3. 实例篇再现会计实务范本

为贴近实际，作者收集、整理了大量会计信息资料包括原始凭证、记账凭证、会计账簿和财务报表。通过实例篇讲授编制、审核原始凭证、记账凭证，开设登记现金日记账、银行存款日记账、总分类账、明细分类账，编制资产负债表、利润表、现金流量表和所有者权益变动表，真实再现了会计实务范本，展示了一整套包括会计凭证、会计账簿、财务报表等在内的企业会计实务资料，有助于提高学生的会计实务水平，也为会计及税务人员解决了许多实务中的疑难问题，具有一定的示范作用和推广价值。

4. 实训篇为系统训练提供素材

实训篇由审核编制原始凭证、编制审核记账凭证、开设登记会计账簿和编制财务报表四个相互联系在一起的模块构成，为从编制会计凭证、开设登记会计账簿到编制财务报表的整套业务处理流程及方法的系统训练提供素材。

5. 大量注解方便读者阅读

为增强本书的可读性，帮助读者理解相关内容，本书对重点业务、重要政策、总账科目及明细分类账的设置方法作了大量注解。

三、阅读提示

1. 索引查阅法

除目录外，作者还编制了经济业务、记账凭证、总分类账、明细分类账索引。读者可以根据目录及索引，查阅相关内容。

2. 快速链接法

读者可以通过索引快速链接，根据需要选择经济业务，链接对应记账凭证，再链接所涉及的日记账和明细分类账，进而通过丁字账汇总链接总分类账。例如：

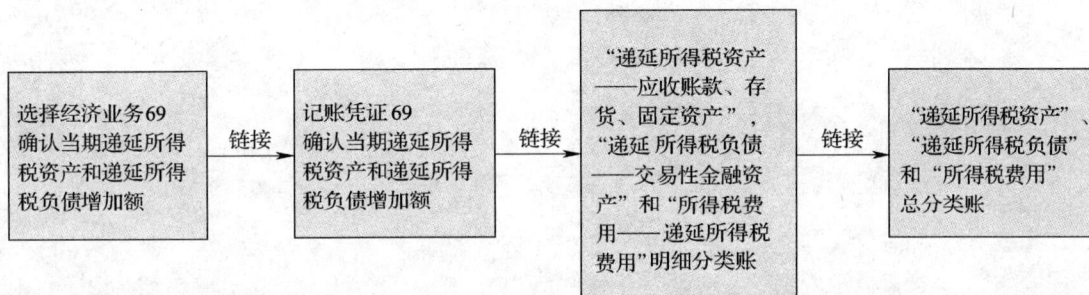

```
┌──────────────┐        ┌──────────────┐        ┌──────────────┐        ┌──────────────┐
│选择经济业务69 │        │记账凭证69     │        │"递延所得税资产│        │"递延所得税资产"│
│确认当期递延所得│ 链接   │确认当期递延所得│ 链接   │——应收账款、存│ 链接   │"递延所得税负债"│
│税资产和递延所得│───────>│税资产和递延所得│───────>│货、固定资产"， │───────>│和"所得税费用"  │
│税负债增加额   │        │税负债增加额   │        │"递延所得税负债│        │总分类账        │
└──────────────┘        └──────────────┘        │——交易性金融资│        └──────────────┘
                                                 │产"和"所得税费 │
                                                 │用——递延所得税│
                                                 │费用"明细分类账 │
                                                 └──────────────┘
```

3. 系统阅读法

为了全面介绍企业本期（月）业务以及本年累计业务的处理，本书不仅编写了2009年12月份的72笔经济业务，还设计了会计账簿和财务报表中2009年年初、11月期末余额，给读者展示了从审核编制原始凭证、编制记账凭证、开设登记会计账簿到编制财务报表等一整套业务处理流程和方法。读者通过系统阅读，可以全面掌握编制审核会计凭证、开设登记会计账簿和编制财务报表的程序和方法。

需要说明的是，为贴近实际，本书在模拟会计主体会计信息资料时虚构了企业名称、纳税人识别号、计算机代码、银行账号等企业信息，如与相关信息雷同，纯属巧合，敬请谅解。

本书科学系统、典型实用，可作为普通高校、成人教育等相关专业的财务会计实训教材，可作为会计人员有益的工作参考书，也可作为财经系统职工培训和自学用书。

本书由裴淑红、张兰负责大纲的拟定，72笔经济业务、年初、月初余额的设计、编写，全书的统稿和审稿工作。具体编写工作由裴淑红、张兰、郭子文共同完成。

在本书编纂过程中，田培源、侯明华、刘雪梅、李宝珍、姚燕、江燕红、付倩、崔玉芹、尉捷、唐雅男、郭海峰、郭昭麟、王玮曾给予大力支持和帮助，在此深表感谢。

　　在本书撰写过程中，作者借鉴、吸收了国内外会计理论研究和实务操作的优秀成果，在此谨向相关作者深表感谢。

　　作者细心著书，但疏漏之处在所难免，诚望广大读者、师生及学界同仁批评指正。

作　者

2010 年 5 月于北京

目　　录

中篇　实　例　篇

下篇　实　训　篇

经济业务、记账凭证、
总分类账、明细分类账索引

上篇 基础篇

实务中，会计人员主要完成审核编制会计凭证、开设登记会计账簿和编制财务报表三个方面的工作。财务会计实务流程如下图所示。

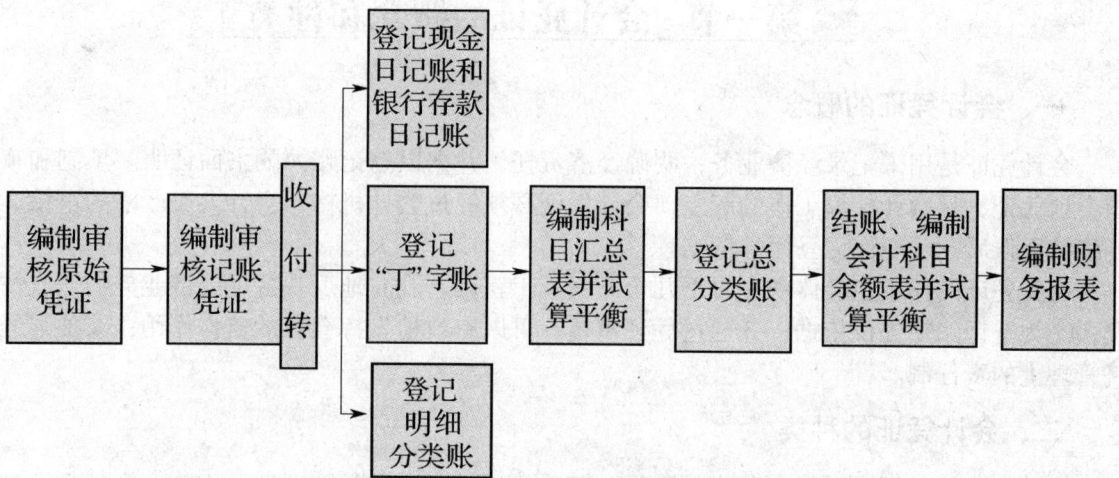

财务会计实务流程图

1
CHAPTER

第一章
会 计 凭 证

■ 第一节　会计凭证的概念和种类

一、会计凭证的概念

会计凭证是用来记录经济业务，明确经济责任，并据以登记账簿的书面证明。填制和审核会计凭证，是会计核算工作的起点。会计凭证必须经过会计机构、会计人员严格的审核，经确认无误后，才能作为登簿的依据。

会计凭证的作用主要体现在以下几个方面：①正确、及时地反映各项经济业务的完成情况；②为登记账簿提供依据；③通过凭证审核，可以有效地发挥会计的监督作用；④加强经济管理上的责任制。

二、会计凭证的种类

会计凭证按其用途和填制程序的不同，可分为原始凭证和记账凭证两大类。会计凭证的具体分类如图 1-1 所示。

■ 第二节　原始凭证的填制和审核

一、原始凭证的概念

原始凭证是在经济业务发生或完成时直接取得或填制的，用以载明经济业务具体内容和完成情况、明确经济责任、具有法律效力的书面证明。原始凭证是进行会计核算的原始数据和主要依据。一切经济业务发生时，都必须取得或填制原始凭证。各单位办理现金收付、款项结算、财产收发、成本计算、费用开支、产品入库、产品销售、工程竣工和其他各种经济业务，都必须以原始凭证证明经济业务已经执行或完成，并作为会计核算的原始依据。例如，购货时取得的发票，材料验收入库时填制的"收料单"，销售产品时填制的"出库单"

```
                                            ┌─ 外来原始凭证
                        ┌─ 按来源分类 ──────┤
                        │                   └─ 自制原始凭证
                        │                   ┌─ 一次凭证
                        │   按填制方法       │
                        ├─ 分类 ────────────┼─ 累计凭证
                        │                   └─ 汇总凭证
              ┌─ 原始凭证                   ┌─ 通用凭证
              │         ├─ 按格式分类 ──────┤
              │         │                   └─ 专用凭证
              │         │                   ┌─ 通知凭证
              │         │                   │
              │         └─ 按用途分类 ──────┼─ 执行凭证
   会                                       └─ 计算凭证              ┌─ 库存现金收款凭证
   计                                                    ┌─ 收款凭证┤
   凭                                      ┌─ 通用记账凭证│         └─ 银行存款收款凭证
   证 ──┤      按使用范围       │          按是否与库
              ├─ 分类 ────────┤          存现金和银    ┌─ 库存现金付款凭证
   按用途和    │                └─ 专用记账凭证│行存款收付 ├─ 付款凭证┤
   填制程序    │                            业务有关    │         └─ 银行存款付款凭证
   分类        │      按编制方式   ┌─ 单式记账凭证        └─ 转账凭证
              ├─ 记账凭证─ 分类 ──┤
              │                   └─ 复式记账凭证
              │      按是否经过     ┌─ 汇总记账凭证
              └──── 汇总分类 ──────┤
                                   └─ 非汇总记账凭证
```

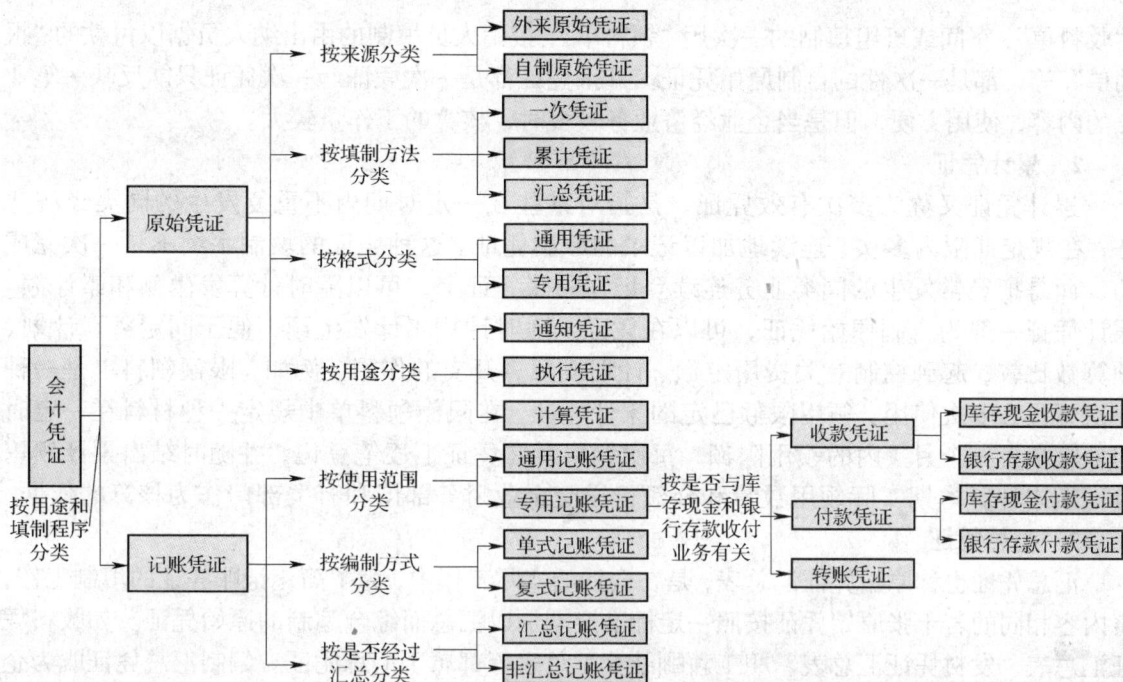

图 1-1　会计凭证分类

等，这些都可以证明经济业务已经实际执行或完成，并作为会计核算原始数据的凭证。但是，对于不能证明经济业务发生或完成情况的凭证，则不能算作原始凭证，也不能作为进行会计核算的原始依据，如购货合同、协议书、对账单等。

二、原始凭证的种类

（一）原始凭证按其来源不同，可分为外来原始凭证和自制原始凭证

1. 外来原始凭证

外来原始凭证是在本单位同外单位发生经济业务时，由业务经办人员在业务发生或者完成时从外单位取得的，然后迅速传递给本单位财会部门的一种原始单据。常用的外来凭证有供货单位填制的发票、由收款单位开来的收据、运输单位填制的运杂费收据、由银行转来的"收款、付款通知"等。

2. 自制原始凭证

自制原始凭证是各单位自行制定，由本单位经办业务的部门或人员在经济业务发生或完成时所填制的，并被本单位使用的原始凭证。例如，企业仓库保管人员在验收材料入库时填制的"材料验收入库单"，车间班组向仓库领取材料时填制的"领料单"，完工产品入库时填制的"产品入库单"，计算应付职工薪酬时填列的"职工薪酬汇总表"，等等。

（二）原始凭证按其填制方法不同，可分为一次凭证、累计凭证和汇总凭证

1. 一次凭证

一次凭证是指对一项或若干项同类经济业务一次完成填制手续，不能重复使用的原始凭证。绝大多数原始凭证都是一次凭证。例如，企业购进材料验收入库时由仓库保管员填制的

"收料单"，车间或班组填制的一次用"领料单"，报销人员填制的由出纳人员据以付款的"报销单"等，都是一次性的自制原始凭证。外来凭证都是一次凭证。一次凭证只能反映一笔业务的内容，使用方便，但是当企业经济业务较多时，核算的工作量较大。

2．累计凭证

累计凭证又称为多次有效凭证，是指对某些在一定时期内不重复发生的同类经济业务，在规定期限内多次、连续地加以记录的原始凭证。这种凭证的填制手续不是一次完成的，而是把经常发生的同类业务连续登记在一张凭证上，可以随时计算发生额和累计额。累计凭证一般为自制原始凭证，可以在凭证上随时计算累计发生额，便于同定额、计划、预算数比较，起到控制有关费用定额、计划或预算开支的作用。例如，限额领料单是一种一次开设、多次使用、领用限额已定的累计凭证。在限额领料单中规定一种材料在一定时间（通常为一个月）内的领用限额，每次领料时在凭证上逐笔登记，并随时结出累计领用量，期末计算本期实际领用数量和金额，送交企业财务部门和有关部门作为核算的依据。

3．汇总凭证

汇总凭证也称原始凭证汇总表，是在会计的实际工作中，为了简化记账凭证的填制工作，将内容相同的若干张原始凭证按照一定标准定期加以汇总而综合编制的原始凭证。如收料凭证汇总表、发料凭证汇总表、职工薪酬结算汇总表等都属于汇总凭证。编制汇总凭证既为企业经营管理提供了所需要的总量指标，又简化了记账凭证的填制和账簿的登记工作。

（三）原始凭证按其格式不同，可分为通用凭证和专用凭证

1．通用凭证

通用凭证是由有关主管部门统一制作，并在一定范围内使用的标准格式的原始凭证。其使用范围因凭证制作部门的不同而异，既可以是全国范围，也可以是某省、某市、某地区或某系统范围。通用凭证的内容规范，格式标准，便于比较。如中国人民银行统一制定的各种支付结算凭证、税务部门统一制定的发票等。

2．专用凭证

专用凭证是各个单位内部根据本单位管理要求设计的，并在本单位范围内使用的具有特定内容和专门用途的原始凭证。专用凭证只用于本单位，它一般要在凭证名称前加上本单位的名称，如"北京晓晓化妆品有限公司材料入库单"、"北京晓晓化妆品有限公司差旅费报销单"等。

（四）原始凭证按其用途不同，可分为通知凭证、执行凭证和计算凭证

1．通知凭证

通知凭证是指要求、指示或命令企业进行某项经济业务的原始凭证，如"付款通知单"、"罚款通知单"、"银行本票"等。

2．执行凭证

执行凭证是用来证明经济业务已发生或已执行完毕的原始凭证，如"增值税专用发票"、"材料验收单"、"领料单"等。

3．计算凭证

计算凭证是对已进行或完成的经济业务进行计算而编制的原始凭证。大多是为便于以后记账、了解各项数据来源和产生情况而编制的，如"材料成本差异计算表"、"产品成本差异计算表"、"固定资产累计折旧计算表"等。

三、原始凭证的基本内容

企业发生的经济业务是多种多样的，原始凭证所包括的具体内容和格式也不完全一致。但无论哪一种原始凭证，都应该客观、真实地记录和反映经济业务的发生或完成情况，明确经办业务部门和人员及其有关单位的经济责任。

无论是自制原始凭证，还是外来原始凭证，都应具有共同的基本内容，可概括为以下几个方面：①原始凭证的名称；②填制原始凭证的日期和编号；③填制凭证单位的名称或填制人的姓名；④接受原始凭证单位的名称（俗称"抬头"）；⑤经济业务的内容摘要，涉及实物收付的凭证，要填写实物名称、规格、编号、计量单位、数量，不涉及实物收付的凭证，要写明经济业务内容、款项用途；⑥经济业务所涉及财产的名称、数量、单价和金额；⑦经办部门和人员的签名或盖章。

四、原始凭证的填制要求

会计工作是从取得或填制原始凭证开始的，原始凭证填制的正确与否，直接影响会计核算的质量。因此，填制原始凭证必须符合规定的要求。

（一）凭证所反映的经济业务必须合法

填制原始凭证前，必须审核经济业务是否符合国家有关方针、政策、法规、制度的要求，审核无误后方可填制凭证。对不符合规定的业务，不得填制凭证，并需查明原因，提请有关方面进行相应处理。

（二）凭证填写的内容和数字要真实可靠

原始凭证上所填写的经济业务发生的日期、内容、数量和金额等项目必须与实际情况完全相符，不能填写估计数或匡算数。

（三）各种凭证的内容必须逐项填写齐全

原始凭证的内容必须逐项填写齐全，不得遗漏和省略。手续要完备，经办业务部门的人员要认真审核，签名盖章。

（四）凭证书写要规范

（1）各种凭证的书写要用蓝、黑色墨水，文字简明扼要，字迹清晰，易于辨认，不得使用未经国务院颁布的简化字。

（2）阿拉伯数字书写要规范。阿拉伯数字一般应紧贴底线书写，其高度约占横格高度的 $\frac{1}{2}$，一般高低一致，但"6"的起笔应上提（比其他的数伸出 $\frac{1}{4}$），"7"、"9"的落笔要下拉出格至一般数字的 $\frac{1}{4}$，即同其他数字相比，上端缩进 $\frac{1}{4}$，而下端伸出 $\frac{1}{4}$。书写阿拉伯数字时，应有一定的斜度，倾斜角度的大小应以笔顺书写方便、好看易认为准，一般掌握为上端向右倾斜 60 度左右。为了防止涂改，对有竖划的数字的写法应有明显的区别，如"6"的竖划应偏左，"4""7""9"的竖划应偏右，"1"应写在中间。阿拉伯数字的书写规范如图 1-2 所示。阿拉伯数字要逐个写清楚，不得连笔书写；在数字前应填写人民币符号"¥"，货币符号与数字之间不得留有空白，凡阿拉伯数字前写有货币符号的，数字后不再写货币单位。

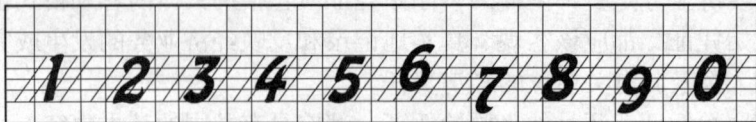

图 1-2　阿拉伯数字的书写规范

（3）汉字和大小写金额数字要符合规格，正确填写。汉字一律按照规定用正楷或者行书体书写，大写金额数字应一律用如壹、贰、叁、肆、伍、陆、柒、捌、玖、拾、佰、仟、万、亿、元、角、分、零、整、正等，不得任意自造简化字；大写金额数字到元或角为止的，在"元"或"角"字的后面应当写"整"字或者"正"字；大写数字有分的，则以分结束即可；当金额数字中间有"0"时，如 20 005.25 元，大写金额中可以只写一个"零"字，为贰万零伍元贰角伍分。当填制印刷有固定金额位数的会计凭证时，汉字大写数字前如有空位时，应当用"⊗"符号封顶。

（4）银行结算票据的出票日期必须大写。月为壹、贰、壹拾的，日为壹至玖和壹拾、贰拾、叁拾的，应在其前加"零"；日为拾壹至拾玖的，应在其前加壹。

（5）一式几联的凭证，必须用双面复写纸套写，单页凭证必须用钢笔填写。多联凭证要保证复写质量，避免字迹、图章模糊不清，辨认困难，造成差错；若出现书写错误，不得随意涂改、刮擦或挖补、粘贴，不得采用化学方法销字、涂改液等不规范方式更改，而应该按规定方法改正或作废重新填写，如果更正的，应由更正人员在更正处盖章，以示负责。对于有关库存现金、银行存款收付的凭证，如支票等发生书写错误的，不能在凭证上进行更正，必须按规定手续注销留存，并加盖作废戳记，重新填写，以防止发生错收错付或舞弊行为。

（6）各种凭证必须连续编号，以便考查。各种凭证如果已预先印定编号，在写错作废时，应当加盖"作废"戳记，全部保存，不得撕毁。

（五）凭证填制要及时

当一项经济业务发生或完成时，应立即填制原始凭证，并按规定的程序及时送交会计部门，经会计部门审核无误后，据此编制记账凭证。会计单位既不能在业务未办理完结前按预计的结果填制凭证，也不能在业务发生后无故拖延时间不填制凭证，即不得早于或迟于规定的时间填制凭证，以免造成凭证记录与客观业务的脱节，影响结算的质量。如果填制或取得的原始凭证不及时，就会影响经济业务的及时反映，而且容易出现差错。

（六）凭证格式要统一

会计单位应采用一定范围内统一使用的标准格式的原始凭证，以便进行分析比较，提高工作效率及节省费用支出，并且为手工操作过渡到会计电算化创造条件。若使用专用凭证，应保证本单位内部有关凭证格式的统一，不得出现相同的经济业务记载于不同的原始凭证上或不同的经济业务记载于相同的原始凭证上的情况，避免在核算中造成格式繁多、核算混乱的现象。

五、原始凭证的审核要求

为了确保会计信息质量，充分发挥会计监督职能，会计人员必须对填制的原始凭证进行审核。只有审核无误的原始凭证，才能作为填制记账凭证的依据。原始凭证的审核主要从以下几个方面进行：

（一）合法性审核

审核填制原始凭证所反映的经济业务是否符合国家的政策、法令、制度的规定，是否符合例行节约、反对铺张浪费的原则，有无违反财政纪律等违法乱纪的行为。

（二）真实性、完整性审核

审核填制原始凭证的日期、所记录经济业务的内容和数据等是否符合实际情况，项目填写是否齐全，手续是否完备，外来原始凭证的填制单位签章、填制人员签字以及自制原始凭证的经办部门和经办人的签名或盖章是否齐全。

（三）准确性审核

审核原始凭证中摘要的填写是否符合要求，数量、单价、金额、合计数的计算和填写是否正确，大小写金额是否相符，书写是否清楚。

原始凭证的审核是一项十分细致而又严肃的工作，会计人员必须坚持制度，坚持原则，履行会计人员的职责。

第三节　记账凭证的填制和审核

一、记账凭证的概念

记账凭证是会计人员根据审核无误的原始凭证或原始凭证汇总表编制的记载经济业务，确定会计分录，直接作为登记账簿依据的会计凭证。

由于企业的各种经济业务错综复杂，且原始凭证种类繁多、格式不一、大小不同，如果根据这些原始凭证直接登记账簿，就很容易发生差错，甚至可能出现账目混乱现象。为了避免这些问题的发生，保证会计核算的质量，就有必要先将各种原始凭证所反映的经济内容加以整理，按照应借应贷的会计科目及金额确定会计分录，填制记账凭证，审核无误后再据以记账。因此，记账凭证亦称分录凭证或记账凭单，它将原始凭证中的基本内容转化为会计语言，是介于原始凭证与账簿之间的中间环节，是登记明细分类账和总分类账的依据。

二、记账凭证的种类

（一）记账凭证按其使用范围不同，可分为通用记账凭证和专用记账凭证

1. 通用记账凭证

采用通用记账凭证的单位，无论是收、付款业务还是转账业务，都可以采用同一格式的记账凭证。通用记账凭证是一种适合于任何经济业务的记账凭证。通用记账凭证常

用于规模较小、经济业务量较少的企业，但在会计电算化条件下使用财务软件记账的企业，现在也使用通用记账凭证。

通用记账凭证的格式和填制方法如下：

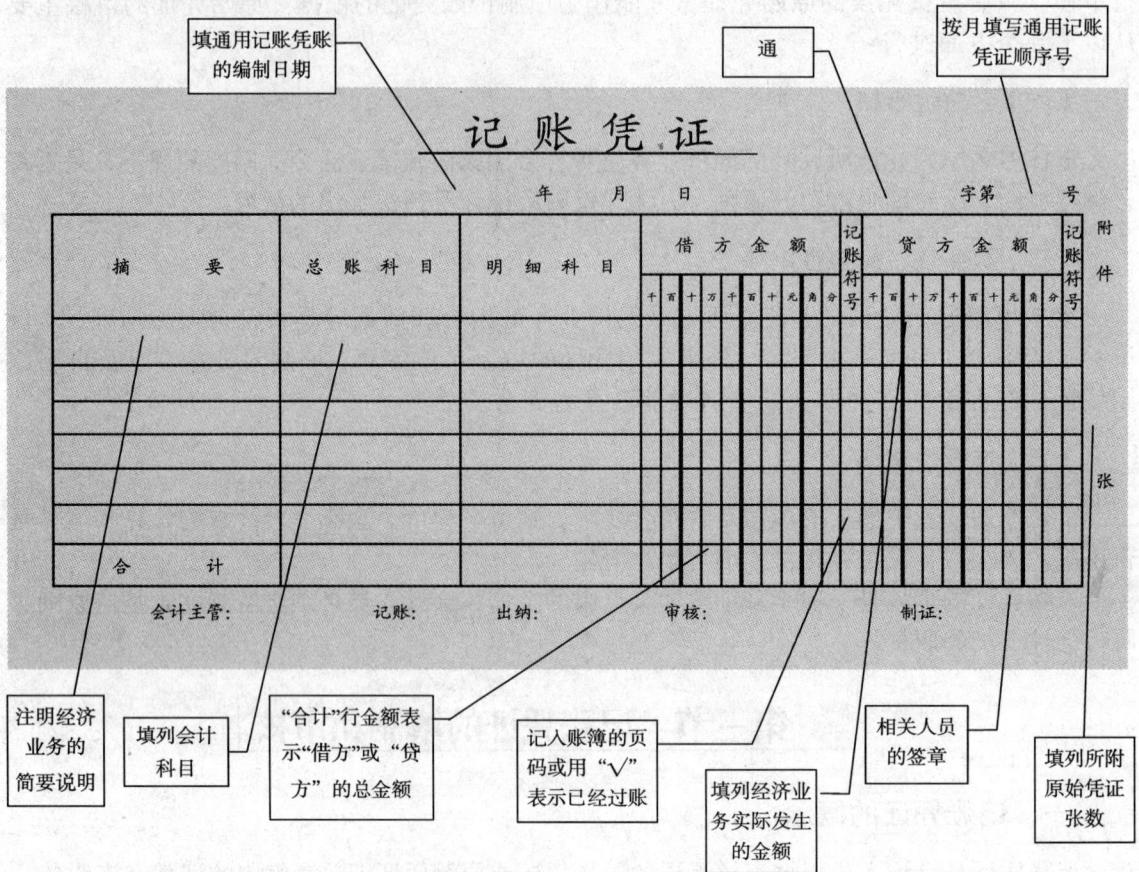

填通用记账凭账的编制日期

通

按月填写通用记账凭证顺序号

记 账 凭 证

年　月　日　　　　字第　号

摘　　要	总账科目	明细科目	借方金额										记账符号	贷方金额										记账符号	附件
			千	百	十	万	千	百	十	元	角	分		千	百	十	万	千	百	十	元	角	分		
																									张
合　　计																									

会计主管：　　记账：　　出纳：　　审核：　　制证：

注明经济业务的简要说明

填列会计科目

"合计"行金额表示"借方"或"贷方"的总金额

记入账簿的页码或用"√"表示已经过账

填列经济业务实际发生的金额

相关人员的签章

填列所附原始凭证张数

2. 专用记账凭证

专用记账凭证是按经济业务的某种特定属性定向使用的凭证，是专门用于记录某一类经济业务的记账凭证。按照专用记账凭证所记录的经济业务是否与库存现金和银行存款的收付相关，可以分为收款凭证、付款凭证和转账凭证三种。为减少记账错误，区分各种记账凭证，一般应用不同颜色表示各种记账凭证，如红色是收款凭证，蓝色是付款凭证，绿色是转账凭证。

（1）收款凭证

收款凭证是用来记录库存现金或银行存款收入业务的记账凭证，包括库存现金收款凭证和银行存款收款凭证。它是用来记录库存现金和银行存款增加业务的，是会计人员根据出纳人员加盖"收讫"戳记后的原始凭证填制的。它既是登记库存现金和银行存款日记账的依据，也是出纳人员收款的证明。收款凭证的借方科目只能填库存现金或银行存款。

收款凭证的格式和填制方法如下：

填收款凭证的
编制日期

"库存现金"或
"银行存款"

现收或银收

按月填写
现收或银收
顺序号

收 款 凭 证

丙式—141 12×21厘米

借方科目＿＿＿＿＿＿＿ 年 月 日 字第 号

摘 要	贷方总账科目	明 细 科 目	记账符号	金 额										附单据
				十	百	十	万	千	百	十	元	角	分	
														张
合 计														

财务主管: 记账: 出纳: 审核: 制单:

注明经济
业务的
简要说明

填列与收入
库存现金或
银行存款
相对应的
会计科目

相关人员
的签章

"合计"行金额表示
借方科目"库存
现金"或"银行
存款"的总金额

记入账簿的
页码或用"√"
表示已经过账

填列经济业
务实际发生
的金额

填列所附
原始凭证
张数

（2）付款凭证

付款凭证是用来记录库存现金或银行存款支付业务的记账凭证，包括库存现金付款凭证和银行存款付款凭证。它是用来记录库存现金和银行存款减少业务的，是会计人员根据出纳人员加盖"付讫"戳记后的原始凭证填制的。它既是登记库存现金和银行存款日记账的依据，也是出纳人员付款的证明。付款凭证的贷方科目只能填库存现金或银行存款。

付款凭证的格式和填制方法如下：

"库存现金"或 "银行存款"

填付款凭证的 编制日期

现付或银付

按月填写 现付或银付 顺序号

付 款 凭 证

贷方科目_____ 　　年　月　日　　　字第　　号

摘　要	借方总账科目	明细科目	记账符号	金　额										附单据
				千	百	十	万	千	百	十	元	角	分	
														张
合　计														

财务主管：　　　记账：　　　出纳：　　　审核：　　　制单：

丙式—142　12×21厘米

注明经济 业务的 简要说明

填列与支付 库存现金或 银行存款 相对应的 会计科目

相关人员 的签章

"合计"行金额表示 贷方科目"库存 现金"或"银行 存款"的总金额

记入账簿的页 码或用"√" 表示已经过账

填列经济业 务实际发生 的金额

填列所附 原始凭证 张数

需要注意的是，对于库存现金和银行存款之间的存款、取款业务，银行存款各账户之间的相互划转业务，按照现行制度规定，只编制付款凭证，不编制收款凭证，以免重复记账。如将库存现金存入银行，只填库存现金付款凭证，不再填银行存款收款凭证；反之，从银行提取库存现金时，则只填银行存款付款凭证，不再填库存现金收款凭证。

（3）转账凭证

转账凭证是用来记录非货币资金收付业务的记账凭证。它是会计人员根据不涉及库存现金和银行存款收付的其他有关转账业务的原始凭证或汇总原始凭证填制的，是登记总分类账和明细分类账的依据。

转账凭证的填列方法与收款凭证、付款凭证的填列方法基本相同，但还应注意以下四点：①经济业务涉及的会计科目全在凭证内填列，格式与会计分录一致，借方科目写在上面，贷方科目写在下面；②凭证编号应按转账凭证的顺序编号，如"转字第×号"；③应借应贷科目的金额分别填列在借方金额或贷方金额栏内；④借方金额、贷方金额合计应该相等。

转账凭证的格式和填制方法如下：

（二）记账凭证按其编制方式不同，可分为单式记账凭证和复式记账凭证

1. 单式记账凭证

单式记账凭证是在每一张凭证上只填列一个会计科目的记账凭证。其对应科目仅作参考，不据以记账。其中，填列借方科目的称借项记账凭证，填列贷方科目的称贷项记账凭证。通常，涉及几个会计科目，就要填制几张记账凭证，即每一项经济业务都要填制两张或两张以上的借项记账凭证或贷项记账凭证。单式记账凭证的优点是：便于归类、整理汇总和传递，便于会计人员在核算上的合理分工。但由于凭证张数多，填制工作量大，平时难以保管，故使用的单位较少。

2. 复式记账凭证

复式记账凭证是将某一笔经济业务所涉及的全部会计科目都集中在同一张记账凭证上，用以完整地反映某笔经济业务的记账凭证。上述收款凭证、付款凭证和转账凭证都属于复式记账凭证。复制记账凭证的优点是：能在同一张记账凭证上完整地反映经济业务的全貌，便于凭证的分析和审核。其缺点是不便于分工记账和科目汇总。

（三）记账凭证按其是否经过汇总，可分为汇总记账凭证和非汇总记账凭证

1. 汇总记账凭证

汇总记账凭证是根据许多同类的单一记账凭证定期加以汇总而重新编制的记账凭证，目的是简化登记总分类账的工作量。汇总记账凭证按汇总方法的不同，可分为分类汇总凭证和全部汇总凭证两种。

（1）分类汇总凭证，是根据一定期间的收款凭证、付款凭证、转账凭证分别填制的汇总

凭证。包括汇总收款凭证、汇总付款凭证、汇总转账凭证。

（2）全部汇总凭证，是根据一定期间全部的记账凭证汇总填制的，如（记账凭证）科目汇总表等。

2. 非汇总记账凭证

非汇总记账凭证是根据原始凭证编制，只反映某项经济业务会计分录的记账凭证。如收款凭证、付款凭证和转账凭证以及通用记账凭证等，都是非汇总记账凭证。

三、记账凭证的基本内容

经济业务的种类和数量繁多，与其相关的原始凭证的格式和内容也各有不同，加上原始凭证一般都不能具体表明经济业务应记入的账户及其借贷方向，直接根据原始凭证登记账簿，容易发生错误。在记账之前，需要根据审核无误的原始凭证，经过归类整理，运用账户和复式记账方法编制会计分录，为登记账簿提供直接依据。因此，所有记账凭证都应满足记账的要求，都必须具备下列基本内容：

（1）记账凭证的名称，即收款凭证、付款凭证或转账凭证。

（2）填制记账凭证的日期，通常以年、月、日表示。

（3）记账凭证的编号。

（4）经济业务的内容摘要。

（5）经济业务所涉及的会计科目及其记账方向。会计科目的名称，包括对应的一级科目和明细科目。我国采用的是复式记账法，所以每一笔经济业务发生后，都以相等的金额在相对应的两个或两个以上科目中进行反映。一级科目反映总括内容，明细科目反映明细情况。

（6）经济业务的金额。按照借贷记账法的规则，每一笔经济业务的发生，其借方金额与贷方金额永远是相等的；每一个一级科目下面的各明细科目金额之和，与一级科目的金额是相等的，而且方向也是一致的。

（7）所附原始凭证的张数。每一份记账凭证都应附有原始凭证。记账凭证所附原始凭证张数的计算原则是：没有经过汇总的原始凭证，按自然张数计算，有一张算一张；经过汇总的原始凭证，每一张汇总单或汇总表算一张。

（8）会计主管、审核、记账、出纳、制单等有关人员的签名或盖章。

四、记账凭证的填制要求

记账凭证填制的正确与否，直接关系到账簿记录的真实性和正确性。因此，填制记账凭证，除了要遵守填制原始凭证的要求外，还必须符合以下要求：

（一）原始凭证审核无误

填制记账凭证，必须以审核无误的原始凭证为依据。记账凭证可以根据每一张原始凭证填制，也可以根据汇总原始凭证填制。以自制原始凭证或者汇总原始凭证代替记账凭证使用的，也必须具备记账凭证所应有的项目（加列会计分录）。

（二）选择记账凭证的类别

会计人员在接到经过审核的原始凭证后，应根据经济业务的性质，确定使用哪种记账凭证（收款凭证、付款凭证或转账凭证）来记录这项经济业务。库存现金或银行存款的收付业务，应使用收、付款凭证；不涉及库存现金和银行存款收付的业务，则应使用转账凭证。在同一项经济业务中，如果既有库存现金或银行存款的收付业务，又有转账业务时，应相应地填制收、付款凭证和转账凭证。

（三）填写记账凭证的日期

记账凭证的填制日期，原则上应与发生经济业务的日期一致，即应在发生经济业务的当天编制。但由于凭证传递有一定的过程，如银行结算凭证、转账凭证，可按照凭证到达的日期或完成的日期填写。具体来看，报销差旅费的记账凭证填写报销当日的日期；库存现金收、付款记账凭证以出纳人员实际收、付款的日期为编制日期；银行收款业务的记账凭证一般按财会部门收到银行进账单或银行回执的戳记日期填写，当实际收到的进账单的日期与银行戳记日期相隔较远，或次月收到上月的银行收、付款凭证时，按财会部门实际办理转账业务的日期填写；银行付款业务的记账凭证，一般以财会部门开出付款单据的日期或承付的日期填写。

（四）填写记账凭证的编号

记账凭证在一个月内应当连续编号，以便查核。采用通用记账凭证时，可按经济业务发生的顺序编号；采用收款凭证、付款凭证和转账凭证的，可采用"序号编号法"，即按凭证类别顺序编号，如：收字第×号，付字第×号，转字第×号等。当一笔经济业务需要编制多张记账凭证时，可采用"分数编号法"，如一笔经济业务需要编制两张凭证时，凭证顺序号为：转字第1号，可编为转字第 $1\frac{1}{2}$ 号，转字第 $1\frac{2}{2}$ 号。也可采用"双重编号法"，即按总字顺序编号与按类别顺序编号相结合，如某收款凭证为"总字第×号，收字第×号"。但是，无论采用哪种编号方式，都应该在月末最后一张记账凭证的编号旁加注"全"字，以便检查是否有散失和舞弊行为。

（五）摘要简明

记账凭证的摘要栏填写既要简明，又要确切。对于收付款业务，要写明收付款对象的名称、款项内容，使用银行支票的，还应填写支票号码；对于购买材料、商品业务，要写明供应单位名称和主要品种、数量；对于经济往来业务，应写明对方单位、业务经手人、发生时间等内容。

（六）准确填写会计分录

会计科目的使用必须正确，应借、应贷账户的对应关系必须清楚。编制会计分录要先借后贷，可以填制一借多贷或一贷多借的会计分录。如果某项经济业务本身需要编制一笔多借多贷的会计分录时，为了反映该项经济业务的全貌，可以采用多借多贷的会计科目对应关系，不必人为地将一项经济业务所涉及的会计科目分开，编制两张记账凭证。

（七）金额栏数字的填写

记账凭证的金额必须与原始凭证的金额相符。在填写金额数字时，阿拉伯数字书写要规范，应平行对准借贷栏次和科目栏次，防止错栏串行；金额数字要填写到分位，如果角位和分位均没有数字，则要在角、分位上写"00"字样；如果角位有数字，分位没有数字，则要在分位上写"0"字样；角、分位与元位的位置应在同一水平线上，不得上下错开。每笔经济业务填入金额数字后，要在记账凭证的合计行填写合计金额。一笔经济业务因涉及会计科目较多，需在一张记账凭证上填写多行或填写多张记账凭证的，一般在每张记账凭证的合计行填写合计金额，并应在合计数前面填写货币符号"¥"，不是合计数则不填写货币符号。

记账凭证应按行次逐项填写，不得跳行或留有空行，对记账凭证中的空行，应该划斜线或一条"s"线注销。划线应从金额栏最后一笔金额数字下的空行划到合计数行上面的空行，要注意，斜线两端都不能划到金额数字的行次上。

（八）所附原始凭证张数的计算和填写

除结账和更正错误的记账凭证可以不附原始凭证外，其他记账凭证必须附有原始凭证。如果原始凭证中附有原始凭证汇总表，应该把所附的原始凭证和原始凭证汇总表的张数一起计入附件张数之内。如果一张原始凭证涉及多张记账凭证的，可以把原始凭证附在一张主要的记账凭证后面，并在其他记账凭证上注明附有该原始凭证的记账凭证编号或者原始凭证复印件，即应在未附原始凭证的记账凭证上注明"附件在第×号记账凭证之后"，或者附原始凭证复印件，便于日后查阅。如果原始凭证需要另行保管时，则应在附件栏目内加以注明。

（九）记账凭证的签章

对记账凭证签名或盖章的目的在于加强凭证管理，分清会计人员之间的经济责任，使会计工作岗位之间相互制约、相互监督。当记账凭证由会计人员填制完毕后，填制人员应该签名或盖章，并经稽核人员审核签名或盖章后交由会计主管人员签名或盖章，最后由记账人员根据审核无误的记账凭证登记账簿，并在记账凭证上签名或盖章，以表示该记账凭证已经由其登记入账。对收、付款记账凭证，还必须由出纳人员签名或盖章，以表明出纳人员已对该记账凭证上的款项进行了收付。

在编制收款凭证、付款凭证时，要特别注意以下两点：

（1）出纳人员对于已收讫的收款凭证和已付讫的付款凭证及其所附的各种原始凭证，应加盖"收讫"和"付讫"戳记，以免重收或重付。会计人员填制收款凭证和付款凭证时，必须以盖有"收讫"和"付讫"戳记和出纳人员名章的原始凭证为依据。

（2）对涉及库存现金和银行存款之间的收付款业务，为避免重复编制凭证和记账，一般只编制付款凭证而不再编制收款凭证。如将库存现金存入银行，仅编制库存现金付款凭证，不再编制银行存款收款凭证；反之，从银行提取库存现金时，则只编制银行存款付款凭证，不再编制库存现金收款凭证。

五、记账凭证的审核要求

记账凭证是登记账簿的依据，只有经过审核无误的记账凭证，才能作为登记账簿的依据。记账凭证审核的要求主要有以下内容：

（一）审查是否附有原始凭证

审查记账凭证所附原始凭证的内容和张数与记账凭证是否相符。所附原始凭证的经济内容与记账凭证是否相同，其金额合计与记账凭证的金额是否相等。

（二）审核项目是否齐全

审核记账凭证中有关项目的填写是否完备，有关会计人员的签名或盖章是否齐全，以及填写是否符合规范等。

（三）检查会计分录

检查记账凭证应借、应贷的账户名称是否正确，对应关系是否清楚，所记金额有无错误，借方金额与贷方金额是否相等，一级账户金额与所属明细账户金额是否相符。所用的账户名称、账户的核算内容，必须符合会计制度的规定。

（四）审查记账凭证错误的更正

在审核记账凭证过程中，如发现填制有误，应查明原因，并按照规定的方法及时更正。凡没有登记账簿的，应由制证人员重新填制。已经登记入账的记账凭证，在当年内发现填写错误时，在科目和金额同时错误的情况下，采用红字更正法对记账凭证和账簿进行更正，即：按规定填制一张红字凭证冲销原来的错误凭证，应在摘要栏注明"注销某月某日某号凭证"字样，再用蓝字重新填制一张正确的记账凭证，在摘要栏注明"订正某月某日某号凭证"字样，据以登记账簿。如果会计科目没有错误，只是金额填写错误，也可以将正确数字与错误数字之间的差额另编一张调整记账凭证，调增金额用蓝字，调减金额用红字。

六、记账凭证涉及的会计科目

会计科目和主要账务处理依据企业会计准则中确认和计量的规定制定，涵盖了各类企业的交易或者事项。企业在不违反会计准则中确认、计量和报告规定的前提下，可以根据本单位的实际情况自行增设、分拆、合并会计科目。企业不存在的交易或者事项，可不设置相关会计科目。对于明细科目，企业可以比照企业会计准则的规定自行设置。会计科目编号供企业填制会计凭证、登记会计账簿、查阅会计账目、采用会计软件系统参考，企业可结合实际情况自行确定会计科目编号。一般企业设置的主要总账科目，如表1-1所示。

表 1-1　　　　　　　　　　会计科目表

编号	会计科目名称	编号	会计科目名称
	资产类		负债类
1001	库存现金	2001	短期借款
1002	银行存款	2101	交易性金融负债
1012	其他货币资金	2201	应付票据
1101	交易性金融资产	2202	应付账款
1121	应收票据	2203	预收账款
1122	应收账款	2211	应付职工薪酬
1123	预付账款	2221	应交税费
1131	应收股利	2231	应付利息
1132	应收利息	2232	应付股利
1221	其他应收款	2241	其他应付款
1231	坏账准备	2501	长期借款

编号	会计科目名称	编号	会计科目名称
1401	材料采购	2502	应付债券
1402	在途物资	2701	长期应付款
1403	原材料	2801	预计负债
1404	材料成本差异	2901	递延所得税负债
1405	库存商品		所有者权益类
1406	发出商品	4001	实收资本
1408	委托加工物资	4002	资本公积
1411	周转材料	4101	盈余公积
1471	存货跌价准备	4103	本年利润
1501	持有至到期投资	4104	利润分配
1502	持有至到期投资减值准备	4201	库存股
1503	可供出售金融资产		成本类
1511	长期股权投资	5001	生产成本
1512	长期股权投资减值准备	5101	制造费用
1521	投资性房地产	5201	劳务成本
1531	长期应收款	5301	研发支出
1601	固定资产		损益类
1602	累计折旧	6001	主营业务收入
1603	固定资产减值准备	6051	其他业务收入
1604	在建工程	6101	公允价值变动损益
1605	工程物资	6111	投资收益
1606	固定资产清理	6301	营业外收入
1701	无形资产	6401	主营业务成本
1702	累计摊销	6402	其他业务成本
1703	无形资产减值准备	6403	营业税金及附加
1711	商誉	6601	销售费用
1801	长期待摊费用	6602	管理费用
1811	递延所得税资产	6603	财务费用
1901	待处理财产损溢	6701	资产减值损失
		6711	营业外支出
		6801	所得税费用

第四节 会计凭证的装订和保管

一、会计凭证的传递

会计凭证的传递是指会计凭证从填制或取得时起，经过审核、记账、装订到归档为止，在有关部门和人员之间按规定的时间、路径办理业务手续和进行处理的过程。会计凭证的传递过程，也就是会计业务处理和会计稽核的过程，是会计凭证处理的一个重要环节。由于企业生产经营的组织不同，经济业务的内容不同，企业管理的要求也不尽相同，故应根据具体情况，确定每一种凭证的传递程序和方法，作为业务部门和会计部门处理会计凭证的工作规范。会计凭证传递应规定合理的传递程序、传递时间和传递过程中的衔接手续。

二、会计凭证的装订

会计凭证是重要的经济档案，必须妥善保管，防止丢失毁损，以备日后随时查阅。会计部门在完成记账工作以后，要定期对各种会计凭证加以整理，装订成册。

（一）会计凭证的整理

会计凭证的整理是装订的前提和基础。会计凭证的整理工作，主要是对原始凭证进行排序、粘贴和折叠。由于原始凭证种类繁多、大小不一，为了使装订工作顺利进行，以及使装订后的凭证整齐、美观，必须做好凭证的整理工作。

因为原始凭证与记账凭证的纸张面积不可能全部一样，这就需要会计人员在装订会计凭证时对原始凭证加以适当整理。对于纸张面积大于记账凭证的原始凭证，可按记账凭证的面积尺寸，先自右向左，再自下向上进行两次折叠。如果采用"角订法"进行装订，要把折叠起来的左上角反折成一个三角形；如果采用"侧订法"进行装订，则要把折叠起来部分的左边留有一些空余。另外，再用厚纸折成三角或长条，衬在装订处，这样使装订处与不装订处一样厚薄，整理厚薄均匀，既便于装订，又便于查询。

对于纸张面积过小的原始凭证，一般不能直接装订，可先按一定次序和类别排列，再粘在一张同记账凭证大小相同的白纸上。粘贴时小票应分别排列，同类、同金额的单据尽量粘在一起；同时，在一旁注明张数和合计金额。如果是板状票证，可以将票面票底轻轻撕开，厚纸板弃之不用。

对于纸张面积略小于记账凭证的原始凭证，可先用回形针或大头针别在记账凭证后面，待装订时再抽去回形针或大头针。有的原始凭证不仅面积大，而且数量多，可以对其单独装订，如职工薪酬汇总表等，但应在记账凭证上注明保管地点。

（二）会计凭证的装订

会计凭证的装订是将分散的会计凭证装订成册，方便保管和利用。有的单位经济业务较少，一个月的记账凭证可能只有几十张，装订起来只有一册；有的单位规模大，经济业务多，一个月的记账凭证可能有几百张或几千张，装订起来就是十几册或几十册。装订之前，要设计一下，看一个月的记账凭证究竟订成几册为好。每册的厚薄应基本保持一致，不能把几张一份的记账凭证拆开装订在两册之中，要做到既美观大方，又便于翻阅。在装订时要先设计好装订册数及每册厚度。一般来说，一本凭证的厚度以 1.5～2.0 厘米为宜，太厚了不便于翻阅核查，太薄了又不利于戳立放置。为了使装订成册的会计凭证外形美观，在装订时要考虑到凭证的整齐均匀，特别是装订线的位置，如果太薄，可用纸折一些三角形或长条，均匀垫在此处，以保证它的厚度与凭证中间的厚度一致。

通常的装订方法有角订法和侧订法两种。

1. 角订法

先准备装订工具，如铁锥或订洞机、绳线、铁夹、浆糊、剪刀、三角包纸等，然后整理凭证。整理凭证时，可以将记账凭证的左、上方对齐，接着便是加封面并用铁夹夹牢。包角纸应用牛皮纸，大小是边长为 13 厘米的正方形铡去一角，约 $\frac{1}{3}$，如图 1-3、图 1-4 和图 1-5 所示。先将包角纸正面右上角对准记账凭证右上角，再将包角纸翻转使反面向上，然后在虚线处订眼、装订、包角。包角的要求是：按虚线折叠后，剪去左上角，再在反面涂浆处抹上浆糊，从上方包向背面，再从左方包向背面，这时，包角纸上印刷的"××年×月第×册"的字样正好在凭证左上角中间，填上适当的内容即可。

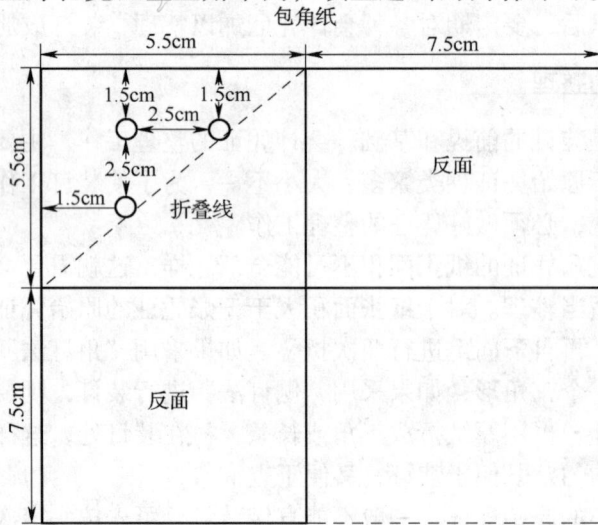

图 1-3　角订法示意图 1

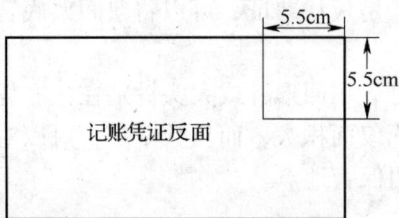

图 1-4　角订法示意图 2

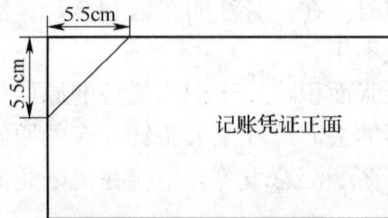

图 1-5　角订法示意图 3

2. 侧订法

采用侧订法时，记账凭证的整理要求与角订法相同，不同之处是采用左侧面装订。装订时再加一张纸复在封面上（比封面长，反面朝上），以底边和左侧边为准，码齐、夹紧。采用这种整理法，装订后凭证下部不空、不薄，竖放不会站立不稳，而是整齐平稳。在左侧打三个洞，把扎绳的中段从孔中引出，留扣，再把扎绳从两端孔引过，并套入中间的留扣中，用力拉紧系好，余绳剪掉。复底纸上涂上浆糊，翻转后将左侧和底部粘牢，晾干后，在左侧标上"××年×月第×册"的字样备查。

三、会计凭证的保管

会计凭证的保管是指会计凭证在登记入账后的整理、装订和归档存查。会计凭证属于重要的经济档案和历史资料，任何单位都要按规定建立立卷归档制度，形成会计档案资料，妥善保管。会计凭证的保管原则是：既要保护凭证的安全完整，又要便于日后查阅，实现科学管理。会计凭证整理保管的要求如下：

（一）分类整理，装订成册

会计部门在每月记账完毕后，要将本月各种记账凭证加以整理，检查有无缺号以及附件是否齐全。应当按照会计凭证分类和编号顺序，将其折叠整齐后加上封面、封底，装订成册，并在装订线上加贴封签，以防散乱丢失和任意拆装。为了便于事后查阅，应在封面上注明单位名称、凭证种类、所属年月、起讫日期、起讫号码、凭证张数等。会计主管或指定装订人员要在装订线封签处签名或盖章，并归档保管。如果一个月内凭证数量过多，可分装若干册，在封面上加注共几册字样。如果某些记账凭证所附原始凭证过多，也可以单独装订保管，但应在其封面上注明记账凭证日期、编号、种类，同时在记账凭证上注明"附件另订"和原始凭证名称及编号。对重要的原始凭证，如合同、契约、押金收据、涉外文件以及需要随时查阅的收据等，在需要单独保管时，应编制目录，并在原始凭证上注明另行保管，以备核查。

（二）专人保管，期满归档

会计凭证装订成册后，应有专人负责分类保管，年终应登记归档。原则上，会计凭证不得外借，遇特殊原因，如发生贪污盗窃等经济犯罪案件等，需要使用原始凭证时，经本单位会计机构负责人、会计主管人员批准，应予复制，避免抽出原始凭证致使原册残缺。向外单位提供的原始凭证复制件，应当在专设的登记簿上登记，并由提供人员和收取人员共同签字或盖章。

（三）按期保管，按规销毁

会计凭证的保管期限和销毁手续，必须严格执行《会计档案管理办法》的规定，任何人无权随意销毁。按照规定，会计凭证的保管期限一般为15年。保管期限从会计年度终了后第一天算起，到会计凭证保管期满后，必须按照规定的审批手续，报经批准后才能销毁。但销毁前应认真清点核对，填制"会计档案销毁目录"；销毁会计凭证时，会计部门和档案部门共派人员进行监销；销毁后在销毁清册上签名或盖章，并将销毁清册交档案部门入档保管。

2
CHAPTER

第二章
会 计 账 簿

第一节 会计账簿的概念和种类

一、会计账簿的概念

各单位通过上述会计凭证的填制和审核，已将每日发生的经济业务记录和反映在收款凭证、付款凭证和转账凭证上。但记账凭证数量繁多，资料分散，每张凭证只能记载个别经济业务，无法反映每一个会计科目的来龙去脉以及结存情况。因此，各单位应当按照会计法和国家统一会计制度的规定，根据经济业务的需要设置会计账簿，将记账凭证的内容按照时间发生的先后顺序登记到相应的会计账簿中去。

会计账簿是以记账凭证为依据，对各项经济业务进行全面、系统、连续、分类的记录和核算的簿籍，它是由具有专门格式并以一定形式联结在一起的账页所组成的。

会计账簿依托会计科目建立，可以把大量分散的核算资料，通过归类、整理、集中，形成完整、系统的会计信息，其提供信息的详细程度介于会计凭证和财务报表之间。

二、会计账簿的种类

因各单位经济业务内容和管理要求不同，需要使用多种多样的账簿。按照账簿的性质和用途不同，可以分为序时账簿、分类账簿、备查账簿；按照账簿的外表形式不同，可以分为订本式账簿、活页式账簿和卡片式账簿；按照账簿的账页格式不同，可以分为三栏式账簿、多栏式账簿和数量金额式账簿。

（一）按账簿的性质和用途分类

1. 序时账簿

序时账簿又称日记账，是按经济业务完成时间的先后顺序，依据记账凭证（或记账凭证所附的原始凭证）逐日逐笔地记录某类或全部经济业务的账簿。各单位应设置现金日记账和银行存款日记账，以便逐日核算和监督库存现金和银行存款的收入、付出和结存情况。

2. 分类账簿

分类账簿简称分类账，是按照账户对经济业务进行分类核算和监督的账簿。按账簿提供信息的详细程度不同，分为总分类账（总账）和明细分类账（明细账）。

（1）总分类账，是根据国家统一的会计制度中规定的一级会计科目开设的账户和对应的账簿，用来分类登记企业的全部经济业务，提供资产、负债、所有者权益、收入、费用和利润等总括的核算资料，保证会计核算指标的可比性，具有统驭性的作用。

（2）明细分类账，通常根据总分类账科目所属的明细科目设置，用来分类登记某一类经济业务，提供有关的明细核算资料。明细分类账是形成有用的会计信息的基本程序和基本环节，借助于明细分类账，既可以对经济业务信息或数据做进一步的加工整理，进而通过总分类账形成适合于财务报表提供的会计信息，又能为了解信息的形成提供具体情况和有关线索。

3. 备查账簿

备查账簿又称辅助账簿，是对在日记账和分类账中未能反映和记录的交易或事项进行补充登记的账簿，主要用来记录一些供日后查考的有关经济事项。如租入固定资产登记簿、受托加工材料登记簿、合同登记簿等。设置备查账簿的目的是便于查找有关事项。备查账簿并非每个单位都须设置，也没有固定的格式，各单位可根据需要自行设计。备查账一般没有固定格式，与其他账簿之间不存在依存和勾稽关系。

（二）按账簿的外表形式分类

1. 订本式账簿

订本式账簿简称订本账，是指在未使用前就已进行顺序编号并装订成册的账簿。采用订本式账簿，可以避免账页散失或人为抽换账页。但是由于账页的序号和总页数已经固定，所以在账簿中开设账户时，必须为每一账户预留账页，而预留账页数与实际需要量可能不一致，使用起来欠灵活，而且在同一时间内只能由一人登记账簿，不便于分工记账。订本式账簿适用于重要经济事项的记录，如现金日记账、银行存款日记账和总分类账等。

2. 活页式账簿

活页式账簿简称活页账，是由若干零散的、具有专门格式的账页组成的账簿。这种账簿的账页因为不是固定地装订在一起，所以可以根据需要随时加入空白账页，并可同时由数人分工记账。活页式账簿的缺点是账页易散失或被蓄意抽换。采用活页账，平时应按账页顺序编号，并在会计期末装订成册。装订成册后，应按实际账页顺序编号，并加目录。属于这一类的大多是各种明细分类账。

3. 卡片式账簿

卡片式账簿简称卡片账，是由零散的、具有专门格式的卡片作为账页组成的账簿。它是放在卡片箱中可随时取用的账簿。卡片不固定在一起，数量可根据经济业务量增减。使用完毕，不再登账时，将卡片穿孔固定保管，不需要每年更换，可以跨年度使用。卡片式账簿一般适用于记录内容复杂、使用时间较长的明细分类账，如固定资产明细分类账。

三、会计账簿的账页格式

（一）日记账的格式

一般而言，日记账（现金日记账和银行存款日记账）的账页要求采用三栏式，基本结构为借方、贷方、余额三栏。另外，为了加强货币资金的管理，保证货币资金及有关账簿资料的安全、完整，其外表形式必须采用订本式账簿，由出纳人员负责登记管理。

（二）分类账的格式

1. 总分类账的格式

总分类账一般也采用三栏式的账页，只设借方、贷方和余额三个金额栏。为保护总分类账记录的安全、完整，其外表形式一般也采用订本式账簿。

2. 明细分类账的格式

明细分类账提供明细核算的具体资料，是对有关总分类账的补充，起着详细说明的作用。因此，为了便于账页的重新排列和记账人员的分工，明细分类账采用活页式、卡片式账簿。明细账的格式应根据各单位经营业务的特点和管理需求来确定，主要有三栏式账页、多栏式账页和数量金额式账页三种。

（1）三栏式明细分类账，结构和三栏式总分类账基本相同，只设借方、贷方和余额三个金额栏，适用于只需要反映金额的经济业务。除需采用多栏式、数量金额式明细分类账之外的，一般均采用三栏式明细分类账进行核算。

（2）多栏式明细分类账，适用于借方或贷方需要设多个明细科目的账户，它在一个账页上，按照明细科目分设若干专栏，集中反映有关明细项目的核算资料。如"生产成本"、"制造费用"、"应交税费——应交增值税"、"管理费用"和"本年利润"等账户，应采用多栏式明细分类账进行核算。

（3）数量金额式明细分类账，其基本结构是在借方、贷方、余额三栏内，再分别设置数量、单价、金额等栏目，以分别登记实物的数量和金额，适用于既要进行金额核算，又要进行实物数量核算的各种财产物资账户。如"材料采购"、"原材料"、"库存商品"、"周转材料"等账户，应采用数量金额式明细分类账进行核算。

第二节　会计账簿的设置和登记

一、账簿的启用规则

账簿由封面、扉页和账页组成。为了保证账簿记录的严肃性和合法性，明确记账责任，保证会计资料的完整，启用账簿时，应在账簿封面上写明单位名称和账簿名称。在账面扉页上应当附启用表，内容包括：启用日期、账簿页数、记账人员和会计机构负责人、会计主管人员姓名，并加盖人名章和单位公章。记账人员或者会计机构负责人、会计主管人员调动工作时，应当注明交接日期、接办人员或者监交人员姓名，并由交接双方人员签名或者盖章。

启用订本式账簿，应当从第一页到最后一页顺序编定页数，不得跳页、缺号。启用活页式账簿，应当按账页顺序编号，并需定期（一般一个会计年度）装订成册，装订后再按实际使用的账页顺序编定页号，另加账户目录，记明每个账户的名称和页次，并粘贴索引纸，以便检索。使用卡片式账簿，一般应在卡片匣内标明该卡片账的用途。会计账簿启用时，还要粘贴足额的印花税票并划销。

二、账簿的登记规则

（一）登账依据

（1）日记账以审核无误的收款凭证、付款凭证为依据进行逐笔登记，每登记一笔，要结出余额，每日记账完毕，也应相应地结出当日余额。

（2）明细账以审核无误的收款凭证、付款凭证和转账凭证为依据进行逐笔登记，每登记一笔，要结出余额。

（3）总账的登记要视企业经济业务的多寡而选择不同的会计核算组织形式。当企业经济业务量较少时，可选择记账凭证核算方式，即根据记账凭证直接按每一会计科目分别登记总账，选用这种方式比较简便，但是工作量较大。当企业经济业务量较多时，可选择汇总记账凭证核算形式或者科目汇总表核算形式，即平时根据实际情况（5 天或 10 天为一期）编制汇总记账凭证或科目汇总表，期末据此登记总账。

企业应于月末对总账与明细账、日记账的相关账户进行核对，如明细账、日记账的期末余额之和应当等于相应总账账户的期末余额，因为两者是统驭与被统驭的关系，应当平行登记。

（二）登账规则

1. 准确完整

会计人员在登账之前要对记账凭证的内容进行审核。登记会计账簿时，应当将会计凭证日期、编号、业务内容摘要、金额和其他有关信息逐项记入账内，做到数字准确、摘要清楚、登记及时、字迹工整。

2. 书写留空

账簿中书写的数字和文字上面要留有适当空白，一般应占格距的 $\frac{1}{2}$。这样，一旦发生错误，比较容易进行更正，同时也方便查账工作。书写阿拉伯数字，字体要自右上方斜向左下方。

3. 注明记账符号

账簿登记完毕后，要在记账凭证上签名或者盖章，并注明已经登账的符号，表示已经记账。记账凭证上都设有专门的栏目以供注明记账符号，以免发生重记或漏记。

4. 记账时使用蓝黑墨水

登记账簿要用蓝黑墨水或者碳素墨水书写，一般不得使用圆珠笔书写（银行的复写账簿除外），禁止使用铅笔书写。

5. 特殊记账使用红墨水

红色墨水只允许在特殊情况下使用，通常用于更正错账、冲账、结账，在不设借贷、收付的多栏式账簿中登记减少以及账簿余额前没有印余额方向而出现负数时使用。

6. 顺序连续登记

记账时应按账户页次顺序连续登记，不得跳行、隔页。如果发生跳行、隔页，应在空行和空页处用红色墨水画对角线注销，应注明"此行空白"或"此页空白"字样，并由记账人员签章证明。

7. 结出余额

期末结出余额后，应在"借或贷"栏内注明"借"或"贷"等字样。没有余额的账户，应当在"借或贷"等栏内写"平"字，并在余额栏内元位上用"θ"或"0"表示。现金日记账、银行存款日记账应逐日结出余额。

8. 过次页和承前页

每一账页登记完毕结转下页时，应当结出本页合计数及余额，写在本页最后一行和下页第一行有关栏内，并在摘要栏内注明"过次页"和"承前页"字样；也可以不做"过次页"，将本页合计数及余额只写在下页第一行有关栏内，并在摘要栏内注明"承前页"字样。

9. 定期打印

实行会计电算化的单位，应当定期打印总账和明细账。

10. 采用正确的更正方法

账簿记录发生错误，不准涂改、挖补、刮擦或者用药水消除字迹，不准重新抄写，必须按照专门的方法进行更正。

第三节　对账和结账

会计期间终了，即在月末、季末、半年末或年末，必须进行对账和结账工作。

一、对账

对账就是核对账目。真实性是会计核算的重要原则。按《会计基础工作规范》的要求，各单位应当定期将会计账簿记录的有关数字与实物、货币资金、有价证券、往来单位或个人等进行相互核对，要求做到会计凭证和实际情况应相符，账簿的记录和记账凭证应相符，账簿和账簿之间的相关数字应相符，即保证账实相符、账证相符和账账相符。

（一）账实核对

账实核对是指各种财产物资的账面余额应与实存数额核对相符。具体核对的方法如下：

（1）现金日记账的账面余额，应每天同库存现金实际库存数相核对，不准以借条抵充库存现金或挪用库存现金。

（2）银行存款日记账的账面余额，应定期（一般每月核对一次）与开户银行的对账单相核对。通过查找未达账项、编制银企余额调节表来核查银行存款登账是否正确。

（3）各种财产物资明细账，如原材料、产成品、固定资产等明细账的账面余额应与保管部门或使用部门的实物数量核对相符。

（4）各种债权、债务、缴纳税费等明细分类账，如应收账款、应收票据、应付账款、应付票据及应交税费等明细账，应定期与有关往来单位、个人或财政、税务部门等单位核对相符。

（二）账证核对

账证核对是将账簿记录同会计凭证核对，以保证账证相符。这种核对主要是在日常编制凭证和记账过程中的复核环节进行的。核对的内容主要是账簿记录的经济业务的时间、凭证字号、摘要、记账方向和金额等是否与会计凭证一致。账证核对是保证账账相符、账实相符的基础。

（三）账账核对

账账核对是将各种账簿之间的有关记录相互核对，要求做到账账相符。具体核对的方法如下：

（1）各账户的期末借方余额合计数与期末贷方余额合计数应核对相符。

（2）有关总账的借、贷方本期发生额及余额与所属明细账的借、贷方本期发生额及余额之和应核对相符。

（3）现金日记账和银行存款日记账的余额与总账的有关账户余额应核对相符。

（4）会计部门财产物资明细账期末余额与财产物资保管、使用部门的明细账期末余额应核对相符。

二、结账

结账就是在一定会计期间所发生的经济业务已全部登记入账的基础上，对账簿记录所做的结束工作，即结出本期发生额和期末余额或本期收益。

结账的内容通常包括：①结算各种收入类和成本费用类账户，并据以计算确定本期损益；②结算各种资产、负债和所有者权益账户，分别结出它们的本期发生额和期末余额，并将期末余额转为下期的期初余额。

按结账期间的不同，结账可分为日结、月结、季结、年结四种。

（一）日结

现金日记账、银行存款日记账应于当日终了，结出借方本期发生额、贷方本期发生额及余额。

（二）月结

对于现金日记账、银行存款日记账和需要月结的明细账和总账，于每月结账时，在摘要栏内注明"本月发生额及余额"或"本月合计"字样，在最后一笔经济业务记录下面划一条通栏单红线，并结出本月借方本期发生额、贷方本期发生额及期末余额。月末无余额的，需在借或贷栏内填"平"字并在余额栏的"元"位上填列"θ"或符号"0"，表示账目已经结平。对于需要逐月结算本年累计发生额的账簿，在结算本月发生额及月末余额后，应在下一行摘要栏内填写"本年累计发生额"或"本年累计"字样，然后在下面划一条通栏单红线。对本月未发生金额变化的账户，可不进行月结。

（三）季结

季结时，在季终"月结"行下的摘要栏内注明"本季发生额及季末余额"或"本季合计"字样，将本季 3 个月的借、贷方月结金额加以累计，计算出季末余额，并在数字的下端划一条单红线。年度内除第 12 月月末和第四季度季末外，要将其他各月末和季末结账后有余额的账户的余额同时结转记到下月或下季各账户，作为下月月初或下季季初的余额。

（四）年结

在本年最后一笔业务下端一条通栏划单红线，表示年度结束。同时，在红线下结出本年发生额和年末余额，摘要栏内注明"本年累计"字样，并在数字下端划通栏双红线，表示全年工作完成，需要更换新账。

年度结账后，将各账户的年末余额结转下年度新账簿中，并在摘要栏内注明"结转下年"字样，结转后使本年度该账户的借、贷方总额保持平衡，通常称为年度封账。

第四节 试算平衡

一、试算平衡的概念

试算平衡是指以会计恒等式和借贷记账规则为理论基础，以借贷平衡关系来检验全部会计账户记录的正确性和完整性的会计检查方法。试算的目的是检查平时的分录和记账工作有无差错，从而保证下一步结账和整理工作的顺利进行。

二、试算平衡表的格式及编制方法

试算平衡表的格式一般有发生额试算平衡表、余额试算平衡表、发生额及余额试算平衡表三种。

（一）发生额试算平衡表

账户发生额的试算平衡是检查全部账户本期借方发生额的合计数是否等于全部账户本期贷方发生额的合计数。按照借贷记账法的记账规则，每一笔经济业务都是以相等的金额分别记入有关账户借方和贷方的。这样，在一定时期内的全部经济业务都记入有关账户后，所有账户的本期借方发生额合计数与所有账户本期贷方发生额合计数必然相等。试算平衡的公式为：全部账户本期借方发生额的合计数＝全部账户本期贷方发生额的合计数。发生额试算平衡表的具体格式如表 2-1 所示。

表 2-1　　　　　　　　　　　　　　发生额试算平衡表

编号：

编制部门：　　　　　　自　　年　　月　　日起至　　年　　月　　日止　　　　　　金额单位：元

科目编号	账户名称	借方发生额	科目编号	账户名称	贷方发生额
借方发生额合计			贷方发生额合计		

（二）余额试算平衡表

账户余额试算平衡是检查全部账户期末（期初）借方余额合计数是否等于全部账户期末（期初）贷方余额合计数。根据会计恒等式"资产＝负债+所有者权益"的原理，各项资产总额与各项权益（包括负债和所有者权益）总额必然相等。在借贷记账法下，由于资产的期末数额表现为账户的借方余额，权益的期末数额表现为账户的贷方余额，因此，一般来说，所有账户借方余额合计即为资产总额，所有账户贷方余额合计即为权益总额，两者必然相等。试算平衡的公式为：全部账户期初借方余额的合计数=全部账户期初贷方余额的合计数，全部账户期末借方余额的合计数=全部账户期末贷方余额的合计数。余额试算平衡表的具体格式如表 2-2 所示。

表 2-2　　　　　　　　　　　　余额试算平衡表

编号：

编制部门：　　　　　　　　　　　　　　　年　月　日　　　　　　　　　金额单位：元

科目编号	账户名称	借方余额	科目编号	账户名称	贷方余额
借方余额合计			贷方余额合计		

（三）发生额及余额试算平衡表

发生额及余额试算平衡表是将以上两种表格合并且加列期初余额而成的，一般企业均采用此类试算表进行结账前的试算。它包括期初余额、本期发生额和期末余额三大栏，每栏中又可分为借贷两方，共计六栏。试算平衡的公式为：全部账户本期借方发生额的合计数=全部账户本期贷方发生额的合计数，全部账户期初借方余额的合计数=全部账户期初贷方余额的合计数，全部账户期末借方余额的合计数=全部账户期末贷方余额的合计数。发生额及余额试算平衡表的具体格式如表 2-3 所示。

表 2-3　　　　　　　　　　发生额及余额试算平衡表

编号：

编制部门：　　　　　　自　年　月　日起至　年　月　日止　　　　　金额单位：元

科目编号	账户名称	期初余额		本期发生额		期末余额	
		借方	贷方	借方	贷方	借方	贷方
合　计							

上述试算平衡，可以及时检查账户的记录是否正确。如果试算结果借贷不平衡，则说明账户记录或计算结果肯定有错误。如果试算结果平衡，一般来说账户的记录是正确的，但并不能保证记账绝对没有错误，因为有些错误并不影响借、贷双方的平衡。当会计人员在有关账户的借、贷两方同时记录了一个错误的数据时，仍然可以试算平衡。例如，在一个账户的借方和对应账户的贷方同时多记（或漏记、少记）一个数字，试算平衡不能发现这些错误。如果会计人员在记账时，错误地把应该记入一个账户的借方数据记入该账户的贷方，同时把应该记入另一个账户贷方的数据记入该账户的借方，也就是说记账方向错误或记反方向，仍能通过试算平衡。因此，要保证记账的正确性，除了进行试算平衡外，更重要的是记账时必须认真细致，使日常会计核算工作尽量不出现差错。

第五节 错账的更正

一、查找错账的方法

如果记账发生错误，则会造成总账借贷双方不平衡、总账与所属的明细分类账金额不相等。因此，首先，应复核试算平衡表，检查各账户的期初、期末余额，本期借、贷方发生额与账簿中相应账户的期初、期末余额，借、贷方发生额是否相符，表中金额方向与账户中方向是否一致。这样，可以发现试算平衡表中有无记错账户、重记、漏记等情况。其次，复核"明细分类账户本期发生额及余额表"，检查其编制的正确性。以上复核工作完毕后，如果试算平衡表借、贷方仍不平衡，总账金额与所属明细账金额仍不相等，则说明记账本身有差错，可以采用以下方法进行查找。

（一）顺查法

顺查法是按会计核算程序，从会计凭证到会计账簿，按先后顺序进行查错的方法。顺查内容包括：检查记账凭证与所附原始凭证内容是否相符，金额是否正确；将记账凭证与有关总账、日记账、明细账逐笔核对，以发现错误所在。

（二）逆查法

逆查法又称反查法，它与会计核算相反，是从账簿到凭证进行逆向查找的方法。其检查程序是：检查账户余额试算平衡表的余额合计是否正确；检查各账户的余额计算是否正确；将总分类账与所属明细分类账进行核对，以检查其记录是否正确、相符；逐笔核对账簿记录是否与记账凭证相符；逐笔核对记账凭证是否与原始凭证相符，以及凭证中的数字计算是否正确。在实际工作中，采用该种方法，通常能较快、较准确地查出错账所在。

（三）余数复核法

余数复核法主要用于查找总账余额计算是否正确。其步骤如下：逐笔复算结出的余额是否正确，注意上下页余额有无过账错误；检查各总分类账户及其所属明细分类账户的发生额及余额是否相符；检查分析某些账户的余额有无不正常的现象，从中找出问题。

（四）二除法

二除法即将差异数除以2以查找错账的方法。在记账时，如果某账户的金额记错了方向，如将应记入借方的金额记入了贷方，或将应记入贷方的金额记入了借方，则必然会出现一方合计数增多，而另一方合计数减少的情况，其差额应是记错方向金额数字的两倍，差异数必为偶数，以该差额除数除以2，结果即为记错的数字，然后在账簿中查找与之相同的数字即可，而不必逐笔查找，这样很容易找出错账所在。例如，某账户贷方总额超过借方总额8 000元，用8 000除以2得出4 000元，则在该账户中查找是否有一笔金额为4 000元的记录错将借方金额登记在贷方上。

（五）九除法

记账时如果把数字的位置写错，可以用九除法来查找。九除法就是将差异数除以 9 或 99 等计算商数来查找错账的方法。在这种情况下，就可能查出属于数字"错位"的错误。错位又称移位，如将 2 000 元错记为 200 元，错位的差异数是 1 800 元（2 000-200），它是原数 2 000元的 90%，将差异数除以 9 得 200 元就是"错位数"；又如将 2 000 元错记为 20 000 元，错位的差异数是 18 000 元（20 000-2 000），它使原数 2 000 元扩大 9 倍，将差异数除以 9 得 2 000元就是"错位数"。计算出错位数，可以为查找错误提供方向。在实际查账工作中，如怀疑某数为移位数，首先判断是扩大移位还是缩小移位，若为扩大移位，则将其差数除以 9 或 99等，那么商数可能为正确数；若为缩小移位，则将其差数除以 9 或 99 等，那么商数可能为错误数。

二、错账更正的方法

账簿登记完毕后，如发现错误，应按正确的方法进行更正。

（一）前期差错

前期差错是指由于没有运用或错误运用下列两种信息，而对前期财务报表造成省略或错报：①编报前期财务报表时预期能够取得并加以考虑的可靠信息；②前期财务报告批准报出时能够取得的可靠信息。前期差错通常包括：计算错误、应用会计政策错误、疏忽或曲解事实以及舞弊产生的影响以及存货、固定资产盘盈等。

本期发现的属于以前年度发生的非重要会计差错，如影响损益，应直接计入发现当期净损益，其他相关项目也应一并调整；如不影响损益，应调整发现当期相关项目。

本期发现的前期重要差错，确定前期差错累积影响数切实可行的，企业应当采用追溯重述法更正；确定前期差错影响数不切实可行的，可以从可追溯重述的最早期间开始调整留存收益的期初余额，财务报表其他相关项目的期初余额也应当一并调整，也可以采用未来适用法，即对于前期重要差错，本应追溯重述，但因无法取得数据等原因无法重述的，则不重述。

如果在资产负债表日后期间发现报告年度的前期重要差错，应当作为资产负债表日后调整事项进行处理，即对调整事项进行相关账务处理并调整财务报表相关项目的数额。

（二）当期差错

对于当期登账发现错误的，其更正方法一般有划线更正法、红字更正法、补充登记法三种。

1. 划线更正法

划线更正法适用原记账凭证正确而登记账簿的文字或数字有错的情况。先在错误的文字或者数字上划红线注销，但必须使原有字迹仍可辨认；然后在划线上方填写正确的文字或者数字，并由记账人员在更正处盖章。对于错误的数字，应当全部划红线更正，不得只更正其中的错误数字；对于文字错误，可只划去错误的部分。

2. 红字更正法

红字更正法适用原记账凭证对应账户有误或者原记账凭证对应账户无误，只是所记金额大于应记的正确金额的情况。

若对应账户有误，应先冲销原错误记录，即用红字填制一张与原错误的记账凭证完全相同的记账凭证，在摘要栏注明"注销××年×月×日第×号凭证"字样，据以用红字登记入账，再以蓝字填制一张正确的记账凭证，在摘要栏内注明"订正××年×月×日第×号凭证"，据以蓝字登记入账。

若对应账户无误，但金额多记，只需将多记的金额（即正确数与错误数之间的差额）用红字填制一张与错误的记账凭证相同的记账凭证即可。

3. 补充登记法

补充登记法适用原记账凭证对应账户无误，只是所记金额小于应记的正确金额。更正时，将少记数额填制一张记账凭证补充登记入账，并在摘要栏注明"补充××年×月×日第×号凭证少记金额"。

3
CHAPTER

第三章
财 务 报 表

财务报表是指企业对外提供的反映企业某一特定日期的财务状况和某一会计期间的经营成果、现金流量等会计信息的文件。它以账簿记录为主要依据，经过加工、汇总形成，是会计核算的最终产品，是传递会计信息的主要手段。一套完整的财务报表包括资产负债表、利润表、现金流量表和所有者权益变动表。

第一节 资产负债表

一、资产负债表的结构和列报要求

（一）资产负债表的结构

资产负债表是反映企业在某一特定日期的财务状况的会计报表。资产负债表正表的列报格式一般有报告式资产负债表和账户式资产负债表两种。报告式资产负债表是上下结构，上半部列示资产，下半部列示负债和所有者权益。具体排列形式又有两种：一是按"资产=负债+所有者权益"的原理排列；二是按"资产-负债=所有者权益"的原理排列。账户式资产负债表是左右结构，左边列示资产，右边列示负债和所有者权益。根据财务报表列报准则的规定，资产负债表采用账户式的格式，即左侧列报资产各项目，一般按资产的流动性大小排列；右侧列报负债和所有者权益各项目，一般按要求清偿时间的先后顺序排列。账户式资产负债表中的资产各项目的合计数等于负债和所有者权益各项目的合计数，即资产负债表左方和右方平衡。因此，通过账户式资产负债表，可以反映资产、负债、所有者权益之间的内在关系，即"资产=负债+所有者权益"。此外，为了使报表使用者通过比较不同时点资产负债表的数据，掌握企业财务状况的变动情况及发展趋势，企业还需要提供比较资产负债表，资产负债表还应就各项目再分为"年初余额"和"期末余额"两栏分别填列。我国资产负债表按账户式反映，其基本格式如表7-7所示。

（二）资产负债表列报的总体要求

1. 分类别列报

资产负债表列报，最根本的目标就是应如实反映企业在资产负债表日所拥有的资源、所承担的负债以及所有者所拥有的权益。因此，资产负债表应当按照资产、负债和所有者权益三大类别分类列报。

2. 资产和负债按流动性列报

资产和负债应当按照流动性分为流动资产和非流动资产、流动负债和非流动负债列示。流动性通常按资产的变现或耗用时间长短或者负债的偿还时间长短来确定。按照财务报表列报准则的规定，应先列报流动性强的资产或负债，再列报流动性弱的资产或负债。

3. 列报相关的合计、总计项目

资产负债表中的资产类至少应当列示流动资产和非流动资产的合计项目；负债类至少应当列示流动负债、非流动负债以及负债的合计项目；所有者权益类应当列示所有者权益的合计项目。资产负债表应当列示资产总计项目、负债和所有者权益总计项目。资产负债表遵循了"资产=负债+所有者权益"这一会计恒等式，把企业在特定时日所拥有的经济资源和与之相对应的企业所承担的债务及偿债以后属于所有者的权益充分反映出来。因此，资产负债表应当分别列示资产总计项目和负债与所有者权益之和的总计项目，并且这二者的金额应当相等。

（三）资产负债表的列报

1. 资产的列报

资产负债表中的资产反映由过去的交易、事项形成并由企业在某一特定日期所拥有或控制的、预期会给企业带来经济利益的资源。资产应当按照流动资产和非流动资产两大类别在资产负债表中列示，在流动资产和非流动资产类别下进一步按性质分项列示。资产类至少应当单独列示反映下列信息的项目：①货币资金；②应收及预付款项；③交易性金融资产；④存货；⑤持有至到期投资；⑥长期股权投资；⑦投资性房地产；⑧固定资产；⑨递延所得税资产；⑩无形资产。

2. 负债的列报

资产负债表中的负债反映在某一特定日期企业所承担的、预期会导致经济利益流出企业的现时义务。负债应当按照流动负债和非流动负债在资产负债表中进行列示，在流动负债和非流动负债类别下再进一步按性质分项列示。负债类至少应当单独列示反映下列信息的项目：①短期借款；②交易性金融负债；③应付及预收款项；④应交税费；⑤应付职工薪酬；⑥预计负债；⑦长期借款；⑧应付债券；⑨长期应付款；⑩递延所得税负债。

3. 所有者权益的列报

资产负债表中的所有者权益是企业资产扣除负债后的剩余权益，反映企业在某一特定日期股东投资者拥有的净资产的总额。资产负债表中的所有者权益类一般按照净资产的不同来源和特定用途进行分类，应当按照实收资本（或股本）、资本公积、盈余公积、未分配利润等项目分项列示。在合并资产负债表中，应当在所有者权益类单独列示少数股东权益。

二、资产负债表的列报方法

（一）资产负债表各项目的列报说明

1. 资产项目的列报说明

（1）"货币资金"项目，反映企业库存现金、银行结算户存款、外埠存款、银行汇票存款、银行本票存款、信用卡存款、信用证保证金存款等的合计数。本项目应根据"库存现金"、"银行存款"、"其他货币资金"科目期末余额的合计数填列。

（2）"交易性金融资产"项目，反映企业持有的以公允价值计量且其变动计入当期损益的、为交易目的所持有的债券投资、股票投资、基金投资、权证投资等金融资产。本项目应根据"交易性金融资产"科目的期末余额填列。

（3）"应收票据"项目，反映企业因销售商品、提供劳务等而收到的商业汇票，包括银行承兑汇票和商业承兑汇票。本项目应根据"应收票据"科目的期末余额，减去"坏账准备"科目中有关应收票据计提的坏账准备期末余额后的金额填列。

（4）"应收账款"项目，反映企业因销售商品、提供劳务等经营活动应收取的款项。本项目应根据"应收账款"和"预收账款"科目所属各明细科目的期末借方余额合计数，减去"坏账准备"科目中有关应收账款计提的坏账准备期末余额后的金额填列。如"应收账款"科目所属明细科目期末有贷方余额的，应在资产负债表"预收款项"项目内填列。

（5）"预付款项"项目，反映企业按照购货合同规定预付给供应单位的款项等。本项目应根据"预付账款"和"应付账款"科目所属各明细科目的期末借方余额合计数，减去"坏账准备"科目中有关预付款项计提的坏账准备期末余额后的金额填列。如"预付账款"科目所属各明细科目期末有贷方余额的，应在资产负债表"应付账款"项目内填列。

（6）"应收利息"项目，反映企业应收取的债券投资等的利息。本项目应根据"应收利息"科目的期末余额，减去"坏账准备"科目中有关应收利息计提的坏账准备期末余额后的金额填列。

（7）"应收股利"项目，反映企业应收取的现金股利和应收取其他单位分配的利润。本项目应根据"应收股利"科目的期末余额，减去"坏账准备"科目中有关应收股利计提的坏账准备期末余额后的金额填列。

（8）"其他应收款"项目，反映企业除应收票据、应收账款、预付账款、应收股利、应收利息等经营活动以外的其他各种应收、暂付的款项。本项目应根据"其他应收款"科目的期末余额，减去"坏账准备"科目中有关其他应收款计提的坏账准备期末余额后的金额填列。

（9）"存货"项目，反映企业期末在库、在途和在加工中的各种存货的可变现净值。本项目应根据"材料采购"、"原材料"、"库存商品"、"周转材料"、"委托加工物资"、"委托代销商品"、"生产成本"等科目的期末余额合计，减去"受托代销商品款"、"存货跌价准备"科目期末余额后的金额填列。材料采用计划成本核算，以及库存商品采用计划成本核算或售价核算的企业，还应按加或减材料成本差异、商品进销差价后的金额填列。

（10）"一年内到期的非流动资产"项目，反映企业将于1年内到期的非流动资产项目金额。本项目应根据有关科目的期末余额分析填列。

（11）"其他流动资产"项目，反映企业除货币资金、交易性金融资产、应收票据、应收账款、存货等流动资产以外的其他流动资产。本项目应根据有关科目的期末余额填列。

（12）"可供出售金融资产"项目，反映企业持有的以公允价值计量的可供出售的股票投资、债券投资等金融资产。本项目应根据"可供出售金融资产"科目的期末余额，减去"可供出售金融资产减值准备"科目期末余额后的金额填列。

（13）"持有至到期投资"项目，反映企业持有的以摊余成本计量的持有至到期投资。本项目应根据"持有至到期投资"科目的期末余额，减去"持有至到期投资减值准备"科目期末余额后的金额填列。

（14）"长期应收款"项目，反映企业融资租赁产生的应收款项、采用递延方式具有融资性质的销售商品和提供劳务等产生的长期应收款项等。本项目应根据"长期应收款"科目的期末余额，减去相应的"未实现融资收益"科目和"坏账准备"科目所属相关明细科目期末余额后的金额填列。

（15）"长期股权投资"项目，反映企业持有的对子公司、联营企业和合营企业的长期股权投资。本项目应根据"长期股权投资"科目的期末余额，减去"长期股权投资减值准备"科目期末余额后的金额填列。

（16）"投资性房地产"项目，反映企业持有的投资性房地产。企业采用成本模式计量投资性房地产的，本项目应根据"投资性房地产"科目的期末余额，减去"投资性房地产累计折旧（摊销）"和"投资性房地产减值准备"科目期末余额后的金额填列；企业采用公允价值模式计量投资性房地产的，本项目应根据"投资性房地产"科目的期末余额填列。

（17）"固定资产"项目，反映企业各种固定资产原价减去累计折旧和累计减值准备后的净额。本项目应根据"固定资产"科目的期末余额，减去"累计折旧"和"固定资产减值准备"科目期末余额后的金额填列。

（18）"在建工程"项目，反映企业期末各项未完工程的实际支出，包括交付安装的设备价值、未完建筑安装工程已经耗用的材料、工资和费用支出、预付出包工程的价款等的可收回金额。本项目应根据"在建工程"科目的期末余额，减去"在建工程减值准备"科目期末余额后的金额填列。

（19）"工程物资"项目，反映企业尚未使用的各项工程物资的实际成本。本项目应根据"工程物资"科目的期末余额，减去"工程物资减值准备"科目期末余额后的金额填列。

（20）"固定资产清理"项目，反映企业因出售、毁损、报废等原因转入清理但尚未清理完毕的固定资产的净值，以及固定资产清理过程中所发生的清理费用和变价收入等各项金额的差额。本项目应根据"固定资产清理"科目的期末借方余额填列，如"固定资产清理"科目期末为贷方余额，以"-"号填列。

（21）"无形资产"项目，反映企业持有的无形资产，包括专利权、非专利技术、商标权、著作权、土地使用权等。本项目应根据"无形资产"科目的期末余额，减去"累计摊销"和"无形资产减值准备"科目期末余额后的金额填列。

（22）"开发支出"项目，反映企业开发无形资产过程中能够资本化形成无形资产成本的支出部分。本项目应根据"研发支出"科目中所属的"资本化支出"明细科目期末余额填列。

（23）"商誉"项目，反映企业合并中形成的商誉的价值。本项目应根据"商誉"科目的期末余额，减去相应减值准备后的金额填列。

（24）"长期待摊费用"项目，反映企业已经发生但应由本期和以后各期负担的分摊期限在1年以上的各项费用。长期待摊费用中在1年内（含1年）摊销的部分，在资产负债表"一年内到期的非流动资产"项目填列。本项目应根据"长期待摊费用"科目的期末余额减去将于1年内（含1年）摊销的数额后的金额填列。

（25）"递延所得税资产"项目，反映企业确认的可抵扣暂时性差异产生的递延所得税资产。本项目应根据"递延所得税资产"科目的期末余额填列。

（26）"其他非流动资产"项目，反映企业除长期股权投资、固定资产、在建工程、工程物资、无形资产等资产以外的其他非流动资产。本项目应根据有关科目的期末余额填列。

2. 负债项目的列报说明

（1）"短期借款"项目，反映企业向银行或其他金融机构等借入的期限在1年以下（含1年）的各种借款。本项目应根据"短期借款"科目的期末余额填列。

（2）"交易性金融负债"项目，反映企业承担的以公允价值计量且其变动计入当期损益的为交易目的所持有的金融负债。本项目应根据"交易性金融负债"科目的期末余额填列。

（3）"应付票据"项目，反映企业购买材料、商品和接受劳务供应等而开出、承兑的商业汇票，包括银行承兑汇票和商业承兑汇票。本项目应根据"应付票据"科目的期末余额填列。

（4）"应付账款"项目，反映企业因购买材料、商品和接受劳务供应等经营活动应支付的款项。本项目应根据"应付账款"和"预付账款"科目所属各明细科目的期末贷方余额合计数填列；如"应付账款"科目所属明细科目期末有借方余额的，应在资产负债表"预付款项"项目内填列。

（5）"预收款项"项目，反映企业按照购货合同规定预付给供应单位的款项。本项目应根据"预收账款"和"应收账款"科目所属各明细科目的期末贷方余额合计数填列。如"预收账款"科目所属各明细科目期末有借方余额，应在资产负债表"应收账款"项目内填列。

（6）"应付职工薪酬"项目，反映企业根据有关规定应付给职工的工资、职工福利、社会保险费、住房公积金、工会经费、职工教育经费、非货币性福利、辞退福利等各种薪酬。外商投资企业按规定从净利润中提取的职工奖励及福利基金，也在本项目列示。

（7）"应交税费"项目，反映企业按照税法规定计算应缴纳的各种税费，包括增值税、消费税、营业税、所得税、资源税、土地增值税、城市维护建设税、房产税、土地使用税、车船使用税、教育费附加、矿产资源补偿费等。企业代扣代缴的个人所得税，也通过本项目列示。企业所缴纳的税金不需要预计应交数的，如印花税、耕地占用税等，不在本项目列示。本项目应根据"应交税费"科目的期末贷方余额填列；如"应交税费"科目期末为借方余额，应以"－"号填列。

（8）"应付利息"项目，反映企业按照规定应当支付的利息，包括分期付息到期还本的长期借款应支付的利息、企业发行的企业债券应支付的利息等。本项目应当根据"应付利息"科目的期末余额填列。

（9）"应付股利"项目，反映企业分配的现金股利或利润。企业分配的股票股利，不通过本项目列示。本项目应根据"应付股利"科目的期末余额填列。

（10）"其他应付款"项目，反映企业除应付票据、应付账款、预收款项、应付职工薪酬、应付股利、应付利息、应交税费等经营活动以外的其他各项应付、暂收的款项。本项目应根据"其他应付款"科目的期末余额填列。

（11）"一年内到期的非流动负债"项目，反映企业非流动负债中将于资产负债表日后1

年内到期部分的金额，如将于 1 年内偿还的长期借款。本项目应根据有关科目的期末余额填列。

（12）"其他流动负债"项目，反映企业除短期借款、交易性金融负债、应付票据、应付账款、应付职工薪酬、应交税费等流动负债以外的其他流动负债。本项目应根据有关科目的期末余额填列。

（13）"长期借款"项目，反映企业向银行或其他金融机构借入的期限在 1 年以上（不含 1 年）的各项借款。本项目应根据"长期借款"科目的期末余额填列。

（14）"应付债券"项目，反映企业为筹集长期资金而发行的债券本金和利息。本项目应根据"应付债券"科目的期末余额填列。

（15）"长期应付款"项目，反映企业除长期借款和应付债券以外的其他各种长期应付款项。本项目应根据"长期应付款"科目的期末余额，减去相应的"未确认融资费用"科目期末余额后的金额填列。

（16）"预计负债"项目，反映企业确认的对外提供担保、未决诉讼、产品质量保证、重组义务、亏损性合同等预计负债。本项目应根据"预计负债"科目的期末余额填列。

（17）"递延所得税负债"项目，反映企业确认的应纳税暂时性差异产生的所得税负债。本项目应根据"递延所得税负债"科目的期末余额填列。

（18）"其他非流动负债"项目，反映企业除长期借款、应付债券等负债以外的其他非流动负债。本项目应根据有关科目的期末余额减去将于 1 年内（含 1 年）到期偿还数后的余额填列。非流动负债各项目中将于 1 年内（含 1 年）到期的非流动负债，应在"一年内到期的非流动负债"项目内单独反映。

3．所有者权益项目的列报说明

（1）"实收资本（或股本）"项目，反映企业各投资者实际投入的资本（或股本）总额。本项目应根据"实收资本"或"股本"科目的期末余额填列。

（2）"资本公积"项目，反映企业资本公积的期末余额。本项目应根据"资本公积"科目的期末余额填列。

（3）"库存股"项目，反映企业持有尚未转让或注销的本公司股份金额。本项目应根据"库存股"科目的期末余额填列。

（4）"盈余公积"项目，反映企业盈余公积的期末余额。本项目应根据"盈余公积"科目的期末余额填列。

（5）"未分配利润"项目，反映企业尚未分配的利润。本项目应根据"本年利润"科目和"利润分配"科目的余额计算填列。未弥补的亏损，在本项目内以"-"号填列。

（二）年初余额栏的列报方法

资产负债表"年初余额"栏内各项数字，应根据上年年末资产负债表"期末余额"栏内所列数字填列。如果上年度资产负债表规定的各个项目的名称和内容同本年度不相一致，应对上年年末资产负债表各项目的名称和数字按照本年度的规定进行调整，填入表中"年初余额"栏内。

（三）期末余额栏的列报方法

资产负债表"期末余额"栏内各项数字，一般应根据资产、负债和所有者权益类科目的期末余额填列。主要包括以下方式：

1. 根据总账科目的余额填列

资产负债表中的有些项目，可直接根据有关总账科目的余额填列，如"交易性金融资产"、"短期借款"、"应付票据"、"应付职工薪酬"等项目。

2. 根据若干个总账科目的余额计算填列

如"货币资金"项目，应根据"库存现金"、"银行存款"、"其他货币资金"三个总账科目余额的合计数填列。

3. 根据有关明细账科目的余额计算填列

如"应收账款"项目，需要根据"应收账款"和"预收账款"两个科目所属的相关明细科目的期末借方余额计算填列，如果计提了坏账准备，则应根据减去"坏账准备"科目中有关应收账款计提的坏账准备期末余额后的金额填列；"预收账款"项目，需要根据"应收账款"和"预收账款"两个科目所属的相关明细科目的期末贷方余额计算填列；"预付账款"项目，需要根据"应付账款"和"预付账款"两个科目所属的相关明细科目的期末借方余额计算填列；"应付账款"项目，需要根据"应付账款"和"预付账款"两个科目所属的相关明细科目的期末贷方余额计算填列。

4. 根据总账科目和明细账科目的余额分析计算填列

如"长期借款"项目，需根据"长期借款"总账科目余额扣除"长期借款"科目所属的明细科目中将在资产负债表日起1年内到期、且企业不能自主地将清偿义务展期的长期借款后的金额计算填列。

5. 根据有关科目余额减去其备抵科目余额后的净额填列

如资产负债表中的"应收账款"、"其他应收款"、"持有至到期投资"、"长期股权投资"等项目，应根据"应收账款"、"其他应收款"、"持有至到期投资"、"长期股权投资"等科目的期末余额减去"坏账准备"、"持有至到期投资减值准备"、"长期股权投资减值准备"等科目余额后的净额填列；"固定资产"项目，应根据"固定资产"科目的期末余额减去"累计折旧"、"固定资产减值准备"科目余额后的净额填列；"无形资产"项目，应根据"无形资产"科目的期末余额，减去"累计摊销"、"无形资产减值准备"科目余额后的净额填列。

6. 综合运用上述填列方法分析填列

如资产负债表中的"存货"项目，需根据"原材料"、"库存商品"、"委托加工物资"、"周转材料"、"材料采购"、"在途物资"、"发出商品"、"材料成本差异"等总账科目期末余额的分析汇总数，再减去"存货跌价准备"科目余额后的金额填列。

第二节 利润表

一、利润表的结构和编制程序

（一）利润表的结构

利润表是反映企业在一定会计期间的经营成果的会计报表。利润表的格式一般有单步式利润表和多步式利润表两种。单步式利润表将当期所有的收入列在一起，然后将所有的费用列在一起，两者相减得出当期净损益。多步式利润表通过对当期的收入、费用、支出项目按性质加以归类，按利润形成的主要环节列示一些中间性利润指标，分步计算当期净损益。在我国，财务报表列报准则规定，企业应当采用多步式列报利润表。一般企业利润表的具体格式如表 7-8 所示。

（二）利润表的编制程序

企业可以分如下三个步骤编制利润表：

第一步，以营业收入为基础，减去营业成本、营业税金及附加、销售费用、管理费用、财务费用、资产减值损失，加上公允价值变动收益（减：公允价值变动损失）和投资收益（减：投资损失），计算出营业利润。

第二步，以营业利润为基础，加上营业外收入，减去营业外支出，计算出利润总额。

第三步，以利润总额为基础，减去所得税费用，计算出净利润（或净亏损）。

普通股或潜在普通股已公开交易的企业，以及正处于公开发行普通股或潜在普通股过程中的企业，还应当在利润表中列示每股收益信息。

此外，为了使报表使用者通过比较不同期间利润的实现情况，判断企业经营成果的未来发展趋势，企业需要提供比较利润表。因此，利润表还应就各项目再分为"本期金额"和"上期金额"两栏分别填列。

二、利润表的列报方法

（一）利润表各项目的列报说明

利润表至少应当单独列示反映下列信息的项目：

（1）"营业收入"项目，反映企业经营主要业务和其他业务所确认的收入总额。本项目应根据"主营业务收入"和"其他业务收入"科目的发生额分析填列。

（2）"营业成本"项目，反映企业经营主要业务和其他业务所发生的成本总额。本项目应根据"主营业务成本"和"其他业务成本"科目的发生额分析填列。

（3）"营业税金及附加"项目，反映企业经营业务应负担的消费税、营业税、城市维护建设税、资源税、土地增值税和教育费附加等。本项目应根据"营业税金及附加"科目的发生额分析填列。

（4）"销售费用"项目，反映企业在销售商品过程中发生的包装费、广告费等费用以及为销售本企业商品而专设的销售机构的职工薪酬、业务费等经营费用。本项目应根据"销售费用"科目的发生额分析填列。

（5）"管理费用"项目，反映企业为组织和管理生产经营发生的管理费用。本项目应根据"管理费用"科目的发生额分析填列。

（6）"财务费用"项目，反映企业筹集生产经营所需资金等而发生的筹资费用。本项目应根据"财务费用"科目的发生额分析填列。

（7）"资产减值损失"项目，反映企业各项资产发生的减值损失。本项目应根据"资产减值损失"科目的发生额分析填列。

（8）"公允价值变动收益"项目，反映企业应当计入当期损益的资产或负债公允价值变动收益。本项目应根据"公允价值变动损益"科目的发生额分析填列。如为净损失，本项目以"-"号填列。

（9）"投资收益"项目，反映企业以各种方式对外投资所取得的收益。本项目应根据"投资收益"科目的发生额分析填列。如为投资损失，本项目以"-"号填列。

（10）"营业利润"项目，反映企业实现的营业利润。如为亏损，本项目以"-"号填列。

（11）"营业外收入"项目，反映企业发生的与经营业务无直接关系的各项收入。本项目应根据"营业外收入"科目的发生额分析填列。

（12）"营业外支出"项目，反映企业发生的与经营业务无直接关系的各项支出。本项目应根据"营业外支出"科目的发生额分析填列。

（13）"利润总额"项目，反映企业实现的利润。如为亏损，本项目以"-"号填列。

（14）"所得税费用"项目，反映企业应从当期利润总额中扣除的所得税费用。本项目应根据"所得税费用"科目的发生额分析填列。

（15）"净利润"项目，反映企业实现的净利润。如为亏损，本项目以"-"号填列。

（16）"基本每股收益"和"稀释每股收益"项目，其列报请参见《企业会计准则第 34 号——每股收益》。

（二）上期金额栏的列报方法

利润表"上期金额"栏内各项数字，应根据上年该期利润表"本期金额"栏内所列数字填列。如果上年该期利润表规定的各个项目的名称和内容同本期不相一致，应对上年该期利润表各项目的名称和数字按本期的规定进行调整，填入利润表"上期金额"栏内。

（三）本期金额栏的列报方法

利润表"本期金额"栏内各项数字，一般应根据损益类科目的发生额分析填列。

对于费用的列报，企业应当采用"功能法"列报，即按照费用在企业所发挥的功能进行分类列报，通常分为从事经营业务发生的成本、管理费用、销售费用和财务费用等，并且将营业成本与其他费用分开披露。从企业而言，其活动通常可以划分为生产、销售、管理、融资等，每一种活动上发生的费用所发挥的功能并不相同，因此，按照费用功能法将其分开列报，有助于使用者了解费用发生的活动领域。例如，企业为销售产品发生了多少费用、为一般行政管理发生了多少费用、为筹措资金发生了多少费用等。这种方法通常能向报表使用者提供具有结构性的信息，能更清楚地揭示企业经营业绩的主要来源和构成，提供的信息更为相关。

第三节　现金流量表

现金流量表是指反映企业在一定会计期间现金和现金等价物流入和流出的报表。现金流量表以现金和现金等价物为基础编制，划分经营活动、投资活动和筹资活动，按照收付实现制原则编制，将权责发生制下的盈利信息调整为收付实现制下的现金流量信息。现金是指企业库存现金以及可以随时用于支付的存款，包括库存现金、可以随时用于支付的存款以及现金等价物。现金等价物是指企业持有的期限短、流动性强、易于转换为已知金额现金、价值变动风险很小的投资。本节提及现金时，除非同时提及现金等价物，均包括现金和现金等价物。

一、现金流量表的内容及结构

现金流量表由主表和补充资料两部分组成。

（一）现金流量表主表

现金流量表主表的格式、结构和内容如表 7-9 所示。

1. 经营活动产生的现金流量

企业应当采用直接法列示经营活动产生的现金流量。经营活动是指企业投资活动和筹资活动以外的所有交易和事项。经营活动产生的现金流量至少应当单独列示反映下列信息的项目：

（1）"销售商品、提供劳务收到的现金"项目，反映企业销售商品、提供劳务实际收到的现金，包括销售收入和应向购买者收取的增值税额，具体包括：本期销售商品、提供劳务收到的现金，以及前期销售商品、提供劳务本期收到的现金和本期预收的款项，减去本期销售本期退回的商品和前期销售本期退回的商品支付的现金。企业销售材料和代购代销业务收到的现金，也在本项目反映。本项目可以根据"库存现金"、"银行存款"、"应收票据"、"应收账款"、"预收账款"、"主营业务收入"、"其他业务收入"、"应交税费——应交增值税（销项税额）"等科目的记录分析填列。

（2）"收到的税费返还"项目，反映企业收到返还的各种税费，如收到的增值税、消费税、营业税、所得税、关税、教育费附加返还款等。本项目可以根据"库存现金"、"银行存款"、"营业税金及附加"、"营业外收入"等科目的记录分析填列。

（3）"收到的其他与经营活动有关的现金"项目，反映企业除上述各项目外，收到的其他与经营活动有关的现金，如罚款收入、经营租赁固定资产收到的现金、流动资产损失中由个人赔偿的现金收入、除税费返还外的其他政府补助收入等。其他与经营活动有关的现金，如果价值较大的，应单列项目反映。本项目可以根据"库存现金"、"银行存款"、"管理费用"、"销售费用"等科目的记录分析填列。

（4）"购买商品、接受劳务支付的现金"项目，反映企业购买材料、商品、接受劳务实际支付的现金，包括支付的货款以及与货款一并支付的增值税进项税额，具体包括：本期购买商品、接受劳务支付的现金，以及本期支付前期购买商品、接受劳务的未付款项和本期预付款项，减去本期发生的购货退回收到的现金。为购置存货而发生的借款利息资本化部分，应在"分配股利、利润或偿付利息支付的现金"项目中反映。本项目可以根据"库存现金"、"银行存款"、"应付票据"、"应付账款"、"预付账款"、"主营业务成本"、"其他业务成本"、"应交税费——应交增值税（进项税额）"等科目的记录分析填列。

（5）"支付给职工以及为职工支付的现金"项目，反映企业实际支付给职工以及为职工支付的现金，包括企业为获得职工提供的服务，本期实际给予各种形式的报酬以及其他相关支出，如支付给职工的工资、奖金、各种津贴和补贴等，以及为职工支付的其他费用，不包括支付给在建工程人员的工资。支付的在建工程人员的工资，在"购建固定资产、无形资产和其他长期资产所支付的现金"项目中反映。企业为职工支付的医疗、养老、失业、工伤、生育等社会保险基金、补充养老保险、住房公积金，企业为职工交纳的商业保险金，因解除与职工劳动关系给予的补偿，现金结算的股利支付，以及企业支付给职工或为职工支付的其他福利费用等，应按职工的工作性质和服务对象，分别在"购建固定资产、无形资产和其他长期资产所支付的现金"和"支付给职工以及为职工支付的现金"项目中反映。本项目可以根据"库存现金"、"银行存款"、"应付职工薪酬"等科目的记录分析填列。

（6）"支付的各项税费"项目，反映企业按规定支付的各种税费，包括本期发生并支付的税费，以及本期支付以前各期发生的税费和预缴的税金，如支付的教育费附加、印花税、房产税、土地增值税、车船使用税、营业税、增值税、所得税等，不包括本期退回的增值税、所得税等。本期退回的增值税、所得税等，在"收到的税费返还"项目中反映。本项目可以根据"应交税费"、"库存现金"、"银行存款"等科目的记录分析填列。

（7）"支付的其他与经营活动有关的现金"项目，反映企业除上述各项目外，支付的其他与经营活动有关的现金。如罚款支出，支付的差旅费、业务招待费、保险费，经营租赁支付的现金等。其他与经营活动有关的现金，如果金额较大的，应单列项目反映。本项目可以根据有关科目的记录分析填列。

2. 投资活动产生的现金流量

投资活动是指企业长期资产的购建和不包括在现金等价物范围内的投资及其处置活动。投资活动产生的现金流量至少应当单独列示反映下列信息的项目：

（1）"收回投资收到的现金"项目，反映企业出售、转让或到期收回除现金等价物以外的交易性金融资产、持有至到期投资、可供出售金融资产、长期股权投资、投资性房地产而收到的现金。不包括债权性投资收回的利息、收回的非现金资产，以及处置子公司及其他营业单位收到的现金净额。债权性投资收回的本金，在本项目反映；债权性投资收回的利息，不在本项目中反映，而在"取得投资收益收到的现金"项目中反映。处置子公司及其他营业单位收到的现金净额，单设项目反映。本项目可以根据"交易性金融资产"、"持有至到期投资"、"可供出售金融资产"、"长期股权投资"、"投资性房地产"、"库存现金"、"银行存款"等科目的记录分析填列。

（2）"取得投资收益收到的现金"项目，反映企业因股权性质投资而分得的现金股利，从子公司、联营企业或合营企业分回利润而收到的现金；因债权性质投资而取得的现金利息收入。股票股利不在本项目中反映；包括在现金等价物范围内的债券性投资，其利息收入在本项目中反映。本项目可以根据"库存现金"、"银行存款"、"应收利息"、"应收股利"、"投资收益"等科目的记录分析填列。

（3）"处置固定资产、无形资产和其他长期资产收回的现金净额"项目，反映企业出售固定资产、无形资产和其他长期资产所取得的现金，减去为处置这些资产而支付的有关费用后的净额。由于自然灾害等原因所造成的固定资产等长期资产报废、毁损而收到的保险赔偿收入，在本项目中反映。如处置固定资产、无形资产和其他长期资产所收回的现金净额为负数，则应作为投资活动产生的现金流量，在"支付的其他与投资有关的现金"项目中反映。本项目可以根据"固定资产清理"、"库存现金"、"银行存款"等科目的记录分析填列。

（4）"处置子公司及其他营业单位收到的现金净额"项目，反映企业处置子公司及其他营业单位所取得的现金，减去子公司或其他营业单位持有的现金和现金等价物以及相关处置费用后的净额。本项目可以根据有关科目的记录分析填列。

（5）"收到的其他与投资活动有关的现金"项目，反映除上述各项目外，企业收到的其他与投资活动有关的现金。其他与投资活动有关的现金，如果价值较大的，应单列项目反映。本项目可以根据有关科目的记录分析填列。

（6）"购建固定资产、无形资产和其他长期资产支付的现金"项目，反映企业购买、建造固定资产，取得无形资产和其他长期资产所支付的现金，包括购买机器设备所支付的现金及增值税款、建造工程支付的现金、支付在建工程人员的工资等现金支出，不包括为购建固定资产、无形资产和其他长期资产而发生的借款利息资本化部分，以及融资租入固定资产支付的租赁费。为购建固定资产、无形资产和其他长期资产而发生的借款利息资本化部分，在"分配股利、利润或偿付利息支付的现金"项目中反映；融资租入固定资产所支付的租赁费，在"支付的其他与筹资活动有关的现金"项目中反映，不在本项目中反映。本项目可以根据"固定资产"、"在建工程"、"工程物资"、"无形资产"、"库存现金"、"银行存款"等科目的记录分析填列。

（7）"投资支付的现金"项目，反映企业进行权益性投资和债权性投资所支付的现金，包括企业取得的除现金等价物以外的交易性金融资产、持有至到期投资、可供出售金融资产、长期股权投资而支付的现金，以及支付的佣金、手续费等交易费用。企业购买债券的价款中含有债券利息的，以及溢价或折价购入的，均按实际支付的金额反映。企业购买股票和债券时，实际支付的价款中包含的已宣告但尚未领取的现金股利或已到付息期但尚未领取的债券利息，应在"支付的其他与投资活动有关的现金"项目中反映；收回购买股票和债券时支付的已宣告但尚未领取的现金股利或已到付息期但尚未领取的债券的利息，应在"收到的其他与投资活动有关的现金"项目中反映。本项目可以根据"交易性金融资产"、"持有至到期投资"、"可供出售金融资产"、"长期股权投资"、"投资性房地产"、"库存现金"、"银行存款"等科目的记录分析填列。

（8）"取得子公司及其他营业单位支付的现金净额"项目，反映企业取得子公司及其他营业单位购买出价中以现金支付的部分，减去子公司或其他营业单位持有的现金和现金等价物后的净额。本项目可以根据有关科目的记录分析填列。

（9）"支付的其他与投资活动有关的现金"项目，反映除上述各项外，企业支付的其他与投资活动有关的现金。其他与投资活动有关的现金，如果金额较大的，应单列项目反映。本项目可以根据有关科目的记录分析填列。

3. 筹资活动产生的现金流量

筹资活动是指导致企业资本及债务规模和构成发生变化的活动。筹资活动产生的现金流量至少应当单独列示反映下列信息的项目：

（1）"吸收投资收到的现金"项目，反映企业以发行股票、债券等方式筹集资金实际收到的款项净额（发行收入减去支付的佣金等发行费用后的净额）。以发行股票、债券等方式筹集资金而由企业直接支付的审计、咨询等费用，不在本项目中反映，而在"支付的其他与筹资活动有关的现金"项目中反映；由金融企业直接支付的手续费、宣传费、咨询费、印刷费等费用，从发行股票、债券取得的现金收入中扣除，以净额列示。本项目可以根据"实收资本（或股本）"、"资本公积"、"库存现金"、"银行存款"等科目的记录分析填列。

（2）"取得借款收到的现金"项目，反映企业举借各种短期借款、长期借款而收到的现金。本项目可以根据"短期借款"、"长期借款"、"交易性金融负债"、"应付债券"、"库存现金"、"银行存款"等科目的记录分析填列。

（3）"收到其他与筹资活动有关的现金"项目，反映除上述各项目外，企业收到的其他与筹资活动有关的现金。其他与筹资活动有关的现金，如果价值较大的，应单列项目反映。本项目可以根据有关科目的记录分析填列。

（4）"偿还债务支付的现金"项目，反映企业以现金偿还债务的本金，包括归还金融企业的借款本金、偿付企业到期的债券本金等。企业偿还的借款利息、债券利息，在"分配股利、利润或偿付利息所支付的现金"项目中反映，不包括在本项目内。本项目可以根据"短期借款"、"长期借款"、"交易性金融负债"、"应付债券"、"库存现金"、"银行存款"等科目的记录分析填列。

（5）"分配股利、利润或偿付利息支付的现金"项目，反映实际支付的现金股利，企业支付给其他投资单位的利润或用现金支付的借款利息、债券利息。不同用途的借款，其利息的开支渠道不一样，如在建工程、财务费用等，均在本项目中反映。本项目可以根据"应付利息"、"应付股利"、"利润分配"、"财务费用"、"在建工程"、"制造费用"、"研发支出"、"库存现金"、"银行存款"等科目的记录分析填列。

（6）"支付的其他与筹资活动有关的现金"项目，反映除上述各项外，企业支付的其他与筹资活动有关的现金，如以发行股票、债券等方式筹集资金而由企业直接支付的审计、咨询等费用，融资租赁所支付的现金，以分期付款方式购建固定资产以后各期支付的现金等。其他与筹资活动有关的现金，如果金额较大的，应单列项目反映。本项目可以根据有关科目的记录分析填列。

4. 汇率变动对现金及现金等价物的影响

编制现金流量表时，应当将企业外币现金流量以及境外子公司的现金流量折算成记账本位币。现金流量表准则规定，外币现金流量以及境外子公司的现金流量，应当采用现金流量发生日的汇率或按照系统合理的方法确定的、与现金流量发生日即期汇率近似的汇率折算。汇率变动对现金及现金等价物的影响额应当作为调节项目，在现金流量表中单独列报。

"汇率变动对现金及现金等价物的影响"项目，反映企业外币现金流量及境外子公司的现金流量折算为记账本位币时，所采用的是现金流量发生日的汇率或按照系统合理的方法确定的、与现金流量发生日即期汇率近似的汇率，而现金流量表"现金及现金等价物净增加额"项目中外币现金净增加额是按资产负债表日的即期汇率折算的。这两者的差额即为汇率变动对现金及现金等价物的影响。

（二）现金流量表补充资料

企业应当采用间接法，在现金流量附注中披露将净利润调节为经营活动现金流量的信息。现金流量表补充资料包括将净利润调节为经营活动现金流量、不涉及现金收支的重大投资和筹资活动、现金和现金等价物净变动情况等项目。补充资料的格式、结构和内容如表 7-10 所示。

1.　将净利润调节为经营活动现金流量

（1）资产减值准备。资产减值准备包括：坏账准备、存货跌价准备、投资性房地产减值准备、长期股权投资减值准备、持有至到期投资减值准备、固定资产减值准备、在建工程减值准备、工程物资减值准备、无形资产减值准备、商誉减值准备等。企业计提的各项资产减值准备包括在利润表中，属于利润的减除项目，但没有发生现金流出。所以，在将净利润调节为经营活动现金流量时，需要加回。本项目可根据"资产减值损失"科目的记录分析填列。

（2）固定资产折旧。企业计提的固定资产折旧，有的包括在管理费用中，有的包括在制造费用中。计入管理费用中的部分，作为期间费用在计算净利润时从中扣除，但没有发生现金流出，在将净利润调节为经营活动现金流量时，需要予以加回。计入制造费用中的已经变现的部分，在计算净利润时通过销售成本予以扣除，但没有发生现金流出；计入制造费用中的没有变现的部分，既不涉及现金收支，也不影响企业当期净利润，由于在调节存货时，已经从中扣除，在此处将净利润调节为经营活动现金流量时，需要予以加回。本项目可根据"累计折旧"等科目的贷方发生额分析填列。

（3）无形资产摊销和长期待摊费用摊销。企业对使用寿命有限的无形资产进行摊销时，计入管理费用或制造费用。长期待摊费用摊销时，有的计入管理费用，有的计入销售费用，有的计入制造费用。计入管理费用等期间费用和计入制造费用中的已变现的部分，在计算净利润时已从中扣除，但没有发生现金流出；计入制造费用中的没有变现的部分，在调节存货时已经从中扣除，但不涉及现金收支，所以，在此处将净利润调节为经营活动现金流量时，需要予以加回。这个项目可根据"累计摊销"、"长期待摊费用"科目的贷方发生额分析填列。

（4）处置固定资产、无形资产和其他长期资产的损失（减：收益）。企业处置固定资产、无形资产和其他长期资产发生的损益，属于投资活动产生的损益，不属于经营活动产生的损益，所以，在将净利润调节为经营活动现金流量时，需要予以剔除。如为损失，在将净利润调节为经营活动现金流量时，应当加回；如为收益，在将净利润调节为经营活动现金流量时，应当扣除。本项目可根据"营业外收入"、"营业外支出"等科目所属有关明细科目的记录分析填列；如为净收益，以"-"号填列。

（5）固定资产报废损失。企业发生的固定资产报废损益，属于投资活动产生的损益，不属于经营活动产生的损益，所以，在将净利润调节为经营活动现金流量时，需要予以剔除。同样，投资性房地产发生报废、毁损而产生的损失，也需要予以剔除。如为净损失，在将净利润调节为经营活动现金流量时，应当加回；如为净收益，在将净利润调节为经营活动现金流量时，应当扣除。本项目可根据"营业外支出"、"营业外收入"等科目所属有关明细科目的记录分析填列。

（6）公允价值变动损失（加：收益）。公允价值变动损失反映企业在初始确认时划分为以公允价值计量且其变动计入当期损益的交易性金融资产或金融负债等业务中，公允价值变动形成的应计入当期损益的利得或损失。企业发生的公允价值变动损益，通常与企业的投资活动或筹资活动有关，而且并不影响企业当期的现金流量。为此，应当将其从净利润中剔除。本项目可以根据"公允价值变动损益"科目的发生额分析填列。如为持有损失，在将净利润调节为经营活动现金流量时，应当加回；如为持有利得，在将净利润调节为经营活动现金流量时，应当扣除。

（7）财务费用。企业发生的财务费用中不属于经营活动的部分，应当将其从净利润中剔除。本项目可根据"财务费用"科目的本期借方发生额分析填列；如为收益，以"-"号填列。在实务中，企业的"财务费用"明细账一般是按费用项目设置的，为了编制现金流量表，企业可在此基础上，再按"经营活动"、"投资活动"、"筹资活动"分设明细分类账。每一笔财务费用发生时，即将其归入"经营活动"、"投资活动"或"筹资活动"中。

（8）投资损失（减：收益）。企业发生的投资损益，属于投资活动产生的损益，不属于经营活动产生的损益，所以，在将净利润调节为经营活动现金流量时，需要予以剔除。如为净损失，在将净利润调节为经营活动现金流量时，应当加回；如为净收益，在将净利润调节为经营活动现金流量时，应当扣除。本项目可根据利润表中"投资收益"项目的数字填列；如为投资收益，以"-"号填列。

（9）递延所得税资产减少（减：增加）。如果递延所得税资产减少使计入所得税费用的金额大于当期应交的所得税金额，其差额没有发生现金流出，但在计算净利润时已经扣除，在将净利润调节为经营活动现金流量时，应当加回。如果递延所得税资产增加使计入所得税费用的金额小于当期应交的所得税金额，二者之间的差额并没有发生现金流入，但在计算净利润时已经包括在内，在将净利润调节为经营活动现金流量时，应当扣除。本项目可以根据资产负债表"递延所得税资产"项目期初、期末余额分析填列。

（10）递延所得税负债增加（减：减少）。如果递延所得税负债增加使计入所得税费用的金额大于当期应交的所得税金额，其差额没有发生现金流出，但在计算净利润时已经扣除，在将净利润调节为经营活动现金流量时，应当加回。如果递延所得税负债减少使计入当期所得税费用的金额小于当期应交的所得税金额，其差额并没有发生现金流入，但在计算净利润时已经包括在内，在将净利润调节为经营活动现金流量时，应当扣除。本项目可以根据资产负债表"递延所得税负债"项目期初、期末余额分析填列。

（11）存货的减少（减：增加）。期末存货比期初存货减少，说明本期生产经营过程耗用的存货有一部分是期初的存货，耗用这部分存货并没有发生现金流出，但在计算净利润时已经扣除，所以，在将净利润调节为经营活动现金流量时，应当加回。期末存货比期初存货增加，说明当期购入的存货除耗用外，还剩余了一部分，这部分存货也发生了现金流出，但在计算净利润时没有包括在内，所以，在将净利润调节为经营活动现金流量时，需要扣除。当然，存货的增减变化过程还涉及应付项目，这一因素在"经营性应付项目的增加（减：减少）"中考虑。本项目可根据资产负债表中"存货"项目的期初数、期末数之间的差额填列；期末数大于期初数的差额，以"-"号填列。如果存货的增减变化过程属于投资活动，如在建工程领用存货，则应当将这一因素剔除。

（12）经营性应收项目的减少（减：增加）。经营性应收项目包括应收票据、应收账款、预付账款、长期应收款和其他应收款中与经营活动有关的部分，以及应收的增值税销项税额等。经营性应收项目期末余额小于经营性应收项目期初余额，说明本期收回的现金大于利润表中所确认的销售收入，所以，在将净利润调节为经营活动现金流量时，需要加回。经营性应收项目期末余额大于经营性应收项目期初余额，说明本期销售收入中有一部分没有收回现金，但是，在计算净利润时这部分销售收入已包括在内，所以，在将净利润调节为经营活动现金流量时，需要扣除。本项目应当根据有关科目的期初、期末余额分析填列；如为增加，以"-"号填列。

（13）经营性应付项目的增加（减：减少）。经营性应付项目包括应付票据、应付账款、预收账款、应付职工薪酬、应交税费、应付利息、长期应付款、其他应付款中与经营活动有关的部分，以及应付的增值税进项税额等。经营性应付项目期末余额大于经营性应付项目期初余额，说明本期购入的存货中有一部分没有支付现金，但是，在计算净利润时却通过销售成本包括在内，在将净利润调节为经营活动现金流量时，需要加回；经营性应付项目期末余额小于经营性应付项目期初余额，说明本期支付的现金大于利润表中所确认的销售成本，在将净利润调节为经营活动产生的现金流量时，需要扣除。本项目应当根据有关科目的期初、期末余额分析填列；如为减少，以"-"号填列。

2. 不涉及现金收支的重大投资和筹资活动的披露

不涉及现金收支的重大投资和筹资活动，反映企业一定期间内影响资产或负债但不形成该期现金收支的所有投资和筹资活动的信息。这些投资和筹资活动虽然不涉及当期现金收支，但对以后各期的现金流量有重大影响。例如，企业融资租入设备，将形成的负债计入"长期应付款"账户，当期并不支付设备款及租金，但以后各期必须为此支付现金，从而在一定期间内形成了一项固定的现金支出。

因此，现金流量表准则规定，企业应当在附注中披露不涉及当期现金收支、但影响企业财务状况或在未来可能影响企业现金流量的重大投资和筹资活动，主要包括：①债务转为资本，反映企业本期转为资本的债务金额；②1年内到期的可转换公司债券，反映企业1年内到期的可转换公司债券的本息；③融资租入固定资产，反映企业本期融资租入的固定资产。

3. 现金和现金等价物构成的披露

企业应当在附注中披露与现金和现金等价物有关的下列信息：①现金和现金等价物的构成及其在资产负债表中的相应金额；②企业持有但不能由母公司或集团内其他子公司使用的大额现金和现金等价物金额，如国外经营的子公司，由于受当地外汇管制或其他立法的限制，其持有的现金和现金等价物不能由母公司或其他子公司正常使用。

二、现金流量表的编制方法及程序

（一）直接法和间接法

编制现金流量表的方法有直接法和间接法两种。

直接法是指按现金收入和现金支出的主要类别直接反映企业经营活动产生的现金流量，如销售商品、提供劳务收到的现金。在直接法下，一般是以利润表中的营业收入为起算点，调节与经营活动有关的项目的增减变动，然后计算出经营活动产生的现金流量。

间接法是指以净利润为起算点，调整不涉及现金的收入、费用、营业外收支等有关项目，剔除投资活动、筹资活动对现金流量的影响，据此计算出经营活动产生的现金流量。由于净利润是按照权责发生制原则确定的，且包括了与投资活动和筹资活动相关的收益和费用，将净利润调节为经营活动现金流量，实际上就是将按权责发生制原则确定的净利润调整为现金净流入，并剔除投资活动和筹资活动对现金流量的影响。

采用直接法编报现金流量表，便于分析企业经营活动产生的现金流量的来源和用途，预测企业现金流量的前景；采用间接法编报现金流量表，便于将净利润与经营活动产生的现金流量净额进行比较，了解净利润与经营活动产生的现金流量差异的原因，从现金流量的角度分析净利润的质量。所以，现金流量表准则规定企业应当采用直接法编报现金流量表，同时要求在附注中提供以净利润为基础调节到经营活动现金流量的信息。

（二）工作底稿法、T 型账户法和分析填列法

在具体编制现金流量表时，可以采用工作底稿法或 T 型账户法，也可以根据有关科目记录分析填列。

1. 工作底稿法

采用工作底稿法编制现金流量表，是以工作底稿为手段，以资产负债表和利润表数据为基础，对每一项目进行分析并编制调整分录，从而编制现金流量表。工作底稿法的程序是：

第一步，将资产负债表的期初数和期末数过入工作底稿的期初数栏和期末数栏。

第二步，对当期业务进行分析并编制调整分录。编制调整分录时，要以利润表项目为基础，从"营业收入"开始，结合资产负债表项目逐一进行分析。在调整分录中，有关现金和现金等价物的事项，并不直接借记或贷记现金，而是分别计入"经营活动产生的现金流量"、"投资活动产生的现金流量"、"筹资活动产生的现金流量"有关项目。借记表示现金流入，贷记表示现金流出。

第三步，将调整分录过入工作底稿中的相应部分。

第四步，核对调整分录，借方、贷方合计数均已经相等，资产负债表项目期初数加减调整分录中的借贷金额以后，也等于期末数。

第五步，根据工作底稿中的现金流量表项目部分编制正式的现金流量表。

2. T 型账户法

采用 T 型账户法编制现金流量表，是以 T 型账户为手段，以资产负债表和利润表数据为基础，对每一项目进行分析并编制调整分录，从而编制现金流量表。T 型账户法的程序是：

第一步，为所有的非现金项目（包括资产负债表项目和利润表项目）分别开设 T 型账户，并将各自的期末期初变动数过入各相关账户。如果项目的期末数大于期初数，则将差额过入和项目余额相同的方向；反之，过入相反的方向。

第二步，开设一个大的"现金及现金等价物"T 型账户，每边分为经营活动、投资活动和筹资活动三个部分，左边记现金流入，右边记现金流出。与其他账户一样，过入期末期初变动数。

第三步，以利润表项目为基础，结合资产负债表分析每一个非现金项目的增减变动，并据此编制调整分录。

第四步，将调整分录过入各 T 型账户，并进行核对，该账户借贷相抵后的余额与原先过入的期末期初变动数应当一致。

第五步，根据大的"现金及现金等价物"T 型账户编制正式的现金流量表。

3. 分析填列法

分析填列法是直接根据资产负债表、利润表和有关会计科目明细账的记录，分析计算出

现金流量表各项目的金额，并据以编制现金流量表的一种方法。

第四节　所有者权益变动表

一、所有者权益变动表的内容及结构

（一）所有者权益变动表的内容

所有者权益变动表是反映构成所有者权益的各组成部分当期增减变动情况的报表。当期损益、直接计入所有者权益的利得和损失以及与所有者（或股东，下同）的资本交易导致的所有者权益的变动，应当分别列示。所有者权益变动表应当全面反映一定时期所有者权益变动的情况，不仅包括所有者权益总量的增减变动，还包括所有者权益增减变动的重要结构性信息，特别是要反映直接计入所有者权益的利得和损失，让报表使用者准确理解所有者权益增减变动的根源。

（二）所有者权益变动表的结构

1. 以矩阵的形式列报

为了清楚地表明构成所有者权益的各组成部分当期的增减变动情况，所有者权益变动表应当以矩阵的形式列示。一方面，列示导致所有者权益变动的交易或事项，改变了以往仅仅按照所有者权益的各组成部分反映所有者权益变动情况，而是按所有者权益变动的来源对一定时期所有者权益变动情况进行全面反映；另一方面，按照所有者权益各组成部分（包括实收资本、资本公积、盈余公积和未分配利润）及其总额列示交易或事项对所有者权益的影响。

2. 列示所有者权益变动表的比较信息

根据财务报表列报准则的规定，企业需要提供比较所有者权益变动表，因此，所有者权益变动表还就各项目再分为"本年金额"和"上年金额"两栏分别填列。所有者权益变动表的具体格式如表 7-11 所示。

二、所有者权益变动表的列报方法

（一）所有者权益变动表各项目的列报说明

1. 上年年末余额

"上年年末余额"项目，反映企业上年资产负债表中实收资本（或股本）、资本公积、盈余公积、未分配利润的年末余额。

2. 本年年初余额

"会计政策变更"和"前期差错更正"项目，分别反映企业采用追溯调整法处理的会计政策变更的累积影响金额和采用追溯重述法处理的会计差错更正的累积影响金额。

为了体现会计政策变更和前期差错更正的影响，企业应当在上期期末所有者权益余额的基础上进行调整，从而得出本期期初所有者权益，根据"盈余公积"、"利润分配"、"以前年度损益调整"等科目的发生额分析填列。

3. 本年增减变动金额

"本年增减变动金额"项目分别反映如下内容：

（1）"净利润"项目，反映企业当年实现的净利润（或净亏损）金额，并对应列在"未分配利润"栏。

（2）"直接计入所有者权益的利得和损失"项目，反映企业当年直接计入所有者权益的利得和损失金额。其中：

①"可供出售金融资产公允价值变动净额"项目，反映企业持有的可供出售金融资产当年公允价值变动的金额，并对应列在"资本公积"栏。

②"权益法下被投资单位其他所有者权益变动的影响"项目，反映企业对按照权益法核算的长期股权投资，在被投资单位除当年实现的净损益以外的其他所有者权益当年变动中应享有的份额，并对应列在"资本公积"栏。

③"与计入所有者权益项目相关的所得税影响"项目，反映企业根据《企业会计准则第18号——所得税》规定应计入所有者权益项目的当年所得税影响金额，并对应列在"资本公积"栏。

④"净利润"和"直接计入所有者权益的利得和损失"小计项目，反映企业当年实现的净利润（或净亏损）金额和当年直接计入所有者权益的利得和损失金额的合计额。

（3）"所有者投入和减少资本"项目，反映企业当年所有者投入的资本和减少的资本。其中：

①"所有者投入资本"项目，反映企业接受投资者投入形成的实收资本（或股本）和资本溢价或股本溢价，并对应列在"实收资本"和"资本公积"栏。

②"股份支付计入所有者权益的金额"项目，反映企业处于等待期中的权益结算的股份支付当年计入资本公积的金额，并对应列在"资本公积"栏。

（4）"利润分配"下各项目，反映当年对所有者（或股东）分配的利润（或股利）金额和按照规定提取的盈余公积金额，并对应列在"未分配利润"和"盈余公积"栏。其中：

①"提取盈余公积"项目，反映企业按照规定提取的盈余公积。

②"对所有者（或股东）的分配"项目，反映对所有者（或股东）分配的利润（或股利）金额。

（5）"所有者权益内部结转"下的各项目，反映不影响当年所有者权益总额的所有者权益各组成部分之间当年的增减变动，包括资本公积转增资本（或股本）、盈余公积转增资本（或股本）、盈余公积弥补亏损等项金额。为了全面反映所有者权益各组成部分的增减变动情况，所有者权益内部结转也是所有者权益变动表的重要组成部分，主要指不影响所有者权益总额、所有者权益的各组成部分当期的增减变动。其中：

①"资本公积转增资本（或股本）"项目，反映企业以资本公积转增资本或股本的金额。

②"盈余公积转增资本（或股本）"项目，反映企业以盈余公积转增资本或股本的金额。

③"盈余公积弥补亏损"项目，反映企业以盈余公积弥补亏损的金额。

4. 本年年末余额

"本年年末余额"项目，反映企业本年资产负债表中实收资本（或股本）、资本公积、盈余公积、未分配利润的年末余额。本年年末余额等于本年期初余额与本年增减变动金额之和。

（二）上年金额栏的列报方法

所有者权益变动表"上年金额"栏内各项数字，应根据上年度所有者权益变动表"本年金额"栏内所列数字填列。如果上年度所有者权益变动表规定的各个项目的名称和内容同本年度不相一致，应对上年度所有者权益变动表中各项目的名称和数字按本年度的规定进行调整，填入所有者权益变动表"上年金额"栏内。

（三）本年金额栏的列报方法

所有者权益变动表"本年金额"栏内各项数字一般应根据"实收资本（或股本）"、"资本公积"、"盈余公积"、"利润分配"、"库存股"、"以前年度损益调整"等科目的发生额分析填列。

企业的净利润及其分配情况作为所有者权益变动的组成部分，不需要单独设置利润分配表列示。

中篇 实 例 篇

　　财务会计实例操作包括：企业基本情况和业务资料模块、编制记账凭证和科目汇总表模块、开设登记会计账簿和编制会计科目余额表模块、编制财务报表模块。财务会计实例操作流程如下图所示。

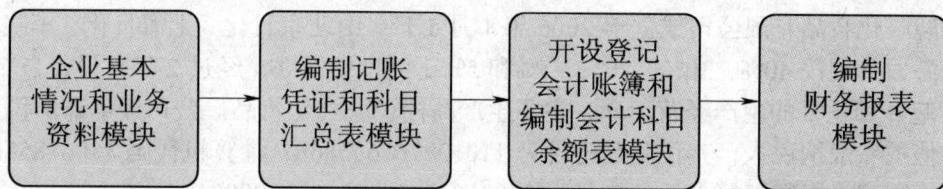

```
┌──────────┐   ┌──────────┐   ┌──────────┐   ┌──────────┐
│ 企业基本   │   │ 编制记账   │   │ 开设登记   │   │          │
│ 情况和业务 │──▶│ 凭证和科目 │──▶│ 会计账簿和 │──▶│ 编制      │
│ 资料模块   │   │ 汇总表模块 │   │ 编制会计科目│   │ 财务报表   │
│          │   │          │   │ 余额表模块 │   │ 模块      │
└──────────┘   └──────────┘   └──────────┘   └──────────┘
```

财务会计实例操作流程图

第四章
企业基本情况
和业务资料模块

▌ 第一节　企业基本情况和会计核算基本要求

一、企业基本情况

北京晓晓化妆品有限公司成立于 2006 年 1 月 1 日，由北京日化、上海日化、李晓晓、张文涛、王海力分别按 40%、30%、20%、5%和 5%比例投资设立，经过 2 年建设，自 2008 年 1 月 1 日起开始正常的生产经营活动，主要生产高档护肤类化妆品。公司经申请由税务机关认定为增值税一般纳税人，其税务登记号为 110108767606868，计算机代码为 06185881，开户银行为中国建设银行清河支行，账号为 01091060100120105009898。

二、会计核算基本要求

北京晓晓化妆品有限公司会计核算的基本要求如下：

（1）坏账损失采用备抵法核算，采用余额百分比法和账龄分析法核算应收款项的坏账准备，根据债务单位的资信情况确定坏账准备的计提比例为 1%。

（2）应收账款采用总价法入账，依据现金折扣条件计算现金折扣时不考虑增值税。

（3）材料成本采用计划成本法核算，生产化妆品所需原料主要有 A 材料、B 材料、C 材料和 D 材料，A 材料的单位计划成本为 95 元/千克，B 材料的单位计划成本为 180 元/千克，C 材料的单位计划成本为 25 元/千克，D 材料的单位计划成本为 50 元/千克。

（4）库存商品成本采用计划成本法核算，化妆品的单位计划成本为 950 元/箱，产品销售成本于月末结转。

（5）周转材料包括低值易耗品和包装物，低值易耗品采用五五摊销法摊销，包装物采用一次转销法核算。

（6）年末，存货、固定资产、无形资产采用成本与可变现净值孰低法计价，按存货类别计提存货跌价准备，按单项固定资产计提固定资产减值准备，按单项无形资产计提无形资产减值准备。

（7）应交税费主要包括：①向国家税务局缴纳的增值税和消费税，其纳税期限为 1 个月，适用的增值税税率为 17%、消费税税率为 30%；②向地方税务局缴纳的营业税、城市维护建设税和教育费附加，其纳税期限为 1 个月，适用的运输劳务营业税税率为 3%、城市维护建设税税率为 7%、教育费附加征收比率为 3%；③向国家税务局缴纳的企业所得税，其纳税期限为按年计算、分季预缴、年终汇算清缴，适用的所得税率为 25%，2009 年度企业所得税汇算清缴在 2010 年 5 月 31 日前完成。

（8）所得税会计采用资产负债表债务法核算。

（9）按当年净利润的 10%计提法定公积金，按当年净利润的 20%分配现金股利，按当年净利润的 10%分配股票股利。

第二节　2009 年 12 月发生的具体经济业务

2009 年 12 月，北京晓晓化妆品有限公司发生的经济业务情况如下：

1．12 月 1 日，申请银行汇票

委托开户银行办理 120 000 元的银行汇票。

附：

中国建设银行　汇票申请书（存　根）

			委托日期		2009 年 12 月 01 日			第 02301 号							
汇款人	全　称	北京晓晓化妆品有限公司		收款人	全　称		丙公司								
	账号或地址	01091060100120105009898			账号或地址		01025762389002356147220								
	开户银行	建行	行号		开户银行	建行		行号							
	金额	人民币（大写）壹拾贰万元整				千	百	十	万	千	百	十	元	角	分
							¥	1	2	0	0	0	0	0	0

备注：

科　目：＿＿＿＿＿＿＿＿
对方科目：＿＿＿＿＿＿＿＿
银行盖章　复核员　　　　　记账员

中国建设银行　　　（京）
转账支票存根
E E　02837631
0 2

附加信息＿＿＿＿＿＿＿
＿＿＿＿＿＿＿＿＿＿＿
＿＿＿＿＿＿＿＿＿＿＿

出票日期　2009年12月01日

收款人	丙公司
金　额	120,000.00
用　途	银行汇票，购货
单位主管：高大山	会计：王玮

2．12 月 1 日，申请银行本票

委托开户银行办理 100 000 元的银行本票。

附：

中国建设银行 本票申请书（存 根）

		委托日期		2009 年 12 月 01 日					第 02305 号						

汇款人	全 称	北京晓晓化妆品有限公司	收款人	全 称	丁公司								
	账号或地址	010910601001201050 09898		账号或地址	010256358923567078 32140								
	开户银行	建行	行号		开户银行	工行		行号					

金额	人民币（大写）壹拾万元整	千	百	十	万	千	百	十	元	角	分
			¥	1	0	0	0	0	0	0	0

备注：	科 目： _____
	对方科目： _____
银行盖章 复核员	记账员

中国建设银行
转账支票存根 （京）

EE
02 02837632

附加信息

_____

_____

出票日期 2009年12月01日

收款人：	丁公司
金 额：	100,000.00
用 途：	银行本票，购货
单位主管：高大山 会计：工玮	

3. 12 月 1 日，申请采购专户并预支差旅费

派王芳到天津采购 C 材料，公司汇出采购资金 200 000 元。王芳预支差旅费 2 000 元。

附：

中国建设银行
转账支票存根 （京）

EE
02 02837633

附加信息

_____

_____

出票日期 2009年12月01日

收款人：	本单位
金 额：	200,000.00
用 途：	异地采购
单位主管：高大山 会计：王玮	

借　款　单

资金性质：库存现金　　　　　　　　2009 年 12 月01 日

借款单位或个人：	采购部门王芳
借款理由：	差旅费
金额：	人民币（大写）贰仟元整　　　¥2000.00

会计主管核批： 同意　郭昭麟	付款方式： 库存现金	出纳：陈斌	借款人：王芳

4．12 月 1 日，销售化妆品

向上海贸易公司销售化妆品 500 箱，售价为 2 352 元/箱，货已发出。收到上海贸易公司交来的一张面值为 1 375 920 元，期限为 6 个月，票面利率为 6% 的商业承兑汇票。

附：

1100061621

北京增值税专用发票

记 账 联

NO　15861301

开票日期：2009 年12 月01 日

校验码　69736 99496 29691 17931

购货单位	名　称： 上海贸易公司 纳税人识别号： 231012479212490 地址、电话： 上海普通经济开发区126号 开户行及账号： 中国建设银行浦东开发区支行 01023948752312987239100	密码区	<+<>/-*7<*78*96*401* 5*3768=>4/570>+87+36+ 27**6869/6->77<*2>>3*	加密版本：01 1100061621 15861301

货物或应税劳务名称	规格型号	单位	数量	单价	金额	税率	税额
化妆品		箱	500	2352.00	1176000.00	17%	199920.00
合计					¥1176000.00		¥199920.00

价税合计（大写）	⊗壹佰叁拾柒万伍仟玖佰贰拾圆整	（小写）¥1375920.00

销货单位	名　称： 北京晓晓化妆品有限公司 纳税人识别号： 110108767606868 地址、电话： 北京市海淀区北五环中路260号 开户行及账号： 中国建设银行清河支行 01091060100120105009898	备注	

收款人：陈斌　　　复核：田晶晶　　　开票人：王玮　　　销货单位：（章）

产 品 出 库 单

编号：20091201

编制部门：仓库　　　　　　　2009 年 12 月 01 日　　　　　　　金额单位：元

用途	产品名称	购货单位	数量（箱）		单位计划成本	计划成本
			应发	实发		
销售	化妆品	上海贸易公司	500	500	950.00	475000.00
合计	—	—	500	500	950.00	475000.00

仓库主管：张一　　　会计：金娜　　　保管员：赵加　　　经手人：赵毅　　　制单：刘红

商业承兑汇票　　　　　　　No3450987

签发日期

（大写）　贰零零玖 年壹拾贰 月 零壹 日　　　第 12 号

付款人	全　称	上海贸易公司		收款人	全　称	北京晓晓化妆品有限公司	
	账号或地址	01023948752312987239100			账号或地址	01091060100120105009898	
	开户银行	中国建行浦东开发区支行	行号		开户银行	中国建行清河支行	行号

汇票金额	壹佰叁拾柒万伍仟玖佰贰拾元整		千 百 十 万 千 百 十 元 角 分 ¥ 1 3 7 5 9 2 0 0 0
汇票到期日	贰零壹零年零陆月零壹日	交易合同编号	qh23456

本汇票已经承兑，到期无条件支付票款。 承兑人签章 2009年12月01日	本汇票请予以承兑，于到期日付款。 出票人签章

（右侧竖排：转付款人 此联持票人开户行随委托凭证寄付款开户行）

5．12 月 1 日，生产领用原材料

生产车间领用 A 材料 10 000 千克、B 材料 5 000 千克、C 材料 10 000 千克、D 材料 3 250 千克。

附：

领 料 单

编号：20091201

编制部门：仓库　　　　　　　　2009年12月01日　　　　　　　　金额单位：元

用途	材料名称	数量（千克）		计划成本		领用部门
		请领	实领	单位计划成本	金额	
生产化妆品	A材料	10000	10000	95.00	950000.00	生产车间
生产化妆品	B材料	5000	5000	180.00	900000.00	生产车间
生产化妆品	C材料	10000	10000	25.00	250000.00	生产车间
生产化妆品	D材料	3250	3250	50.00	162500.00	生产车间
合计	—	28250	28250	—	2262500.00	—

仓库主管：张一　　　会计：金娜　　　保管员：赵加　　　领料人：李婷　　　制单：刘红

6．12 月 4 日，到天津采购 C 材料

王芳到天津采购 C 材料 6 000 千克，材料已验收入库，结算货款后取得增值税专用发票，报销差旅费 1 500 元，退回现金 500 元。

附：

1200060010　　天津增值税专用发票　　No　44978652

抵扣联

开票日期：2009年12月04日

校验码：39676 85435 4321 17801

购货单位	名　　称：北京晓晓化妆品有限公司		密码区	<+<>/-*7<*78*96*401* 5*3768>4/570>+87+36+ 27**3250/6->77<*2>>3*	加密版本：01 1200060010 44978652
	纳税人识别号：110108767606868				
	地址、电话：北京市海淀区北五环中路260号				
	开户行及账号：中国建设银行清河支行 01091060100120105009898				
货物或应税劳务名称	规格型号	单位	数量	单价	金额	税率	税额
C材料		千克	6000	24.50	147000.00	17%	24990.00
合计					¥147000.00		¥24990.00
价税合计（大写）	⊗壹拾柒万壹仟玖佰玖拾圆整				（小写）¥171990.00		
销货单位	名　　称：天津美亚日化有限公司		备注		
	纳税人识别号：120104735467816				
	地址、电话：天津塘沽开发区B座1002号				
	开户行及账号：中国建设银行天津塘沽开发区支行 1208190102345578920920				

收款人：王霞　　复核：李梅　　开票人：吴月　　销货单位：（章）

第二联：抵扣联 购货方抵税凭证

注：购货方在购买材料时应同时取得增值税专用发票的抵扣联和发票联，抵扣联作为购货方的抵税凭证，经税务机关认证后准予抵扣增值税进项税额。以下采购时将不再列示该联发票。

1200060010　　天津增值税专用发票　　No　44978652

发票联

开票日期：2009年12月04日

校验码：39676 85435 4321 17801

购货单位	名　　称：北京晓晓化妆品有限公司		密码区	<+<>/-*7<*78*96*401* 5*3768>4/570>+87+36+ 27**3250/6->77<*2>>3*	加密版本：01 1200060010 44978652
	纳税人识别号：110108767606868				
	地址、电话：北京市海淀区北五环中路260号				
	开户行及账号：中国建设银行清河支行 01091060100120105009898				
货物或应税劳务名称	规格型号	单位	数量	单价	金额	税率	税额
C材料		千克	6000	24.50	147000.00	17%	24990.00
合计					¥147000.00		¥24990.00
价税合计（大写）	⊗壹拾柒万壹仟玖佰玖拾圆整				（小写）¥171990.00		
销货单位	名　　称：天津美亚日化有限公司		备注		
	纳税人识别号：120104735467816				
	地址、电话：天津塘沽开发区B座1002号				
	开户行及账号：中国建设银行天津塘沽开发区支行 1208190102345578920920				

收款人：王霞　　复核：李梅　　开票人：吴月　　销货单位：（章）

第三联：发票联 购货方记账凭证

材料入库单

编制部门：仓库　　　2009 年 12 月 04 日　　　编号：20091201　　金额单位：元

供应单位	材料名称	计量单位	数量		实际成本				计划成本		材料成本差异
			应收	实收	单位实际成本	金　额	运费	合计	单位计划成本	金　额	
天津美亚日化有限公司	C材料	千克	6000	6000	24.50	147000.00	0.00	147000.00	25.00	150000.00	-3000.00
合计	—		6000	6000	24.50	147000.00	0.00	147000.00	25.00	150000.00	-3000.00

检验结果：　合格　　　　　检验员签章：李丽

仓库主管：张一　　会计：金娜　　收料员：赵加　　经手人：王慧　　制单：刘红

差旅费报销单（代支出凭单）

编制部门：财务科　　　　　　　2009 年 12 月 04 日

出差人	王芳	共 1 人	职务	采购员	部门	销售	审批人	张一
出差事由	采购生产用材料			2009年12月01日至2009年12月04日				
到达地点	天津市塘沽开发区		出差日期					
交通工具				旅馆费		伙食补助		
火车		汽车√	轮船　飞机	住宿 3 天		在途 1 天	住勤 4 天	
金额人民币（大写）壹仟伍佰元整				¥1500.00				
原借款金额		报销金额	交结余额或超支金额					
2000.00		1500.00	人民币（大写）伍佰元整			¥500.00		
会计主管 郭昭麟		审核：田晶晶	会计：王玮		出纳：陈斌			

7. 12 月 5 日，采购 A 材料

持银行汇票向丙公司采购 A 材料 1 000 千克，取得增值税专用发票，材料验收入库时实收 990 千克，其中 10 千克为运输途中合理损耗。

附：

北京增值税专用发票　　　　　No　　　44978674

发票联　　　　　　　　　　开票日期：2009 年 12 月 05 日

1100068600
校验码　59375 45620 13520 39591 78560

购货单位	名　称：北京晓晓化妆品有限公司 纳税人识别号：110108767606868 地　址、电话：北京市海淀区北五环中路260号 开户行及账号：中国建设银行清河支行 0109106010012010 5009898	密码区	<+<>/-*7<*78*96*401>* 5*3768*>/4/570>+87+36+ 27**2169/6->77<*2>3*	加密版本：01 1100068600 44978674

货物或应税劳务名称	规格型号	单位	数量	单价	金额	税率	税额
A材料		千克	1000	95.50	95500.00	17%	16235.00
合计					¥95500.00		¥16235.00

价税合计（大写）⊗壹拾壹万壹仟柒佰叁拾伍圆整　　（小写）¥111735.00

销货单位	名　称：丙公司 纳税人识别号：110106235768235 地　址、电话：北京市朝阳区西坝河115号 开户行及账号：中国建设银行西坝河支行 0102576238900235 6147220	备注

收款人：李玉　　复核：杨柳　　开票人：白芳　　销货单位：（章）

第三联：发票联　购货方记账凭证

材料入库单

编号：20091202

编制部门：仓库　　　　　2009 年 12 月 04 日　　　　　金额单位：元

供应单位	材料名称	计量单位	数量		实际成本				计划成本		材料成本差异
			应收	实收	单位实际成本	金　额	运费	合计	单位计划成本	金　额	
丙公司	A材料	千克	1000	990	95.50	95500.00	0.00	95500.00	95.00	94050.00	1450.00
合计		—	1000	990	95.50	95500.00	0.00	95500.00	95.00	94050.00	1450.00
检验结果：	合格				检验员签章：李丽						

仓库主管：张一　　会计：金娜　　收料员：赵加　　经手人：王慧　　制单：刘红

8. 12月8日，收到银行汇票余款

收到开户银行转来的银行汇票多余款 8 265 元。

附：

中国建设银行

银行汇票（多余款收账通知）

汇票号码

出票日期（大写）	零零玖年壹拾贰月零壹	代理付款行：建行	行号：	此联出票行结清多余款项后交申请人
收款人	丙公司	账号	0102576238900235 6147220	

出票金额	人民币（大写）壹拾贰万元整										

| 实际结算金额 | 人民币（大写）壹拾壹万壹仟柒佰叁拾伍元整 | 千 | 百 | 十 | 万 | 千 | 百 | 十 | 元 | 角 | 分 |
| | | | | ¥ | 1 | 1 | 1 | 7 | 3 | 5 | 0 | 0 |

申请人　北京晓晓化妆品有限公司　　账号：010910601001201 05009898

出票行　建行清河支行　行号：

备注：

密码：

出票行签章

多余金额									左列退回多余金额已收入你账户内
千	百	十	万	千	百	十	元	角 分	
				¥	8	2	6	5 0 0	

2009年12月08日

---

9. 12月8日，采购 B 材料

持银行本票向丁公司办理货款结算，采购 400 千克 B 材料，取得增值税专用发票，B 材料已验收入库。

附：

北京增值税专用发票　　　No　　35824672

1100058610　　　　发票联　　　　开票日期：2009年12月08日

校验码　69372 99453 12536 67890 72320

购货单位	名称	北京晓晓化妆品有限公司	密码区	<+<>/-*7<*78*96*401>* 加密版本：01
	纳税人识别号：	110108767606868		5*3768>*4/570>+87+36+ 1100058610
	地址、电话：	北京市海淀区北五环中路260号		27**3369/6->77<*2>>3* 35824672
	开户行及账号：	中国建设银行清河支行 0109106010012010 5009898		

货物或应税劳务名称	规格型号	单位	数量	单价	金额	税率	税额
B材料		千克	400	175.50	70200.00	17%	11934.00
合计					¥70200.00		¥11934.00

价税合计（大写）　⊗捌万贰仟壹佰叁拾肆圆整　　（小写）¥82134.00

销货单位	名称	丁公司	备注
	纳税人识别号：	110222845328902	
	地址、电话：	北京市顺义区林河工业开发区	
	开户行及账号：	中国工商银行顺义支行 0102563589235670 7832140	

收款人　王慧　　复核　李然　　开票人　刘旭　　销货单位：（章）

第三联：发票联　购货方记账凭证

国税函〔2009〕1203号北京印钞厂

材料入库单

2009 年 12 月 08 日

编制部门：仓库　　　　　　　　　　　　　　　　　　　　　　　编号：20091203　　金额单位：元

供应单位	材料名称	计量单位	数量		实际成本				计划成本		材料成本差异
			应收	实收	单位实际成本	金额	运杂费	合计	单位计划成本	金额	
丁公司	B材料	千克	400	400	175.50	70200.00	0.00	70200.00	180.00	72000.00	-1800.00
合计	—	—	400	400	175.50	70200.00	0.00	70200.00	180.00	72000.00	-1800.00

检验结果：　　合格　　　　　　　　　　　检验员签章：李丽

仓库主管：张一　　会计：金娜　　　　收料员：赵加　　　　经手人：王慧　　　　制单：刘红

10. 12 月 8 日，销售化妆品

向北京贸易公司销售 1 000 箱化妆品，售价为 2 280 元/箱，开具增值税专用发票，货款尚未收到。

附：

北京增值税专用发票　　　No　　15861302

1100061622　　　　　　记 账 联　　　　开票日期：2009年12月08日

校验码 69736 99496 29691 17932

购货单位	名　　称：北京贸易公司 纳税人识别号：110108530259728 地址、电话：北京市海淀区永丰经济开发区1002号 开户行及账号：中国工商银行永丰支行 0108923501287650023 0120	密码区	<+<>/-*7<*78*96*401* 5*3768>*4/570>+87+36+ 27**4569/6->77<*2>>3*	加密版本：01 1100061622 15861302

货物或应税劳务名称	规格型号	单位	数量	单价	金额	税率	税额
化妆品		箱	1000	2280.00	2280000.00	17%	387600.00
合计					¥2280000.00		¥387600.00

价税合计（大写）　⊗ 贰佰陆拾陆万柒仟陆佰圆整　　　　（小写）¥2667600.00

销货单位	名　　称：北京晓晓化妆品有限公司 纳税人识别号：110108767606868 地址、电话：北京市海淀区北五环中路260号 开户行及账号：中国建设银行清河支行 0109160100120105009898	备注

收款人：陈斌　　　复核：田晶晶　　　开票人：王玮　　　销货单位：（章）

产 品 出 库 单

2009 年 12 月 08 日

编制部门：仓库　　　　　　　　　　　　　　　　　　　　　　编号：20091202　　金额单位：元

用途	产品名称	购货单位	数量（箱）		单位计划成本	计划成本
			应发	实发		
销售	化妆品	北京贸易公司	1000	1000	950.00	950000.00
合计			1000	1000	950.00	950000.00

仓库主管：张一　　会计：金娜　　保管员：赵加　　经手人：赵毅　　制单：刘红

11. 12 月 8 日，汇算清缴应纳流转税税款

汇算清缴 2009 年 11 月 1 日至 11 月 30 日应纳的增值税 598 200 元，消费税 1 668 000 元，城市维护建设税 158 634 元，教育费附加 67 986 元。

附：

中华人民共和国　（2009）京国缴电 No 0652256 （国）

税收通用缴款书

隶属关系：地市　　　　缴款书号码：111309000384470924

注册类型：私营有限责任公司　　填发日期：2009年12月08日　　征收机关：海淀国税第三税务所

缴款单位（人）	代码	110108767606868	预算科目	编码	101010106
	全称	北京晓晓化妆品有限公司		名称	私营企业增值税
	开户银行	中国建设银行清河支行		级次	中央75% 省市12.5% 地市12.5%
	账号	01091060100120105009898		收款国库	工商海淀分理处
缴款所属时期：		2009-11-01至30	税款限缴日期：		2009年12月15日

品目名称	课税数量	计税金额或销售收入	税率或单位税额	已缴或扣除额	实缴金额
工业（17%）		5560000.00	0.17	347000.00	¥598200.00
金额合计	（大写）计伍拾玖万捌仟贰佰元整				¥598200.00

缴款单位（人）（盖章）经办人（章）	税务机关（盖章）填票人（章）	上列款项已收妥并划转收款单位账户 国库（银行）盖章　2009年12月08日	备注：

逾期不缴按税法规定加收滞纳金

无银行收讫章无效

第一联（收据）国库（银行）收款盖章后退缴款单位（人）作完税凭证

中华人民共和国　（2009）京国缴电 No 0652256 （国）

税收通用缴款书

隶属关系：地市　　　　缴款书号码：111309000384470924

注册类型：私营有限责任公司　　填发日期：2009年12月08日　　征收机关：海淀国税第三税务所

缴款单位（人）	代码	110108767606868	预算科目	编码	101010106
	全称	北京晓晓化妆品有限公司		名称	私营企业增值税
	开户银行	中国建设银行清河支行		级次	中央75% 省市12.5% 地市12.5%
	账号	01091060100120105009898		收款国库	工商海淀分理处
缴款所属时期：		2009-11-01至30	税款限缴日期：		2009年12月15日

品目名称	课税数量	计税金额或销售收入	税率或单位税额	已缴或扣除额	实缴金额
工业（17%）		5560000.00	0.17	347000.00	¥598200.00
金额合计	（大写）计伍拾玖万捌仟贰佰元整				¥598200.00

缴款单位（人）（盖章）经办人（章）	税务机关（盖章）填票人（章）	上列款项已收妥并划转收款单位账户 国库（银行）盖章　2009年12月08日	备注：

逾期不缴按税法规定加收滞纳金

无银行收讫章无效

第二联（付款凭证）缴款单位（人）的支付凭证，开户银行作借方传票

中国建设银行电子缴税付款凭证

中国建设银行　　　转账日期：2009年12月08日　　凭证字号：2009120857256302　　　凭证

纳税人全称及纳税人识别号：北京晓晓化妆品有限公司　110108767606868

付款人全称：北京晓晓化妆品有限公司　　　　征收机关名称：北京市海淀区国家税务局

付款人账号：010910601001201 05009898　　收款国库（银行）名称：国家金库北京市海淀区支库（代理）

付款人开户银行：中国建设银行清河支行　　　缴款书交易流水号：111309000384470924

小写（合计）金额：¥598200.00　　　　　　　　　　　　　　税票号码：111309000384470924

大写（合计）金额：伍拾玖万捌仟贰佰元整

税（费）种名称	所属日期	实缴金额
增值税	20091101-20091130	¥598200.00

第一次打印　　　　　　　　　　　　　　　　打印时间：2009年12月08日10时20分

（14.85公分×21公分）　第二联　　作付款回单（无银行收讫章无效）　　复核　　记账

中华人民共和国　（2009）京国缴电 № 0652276　国
税收通用缴款书

隶属关系：地市　　　　　　　　　　　　　　　　　　缴款书号码：111309000384470955

注册类型：私营有限责任公司　　　　填发日期：2009年12月08日　　征收机关：海淀国税第三税务所

缴款单位（人）	代　码	110108767606868	预算科目	编码	101010108
	全　称	北京晓晓化妆品有限公司		名称	私营企业消费税
	开户银行	中国建设银行清河支行		级次	中央100%
	账　号	010910601001201 05009898		收款国库	工商海淀分理处

缴款所属时期：　2009-11-01至30　　　税款限缴日期：2009年12月15日

品目名称	课税数量	计税金额或销售收入	税率或单位税额	已缴或扣除额	实缴金额
工业（30%）		5560000.00	0.30	0.00	¥1668000.00
金额合计	（大写）计壹佰陆拾陆万捌仟元整				¥1668000.00

缴款单位（人）（盖章）经办人（章）	税务机关（盖章）填票人（章）	上列款项已收妥并划转收款单位账户　国库（银行）盖章　2009年12月08日	备注：

逾期不缴按税法规定加收滞纳金

第一联（收据）国库（银行）收款盖章后　退缴款单位（人）作完税凭证

无银行收讫章无效

中华人民共和国 税收通用缴款书

（2009）京国缴电 № 0652276 （国）

隶属关系：地市　　　　　　　　　　　　　　　　　缴款书号码：111309000384470955

注册类型：私营有限责任公司　　　　　填发日期：2010年12月08日　　征收机关：海淀国税第三税务所

缴款单位（人）	代　码	110108767606868	预算科目	编码	101010108
	全　称	北京晓晓化妆品有限公司		名称	私营企业消费税
	开户银行	中国建设银行清河支行		级次	中央100%
	账　号	0109106010012010500989 8	收款国库		工商海淀分理处

缴款所属时期：　　　　　2009-11-01至30　　　税款限缴日期：　　　　2009年12月15日

品目名称	课税数量	计税金额或销售收入	税率或单位税额	已缴或扣除额	实缴金额
工业（30%）		5560000.00	0.30	0.00	¥1668000.00
金额合计	（大写）计壹佰陆拾陆万捌仟元整				¥1668000.00

缴款单位（人）（盖章）经办人（章）	税务机关（盖章）填票人（章）	上列款项已收妥并划转收款单位账户 国库（银行）盖章　2009年12月08日	备注：

逾期不缴按税法规定加收滞纳金

左侧竖排文字：第二联 开户银行作借方传票 付款凭证 缴款单位（人）的支付凭证

左侧竖排文字：无银行收讫章无效

中国建设银行电子缴税付款凭证

中国建设银行　　转账日期：2009年12月08日　　凭证字号：2009120857256303　　凭证

纳税人全称及纳税人识别号：北京晓晓化妆品有限公司　110108767606868

付款人全称：北京晓晓化妆品有限公司　　　　征收机关名称：北京市海淀区国家税务局

付款人账号：0109106010012010500989 8　　收款国库（银行）名称：国家金库北京市海淀区支库（代理）

付款人开户银行：中国建设银行清河支行　　缴款书交易流水号：111309000384470955

小写（合计）金额：¥1668000.00

大写（合计）金额：壹佰陆拾陆万捌仟元整　　　　　　税票号码：111309000384470955

税（费）种名称	所属日期	实缴金额
消费税	20091101-20091130	¥1668000.00

第一次打印　　　　　　　　　　　　　　　打印时间：2009年12月08日11时20分

（14.85公分×21公分）　第二联　　作付款回单（无银行收讫章无效）　　复核　　记账

北京市地方税务局票证专用　　（2009）京地电库：　No 3829394
电子缴库专用缴款书

填发日期：2009年12月08日
申报序号：061858810909417766

☑ 已申报　　　　　　　　　　　　　　　　　　□ 未申报

纳税人计算机代码	06185881	征收机关代码	21100000000
纳税人名称	北京晓晓化妆品有限公司	征收机关名称	北京市海淀区地方税务局
付款人名称	北京晓晓化妆品有限公司	收款国库名称	国家金库北京海淀区支库
付款人开户银行名称	中国建设银行清河支行	国库清算行号	011100000003
付款人账号	010910601001201050098898		

纳税项目名称	课税数量	计税金额	实缴金额
城市维护建设税		2266200.00	158634.00
教育费附加		2266200.00	67986.00

金额合计（大写）：计贰拾贰万陆仟陆佰贰拾元整　　　　金额合计（小写）：　¥226620.00

付款人盖章 经办人（章）	税 务 机 关（章）	银行 记账员盖章	备注：

中国建设银行电子缴税付款凭证

中国建设银行　　转账日期：2009年12月08日　　凭证字号：2009120857256304　　凭证

纳税人全称及纳税人识别号：北京晓晓化妆品有限公司　06185881

付款人全称：北京晓晓化妆品有限公司　　　征收机关名称：北京市海淀区地方税务局
付款人账号：010910601001201050098898　收款国库（银行）名称：国家金库北京市海淀区支库（代理）
付款人开户银行：中国建设银行清河支行　　缴款书交易流水号：061858810909417766
小写（合计）金额：¥226620.00　　　　　　税票号码：061858810909417766
大写（合计）金额：贰拾贰万陆仟陆佰贰拾元整

税（费）种名称	所属日期	实缴金额
城市维护建设税	20091101-20091130	¥158634.00
教育费附加	20091101-20091130	¥67986.00

第一次打印　　　　　　　　　　　　　　　打印时间：2009年12月08日11时20分

（14.85公分×21公分）　第二联　　作付款回单（无银行收讫章无效）　　复核　　记账

12. 12月8日，生产领用包装物

生产车间领用化妆品包装小盒 86 500 个、包装小瓶 86 500 个、包装箱 3 600 个。

附：

领料单

编号：20091202

编制部门：仓库　　　　　2009年12月08日　　　　　金额单位：元

用途	材料名称	计量单位	数量		实际成本		领用部门
			请领	实领	单位成本	金　额	
包装化妆品	化妆品包装小盒	盒	86500	86500	0.50	43250.00	生产车间
包装化妆品	化妆品包装小瓶	瓶	86500	86500	5.00	432500.00	生产车间
包装化妆品	化妆品包装箱	箱	3600	3600	1.00	3600.00	生产车间
合计	—	—			—	479350.00	—

仓库主管：张一　　会计：金娜　　　　　收料员：赵加　　经手人：王慧　　制单：刘红

13. 12月9日，收回外埠采购专户余款

汇往天津的采购资金剩余28 010元，收到银行转来的余款收账通知。

附：

中国建设银行进账单（收账通知）

填制日期：　2009年12月09日

付款人	全称	北京晓晓化妆品有限公司	收款人	全称	北京晓晓化妆品有限公司
	账号或地址	12081901023455789200340		账号或地址	01091060100120105009898
	开户银行	建行　　行号		开户银行	建行　　　行号

人民币（大写）	贰万捌仟零壹拾元整	千百十万千百十元角分
		￥ 2 8 0 1 0 0 0

票据种类
票据张数

单位主管　会计　复核　记账　　　　　　收款人开户行盖章

14. 12月9日，报销业务招待费

报销业务招待费15 000元。

附：

北京晓晓化妆品有限公司费用报销单　　　　（附件略）

2009年12月09日

报销人	金鑫	部门		销售部	预借款	—
费用项目		金　额	审核意见	部门主管	同意。郭军	
业务招待费		15000.00		财务主管	同意报销。郭昭麟	
金额合计		（人民币大写）壹万伍仟元整		（小写）￥15000.00		

会计主管：郭昭麟　　复核：田晶晶　　会计：王玮　　出纳：陈斌

注：现金付讫。

15. 12月9日，支付银行承兑汇票票款

应付丙公司的银行承兑汇票到期，由银行支付票款。该票据面值为117 000元，期限为4个月，年利率为6%。

附：

<table>
<tr><th colspan="9" style="text-align:center">中国建设银行特种转账借方传票
2009年12月09日</th></tr>
<tr>
<td rowspan="3">付款单位</td>
<td>全　　称</td>
<td>北京晓晓化妆品有限公司</td>
<td rowspan="3">收款单位</td>
<td>全　　称</td>
<td colspan="4">丙公司</td>
</tr>
<tr>
<td>账号或地址</td>
<td>0109106100120105009898</td>
<td>账号或地址</td>
<td colspan="4">01025762389002356147220</td>
</tr>
<tr>
<td>开户银行</td>
<td>建行　　行号</td>
<td>开户银行</td>
<td colspan="2">建行</td>
<td>行号</td>
</tr>
<tr>
<td>人民币（大写）</td>
<td colspan="3">壹拾壹万玖仟叁佰肆拾元整</td>
<td colspan="5">千百十万千百十元角分
¥1 1 9 3 4 0 0 0</td>
</tr>
<tr>
<td>原凭证金额</td>
<td>¥117000.00</td>
<td>赔偿金</td>
<td colspan="6">科　目（借）</td>
</tr>
<tr>
<td>原凭证名称</td>
<td></td>
<td>号　码</td>
<td colspan="6">对方科目（贷）</td>
</tr>
<tr>
<td>转账原因</td>
<td colspan="2">银行承兑汇票到期付款。</td>
<td colspan="6"></td>
</tr>
<tr>
<td colspan="3"></td>
<td colspan="3">银行盖章</td>
<td colspan="3">复核员　　记账员</td>
</tr>
</table>

16. 12月10日，购入B材料货到单未到

购入30千克的B材料已验收入库，但结算凭证未到，货款尚未支付。

附：

材料入库单

编号：20091204

编制部门：仓库　　　　　　　　　2009 年 12 月 10 日　　　　　　　　金额单位：元

供应单位	材料名称	计量单位	数量		实际成本				计划成本		材料成本差异
			应收	实收	单位实际成本	金　额	运费	合计	单位计划成本	金　额	
丁公司	B材料	千克	30	30					180.00	5400.00	
合计	—	—	30	30					180.00	5400.00	

检验结果：　合格　　　　　检验员签章：李丽　　　　备注：如月末料到单未到应暂估入账

仓库主管：张一　　　会计：金娜　　　收料员：赵加　　　经手人：王慧　　　制单：刘红

17. 12月10日，收到商业承兑汇票票款

应收广州贸易公司商业承兑汇票到期，收到票款。该商业承兑汇票面值为200 000元，期限为2个月，年利率为6%。

附：

中国建设银行进账单（收账通知）

2009年12月10日

付款人	全称	广州贸易公司		收款人	全称	北京晓晓化妆品有限公司											
	账号或地址	33079625145789625300210			账号或地址	01091060100120105009898											
	开户银行	工行	行号		开户银行	建行	行号										

人民币（大写）	贰拾万零贰仟元整					千	百	十	万	千	百	十	元	角	分
					¥	2	0	2	0	0	0	0	0	0

票据种类	商业承兑汇票
票据张数	01张

单位主管　会计　复核　记账	收款人开户行盖章

18. 12 月 10 日，取得交易性金融资产

以交易为目的，以 105 630 元的价格购入乙公司股票 10 000 股。

附：

股票交易账户资产情况表

编制部门：财务科　　　　　　　　　2009 年 12 月 10 日　　　　　　　　金额单位：元

时间＼项目	总资产	现金	证券				
			股票名称	股票代码	股票股数	成本价	公允价值
2009年12月10日	150000.00	44370.00	航空动力	600893	10000	105630.00	105630.00
合计	150000.00	44370.00	—	—	10000	105630.00	105630.00

会计主管：郭昭麟　　　审核：田晶晶　　　会计：王玮　　　出纳：陈斌　　　制单：李静

19. 12 月 12 日，提供运输劳务

对外提供运输劳务，取得收入 30 000 元。

附：

北京市交通运输业、建筑业、金融保险业、邮电通信业、销售不动产和转让无形资产专用发票

记 账 联

税务登记号：110108767606868　　　　　　　　发票号：12354876254803646

收款单位：　北京晓晓化妆品有限公司

付款单位（个人）：北京娇美日化公司

经营项目 运输服务	金额 ¥30000.00

金额合计（人民币大写）　叁万元整

机打票号：　124851220244874361245

税控装置号：

税控装置防伪码：24546841245748764548

开票日期：　2009年12月12日

收款单位（盖章有效）　　　　　　税控装置打印发票手开无效

一、记账联

中国建设银行进账单（收账通知）

2009年12月12日

付款人	全　称	北京娇美日化公司		收款人	全　称	北京晓晓化妆品有限公司										
	账号或地址	01023593657006234635220			账号或地址	01091060100120105009898										
	开户银行	建行	行号		开户银行	建行		行号								

人民币（大写）	叁万元整	千	百	十	万	千	百	十	元	角	分
				¥	3	0	0	0	0	0	0

票据种类		
票据张数		
单位主管　会计　复核　记账		收款人开户行盖章

20．12月12日，购买A材料

向丙公司购买A材料500千克，材料已验收入库，取得增值税专用发票和运费发票，款项通过银行存款支付。

附：

北京增值税专用发票

No　44978685

1100068652　　　　　　发票联　　　　　　开票日期：2009年12月12日

校验码　59375 45620 13520 39591 78578

购货单位	名　　称：北京晓晓化妆品有限公司	密码区	<+<>/-*7<*78*96*401>* 加密版本：01
	纳税人识别号：110108767606868		5*3768*>4/570>+87+36+ 1100068652
	地址、电话：北京市海淀区北五环中路260号		27**4669/6->77<*2>>3* 44978685
	开户行及账号：中国建设银行清河支行		
	01091060100120105009898		

货物或应税劳务名称	规格型号	单位	数量	单价	金额	税率	税额
A材料		千克	500	94.00	47000.00	17%	7990.00
合计					¥47000.00		¥7990.00

价税合计（大写）	⊗伍万肆仟玖佰玖拾圆整	（小写）¥54990.00

销货单位	名　　称：丙公司	备注
	纳税人识别号：110106235768235	
	地址、电话：北京市朝阳区西坝河115号	
	开户行及账号：中国建设银行西坝河支行	
	01025762389002356147220	

收款人：刘兰　　　复核：陈红　　　开票人：张文　　　销货单位：（章）

第三联：发票联　购货方记账凭证

公路、内河货物运输业统一发票
抵 扣 联

发票代码 244030716471

发票号码 147588

开票日期：2009年12月12日

机打代码	1245852035050484	税	
机打号码	2457812486762248	控	
机器编号	2145484548	码	

收货人及 纳税人识别号	北京晓晓化妆品有限公司 110108767606868	承运人及 纳税人识别号	北京铁路运输公司
发货人及 纳税人识别号	丙公司 110106235768235	主管税务机关 及 代 码	北京市朝阳地税局 01045687548641215
运输项目及金额	A材料	其他项目及金额	无
运 费 小 计	¥300.00	其他费用小计	无
合计（大写）	叁佰元整	（小写）¥300.00	

承运人盖章：   开票人：李薇

第二联：抵扣联 付款方抵税凭证

注：抵扣联作为付款方抵税凭证。

公路、内河货物运输业统一发票
发 票 联

发票代码 244030716471

发票号码 147588

开票日期：2009年12月12日

机打代码	1245852035050484	税	
机打号码	2457812486762248	控	
机器编号	2145484548	码	

收货人及 纳税人识别号	北京晓晓化妆品有限公司 110108767606868	承运人及 纳税人识别号	北京铁路运输公司
发货人及 纳税人识别号	丙公司 110106235768235	主管税务机关 及 代 码	北京市朝阳地税局 01045687548641215
运输项目及金额	A材料	其他项目及金额	无
运 费 小 计	¥300.00	其他费用小计	无
合计（大写）	叁佰元整	（小写）¥300.00	

承运人盖章：   开票人：李薇

第三联：发票联 付款方记账凭证

注：发票联作为付款方记账依据。

公路、内河货物运输业统一发票

发票联

发票代码	244030716471
发票号码	147588

开票日期：2009年12月12日

		税控码	
机打代码	1245852035050484		
机打号码	2457812486762248		
机器编号	2145484548		

收货人及纳税人识别号	北京晓晓化妆品有限公司 110108767606868	承运人及纳税人识别号	北京铁路运输公司
发货人及纳税人识别号	丙公司 110106235768235	主管税务机关及代码	北京市朝阳地税局 01045687548641215
运输项目及金额	A材料	其他项目及金额	无
运费小计	¥300.00	其他费用小计	无
合计（大写）	叁佰元整	（小写）¥300.00	

承运人盖章：　　　　　　　　　　　　开票人：李薇

注：存根联作为备查凭证。

中国建设银行　　　（京）
转账支票存根

E E 0 2 02837635

附加信息 _____
_____
_____

北京电影厂印务分厂·2009年印制

出票日期　2009年12月12日

收款人：丙公司
金　额：55,290.00
用　途：购买A材料

单位主管：高大山　　会计：王玮

材料入库单

编号：20091205

编制部门：仓库　　　　　2009年12月12日　　　　　金额单位：元

供应单位	材料名称	计量单位	数量		实际成本				计划成本		材料成本差异
			应收	实收	单位实际成本	金　额	运费	合计	单位计划成本	金　额	
丙公司	A材料	千克	500	500	94.00	47000.00	279.00	47279.00	95.00	47500.00	-221.00
合计	—	—	500	500	94.00	47000.00	279.00	47279.00	95.00	47500.00	-221.00

检验结果：　合格　　　　　　检验员签章：李丽

仓库主管：张一　　会计：金娜　　收料员：赵加　　经手人：王慧　　制单：刘红

21.　12 月 15 日，销售化妆品

向广州贸易公司销售化妆品 500 箱，售价为 2 352 元/箱，开具增值税专用发票。为及早收回货款，在合同中规定的现金折扣条件为 "2/10，1/20，n/30"，计算现金折扣时不考虑增值税。

附：

北京增值税专用发票					No 15861303		

1100061623　　　　　　　　　　记 账 联　　　　　　　　开票日期：2009年12月15日
校验码　69736 99496 29691 17933

购货单位	名　　称	广州贸易公司		密 码 区	<+<>/-*7<*78*96*401>* 加密版本：01
	纳税人识别号	330105248756201			5*3768*>4/570>+87+36+　1100061623
	地 址、电 话	广州市白云路25号			27**7869/6->77<*2>>3*　15861303
	开户行及账号	工行广州分行白云路支行 330796251457896253000210			

货物或应税劳务名称	规格型号	单位	数量	单价	金额	税率	税额
化妆品		箱	500	2352.00	1176000.00	17%	199920.00
合　计					¥1176000.00		¥199920.00

价税合计（大写）	⊗壹佰叁拾柒万伍仟玖佰贰拾圆整	（小写）¥1375920.00

销货单位	名　　称	北京晓晓化妆品有限公司		备 注
	纳税人识别号	110108767606868		
	地 址、电 话	北京市海淀区北五环中路260号		
	开户行及账号	中国建设银行清河支行 010910600100120105009898		

收款人：陈斌　　　　复核：田晶晶　　　　开票人：王玮　　　　销货单位：（章）

第一联：记账联　销货方记账凭证

产 品 出 库 单

编制部门：仓库　　　　　　2009 年 12 月15日　　　　　　编号：20091203　　　金额单位：元

用途	产品名称	购货单位	数量（箱）		单位计划成本	计划成本
			应发	实发		
销售	化妆品	广州贸易公司	500	500	950.00	475000.00
合计	—		500	500	950.00	475000.00

仓库主管：张一　　会计：金娜　　保管员：赵加　　经手人：赵毅　　制单：刘红

22.　12 月 15 日，预付货款

拟向甲公司购入 D 材料 300 千克，预付货款 11 000 元。

附：

中国建设银行　　　　（京） 转账支票存根
E E 02837636 0 2
附加信息
────────────
────────────
出票日期　2009年12月15日
收款人：甲公司
金　额：11，000.00
用　途：预付货款
单位主管：高大山　　　会计：王玮

23．12月15日，销售化妆品

向天津贸易公司销售化妆品400箱，开具增值税专用发票，售价为2 352元/箱，另外收取运费1 170元，款项均已收到。

附：

北京增值税专用发票　　　　No　15861304

记账联　　　　开票日期：2009年12月15日

1100061624

校验码　69736 99496 29691 17934

购货单位	名　称：天津贸易公司 纳税人识别号：120425789450014 地址、电话：天津市塘沽开发区A区1004号 开户行及账号：建行天津分行塘沽开发区支行 　　　　32547895200214578502110	密码区	<+<>/-*7<*78*96*401>*　加密版本：01 5*3768*>4/570)+87+36+　1100061624 27**6879/6->77<*2>>3*　15861304

货物或应税劳务名称	规格型号	单位	数量	单价	金额	税率	税额
化妆品		箱	400	2352.00	940800.00	17%	159936.00
合计					¥940800.00		¥159936.00

价税合计（大写）　⊗壹佰壹拾万零柒佰叁拾陆圆整　　　（小写）¥1100736.00

销货单位	名　称：北京晓晓化妆品有限公司 纳税人识别号：110108767606868 地址、电话：北京市海淀区北五环中路260号 开户行及账号：中国建设银行清河支行 　　　　01091060100120105009898	备注

收款人：陈斌　　复核：田晶晶　　开票人：王玮　　　　销货单位：（章）

第一联：记账联 销货方记账凭证

产品出库单

编号：20091204

编制部门：仓库　　　　　2009年12月15日　　　　　金额单位：元

用途	产品名称	购货单位	数量（箱）		单位计划成本	计划成本
			应发	实发		
销售	化妆品	天津贸易公司	400	400	950.00	380000.00
合计	—		400	400	950.00	380000.00

仓库主管：张一　　会计：金娜　　保管员：赵加　　经手人：赵毅　　制单：刘红

北京市交通运输业、建筑业、金融保险业、邮电通信业、销售不动产和转让无形资产专用发票

记账联

税务登记号 110108767606868　　　　发票号：1235487625 4803425

收款单位：北京晓晓化妆品有限公司

付款单位（个人）：天津贸易公司

经营项目	金额
运输服务	¥1170.00

金额合计（人民币大写）壹仟壹佰柒拾元整

机打票号：12485122024487 4361245　　　　税控装置号：

税控装置防伪码：2454684124574824548　　　开票 2009年12月15日

收款单位（盖章有效）　　　　税控装置打印发票手开无效

一、记账联 收款方记账凭证

中国建设银行进账单（收账通知）
2009年12月15日

付款人	全 称	天津贸易公司	收款人	全 称	北京晓晓化妆品有限公司
	账号或地址	3254789520021457850 2110		账号或地址	0109106010012010500 9898
	开 户 银 行	建行	行号		开 户 银 行	建行	行号

人民币（大写）	壹佰壹拾万零壹仟玖佰零陆元整	千 百 十 万 千 百 十 元 角 分
		￥ 1 1 0 1 9 0 6 0 0

票据种类	
票据张数	

单位主管 会计 复核 记账	收款人开户行盖章

24. 12月16日，重组债权

因广州贸易公司发生财务困难，无法按合同规定偿还债务1 375 920元。经双方协商，同意减免广州贸易公司债务155 920元，广州贸易公司即日划款偿还了该笔债务。

附：

债务重组协议书

甲方：北京晓晓化妆品有限公司

乙方：广州贸易公司

甲、乙双方为长期战略伙伴，为了帮助乙方解决短期资金周转问题，甲、乙双方就乙方于2009年12月16日到期的债务进行重组事宜达成如下协议：

第一条 债务重组日即本协议签订日2009年12月16日，本协议所涉及各类资产及负债的金额均以本日期为基准日。

第二条 截至债务重组日乙方所欠甲方人民币1375920元（壹佰叁拾柒万伍仟玖佰贰拾元整），为重组债权。

第三条 债务重组方式

1. 甲方同意豁免乙方部分债务，金额为人民币155920元（壹拾伍万伍仟玖佰贰拾元整）。

2. 余款人民币1220000元（壹佰贰拾贰万元整）乙方应以银行存款支付。

3. 余款应在本协议签订之日起叁日之内付清。

第四条 违约责任

......

第五条 争议解决

......

第六条 协议生效

......

甲方：北京晓晓化妆品有限公司	乙方：广州贸易公司
授权代表：李晓晓	授权代表：王洪
签订日期：2009年12月16日	签订日期：2009年12月16日

中国建设银行进账单（收账通知）

填制日期： 2009 年12月16日

<table>
<tr><td rowspan="3">付款人</td><td>全　称</td><td colspan="2">广州贸易公司</td><td rowspan="3">收款人</td><td>全　称</td><td colspan="5">北京晓晓化妆品有限公司</td></tr>
<tr><td>账号或地址</td><td colspan="2">33079625145789625300210</td><td>账号或地址</td><td colspan="5">010910601001201050098898</td></tr>
<tr><td>开户银行</td><td>工行</td><td>行号</td><td>开户银行</td><td colspan="2">建行</td><td colspan="3">行号</td></tr>
<tr><td rowspan="2">人民币
（大写）</td><td colspan="4" rowspan="2">壹佰贰拾贰万元整</td><td></td><td>千</td><td>百</td><td>十</td><td>万</td><td>千</td><td>百</td><td>十</td><td>元</td><td>角</td><td>分</td></tr>
<tr><td>¥</td><td>1</td><td>2</td><td>2</td><td>0</td><td>0</td><td>0</td><td>0</td><td>0</td><td>0</td></tr>
<tr><td>票据种类</td><td colspan="4"></td><td colspan="11"></td></tr>
<tr><td>票据张数</td><td colspan="4"></td><td colspan="11"></td></tr>
<tr><td colspan="5">单位主管　会计　复核　记账</td><td colspan="11">收款人开户行盖章</td></tr>
</table>

25. **12 月 16 日，销售化妆品**

销售 800 箱化妆品给北京贸易公司，售价为 2 304 元/箱，开具增值税专用发票，化妆品已发出。合同规定 15 日内付款，且已办妥委托收款手续。

附：

北京增值税专用发票

No 15861305

记 账 联

开票日期：2009年12月16日

1100061625

校验码 69736 99496 29691 17935

<table>
<tr><td rowspan="5">购货单位</td><td>名　　称</td><td colspan="3">北京贸易公司</td><td rowspan="5">密码区</td><td rowspan="5"><+<>/-*7<*78*96*401>*
5*3768*>4/570>+87+36+
27**6833/6->77<*2>>3*</td><td>加密版本：01
1100061625
15861305</td></tr>
<tr><td>纳税人识别号</td><td colspan="3">110108530259728</td><td rowspan="4">第一联：记账联 销货方记账凭证</td></tr>
<tr><td>地址、电话</td><td colspan="3">北京市海淀区永丰经济开发区1002号</td></tr>
<tr><td rowspan="2">开户行及账号</td><td colspan="3">中国工商银行永丰支行</td></tr>
<tr><td colspan="3">01089235012876500230120</td></tr>
</table>

<table>
<tr><td>货物或应税劳务名称</td><td>规格型号</td><td>单位</td><td>数量</td><td>单价</td><td>金额</td><td>税率</td><td>税额</td></tr>
<tr><td>化妆品</td><td></td><td>箱</td><td>800</td><td>2304.00</td><td>1843200.00</td><td>17%</td><td>313344.00</td></tr>
<tr><td>合计</td><td></td><td></td><td></td><td></td><td>¥1843200.00</td><td></td><td>¥313344.00</td></tr>
<tr><td>价税合计（大写）</td><td colspan="4">⊗ 贰佰壹拾伍万陆仟伍佰肆拾肆圆整</td><td colspan="3">（小写）¥2156544.00</td></tr>
</table>

<table>
<tr><td rowspan="5">销货单位</td><td>名　　称</td><td colspan="2">北京晓晓化妆品有限公司</td><td rowspan="5">备注</td></tr>
<tr><td>纳税人识别号</td><td colspan="2">110108767606868</td></tr>
<tr><td>地址、电话</td><td colspan="2">北京市海淀区北五环中路260号</td></tr>
<tr><td rowspan="2">开户行及账号</td><td colspan="2">中国建设银行清河支行</td></tr>
<tr><td colspan="2">010910601001201050098898</td></tr>
</table>

收款人：陈斌　　　复核：田晶晶　　　开票人：王玮　　　销货单位：（章）

产 品 出 库 单

编号：20091205

编制部门：仓库　　　　2009 年 12 月16日　　　　金额单位：元

<table>
<tr><td rowspan="2">用途</td><td rowspan="2">产品名称</td><td rowspan="2">购货单位</td><td colspan="2">数量（箱）</td><td rowspan="2">单位计划成本</td><td rowspan="2">计划成本</td></tr>
<tr><td>应发</td><td>实发</td></tr>
<tr><td>销售</td><td>化妆品</td><td>北京贸易公司</td><td>800</td><td>800</td><td>950.00</td><td>760000.00</td></tr>
<tr><td>合计</td><td>—</td><td></td><td>800</td><td>800</td><td>950.00</td><td>760000.00</td></tr>
</table>

仓库主管：张一　　会计：金娜　　保管员：赵加　　经手人：赵毅　　制单：刘红

26. **12 月 18 日，发放职工福利费**

为 10 名职工发放困难补助 50 000 元。

附：

北京晓晓化妆品有限公司补贴（助）申请单 （附件略）

2009年12月18日

补助项目	金 额	审核意见	财务主管	同意。郭昭麟
困难补助	50000.00			
			单位主管	同意补贴款项。高大山
			支付方式	库存现金
金额合计（大写）	人民币伍万元整		（小写）¥50000.00	

会计主管：郭昭麟　　　审核：田晶晶　　　会计：王玮　　　出纳：陈斌

27. 12月19日，生产领用低值易耗品

生产车间领用1套低值易耗品，每套实际成本为500元。

附：

领 料 单

编号：20091203

编制部门：仓库　　　　　　2009年12月19日　　　　　　金额单位：元

用途	材料名称	数量（套）		实际成本		领用部门
		请领	实领	单位实际成本	金额	
生产化妆品	低值易耗品	1	1	500.00	500.00	生产车间
合计	—	1	1	500.00	500.00	

仓库主管：张一　　会计：金娜　　保管员：赵加　　领料人：李婷　　制单：刘红

摊销低值易耗品计算单

编制部门：财务科　　　　2009年12月19日　　　　　金额单位：元

用途	材料名称	数量（套）	实际成本	摊销金额	领用部门
生产化妆品	低值易耗品	1	500.00	250.00	生产车间
合计	—	1	500.00	250.00	—

仓库主管：张一　　会计：金娜　　保管员：赵加　　领料人：李婷　　制单：刘红

28. 12月22日，以非现金资产抵偿债务

经与丙公司协商，丙公司同意本公司用75箱化妆品抵偿其应收账款206 388元，化妆品的市价为2 352元/箱。

附：

北京增值税专用发票　　No 15861306

1100061626　　　　　　　记账联　　　　　开票日期：2009年12月22日

校验码　69736 99496 29691 17936

购货单位	名　称：丙公司 纳税人识别号：110106235768235 地址、电话：北京市朝阳区西坝河115号 开户行及账号：中国建行银行西坝河支行 0102576238900235614 7220	密 码 区	<+<>/-*7<*78*96*401>*　加密版本：01 5*3768*>4/570>+87+36+　1100061626 27**3469/6->77<*2>>3*　15861306

货物或应税劳务名称	规格型号	单位	数量	单价	金额	税率	税额
化妆品		箱	75	2352.00	176400.00	17%	29988.00
合计					176400.00		29988.00

价税合计（大写）⊗贰拾万零陆仟叁佰捌拾捌圆整　　（小写）¥206388.00

销货单位	名　称：北京晓晓化妆品有限公司 纳税人识别号：110108767606868 地　址、电话：北京市海淀区北五环中路260号 开户行及账号：中国建设银行清河支行 0109106010012010 5009898	备 注	

收款人：陈斌　　复核：田晶晶　　开票人：王玮　　销货单位：（章）

产品出库单　　编号：20091206

编制部门：仓库　　2009 年 12 月22日　　金额单位：元

用途	产品名称	购货单位	数量（箱）应发	实发	单位计划成本	计划成本
抵偿债务	化妆品	丙公司	75	75	950.00	71250.00
合计	—	—	75	75	950.00	71250.00

仓库主管：张一　　会计：金娜　　保管员：赵加　　经手人：赵毅　　制单：刘红

29. 12月22日，毁损 A 材料

发现毁损 A 材料200千克。

附：

存货盘点报告单

编制部门：仓库　　2009年12月22日　　金额单位：元

存货名称	计量单位	数量账存	实存	单位计划成本	盘盈数量	金额	盈亏数量	金额	原因
A材料	千克	1490	1290	95.00			200	19000.00	待查
合计	—	1490	1290	95.00			200	19000.00	

会计主管：张一　　会计：金娜　　保管员：赵加

30. 12月22日，报废运输车辆

一辆运输汽车在一次交通事故中报废，其具体情况如表 4-1 所示。处置报废运输汽车过程中支付清理费1 200元，残料变卖收入8 410.06元。事故发生后，公司已向中国平安保险公司申请赔偿。

附：

表 4-1　　　　　　　　管理用固定资产运输汽车折旧计算表（直线法）

编制部门：财务科　　　　　　　　　2009 年 12 月 22 日　　　　　　　　　金额单位：元

固定资产名称	运 输 汽 车	达到预定可使用状态的时间	2008 年 1 月
原值	250 000.00	预计可使用年限	10 年
可折旧金额	237 500.00	预计净残值率	5%
已提折旧额	43 539.98	月折旧率（%）	0.833 3
本月计提折旧额	1 979.09	对方科目	管理费用——折旧费
累计已提折旧额	45 519.07	已提减值准备	0.00

报废单

　　因交通事故报废一辆运输汽车，原价250000元，已提折旧额45519.07元，未计提减值准备，另向保险公司申请赔偿。

经办人：马国祥
审批人：李晓晓
2009年12月12日

北京市服务业、娱乐业、文化体育业专用发票（卷票）

发票联

INVOICE

发票代码　　21000870010

发票号码　　13911388

密码　　　　☐

机打号码：　13911388

机器编号：　7010040168

收款单位：北京东方公司

税号：　　　110108987860566

开票日期：　2009-12-22　　收款员：　王英

付款单位（个人）：北京晓晓化妆品有限公司

项目	单价	数量	金额
清理费			1200.00

小写合计：¥1200.00

大写合计：壹仟贰佰元整

税控码：　1289 9009 2887 12229 2898

收款单位（盖章有效）

此发票系北京市地方税务局批准印制

中国建设银行
转账支票存根 （京）

E E 02837638
0 2

附加信息 _____

_____

_____

出票日期 2009年12月22日

收款人：	北京东方公司
金　额：	1,200.00
用　途：	支付清理费

单位主管： 高大山　　会计：王玮

北京市商业企业专用发票
BEIJING COMMERCIAL CORPORATION INVOICE

发 票 联
I N V O I C E

No 25683568

客户名称：北京晓晓化妆品有限公司

支票号：
Check NO.

编号 Serial No.	商品名称 Merchandise's name	规格 Specification	单位 Unit	数量 Quantity	单价 Unit Price	金　额 Amount 百 十 万 千 百 十 元 角 分
10001	汽车残件					8 4 1 0 0 6
小 写 金 额 合 计　Total Amount						¥ 8 4 1 0 0 6
大 写 金 额 Total Amount In Words	⊗ 捌仟肆佰壹拾元零陆分					

开票单位（盖章）　　　　　开票人：　汤灿　　　　2009年12月22日

Payee（Seal）　　　　　Filler:　　　　　　Y　M　D

中国建设银行进账单（收账通知）
填制日期：2009年12月22日

付款人	全　称	北京汽车制造厂		收款人	全　称	北京晓晓化妆品有限公司										
	账号或地址	0102458786541200325 4550			账号或地址	0109106010012010500 9898										
	开户银行	建行	行号		开户银行	建行	行号									
人民币（大写）	捌仟肆佰壹拾元零陆分					千 百 十 万 千 百 十 元 角 分 ¥ 8 4 1 0 0 6										
票据种类															
票据张数															
单位主管　会计　复核　记账					收款人开户行盖章										

31. 12月24日，发生销售折让并收到货款

北京贸易公司收到货物后发现其中有50箱化妆品外包装有损，要求本公司在价格上给予10%的折让。本公司同意减让10%，并收到货款。北京贸易公司已索取税务机关开具的"企业进货退出及索取折让证明单"，本公司已据此开具了红字增值税专用发票。

附：

企业进货退出及索取折让证明单　　No 00012

购货单位	全　称	北京贸易公司				
	税务登记号	110108530259728				
进货退出	货物名称	单　价	数　量		货　款	税　额
索取折让	货物名称	单价	数量		要　求	
					折让金额	折让税额
	化妆品	2304.00 元/箱	50 箱		11520.00 元	1958.40 元
退货或索取折让理由	质量不合格，对方要求给予10%的价格减让。　经办人：赵峰　单位盖章：2009 年 12 月 24 日		税务征收机关盖章		经办人：王胜	
销货单位	全称	北京晓晓化妆品有限公司				
	税务登记号	110108767606868				

北京增值税专用发票

记账联

No 15861307

1100061627

开票日期：2009年12月24日

校验码　69736 99496 29691 17937

购货单位	名　称：北京贸易公司
	纳税人识别号：110108530259728
	地址、电话：北京市海淀区永丰经济开发区1002号
	开户行及账号：中国工商银行永丰支行
	01089235012876500230120

密码区

<+<>/-*7<*78*96*401>*　加密版本：01
5*3768*>4/570>+87+36+　　1100061627
27**6851/6->77<*2>>3*　　15861307

货物或应税劳务名称	规格型号	单位	数量	单价	金额	税率	税额
化妆品		箱	50	230.40	11520.00	17%	1958.40
合计					¥11520.00		¥1958.40
价税合计（大写）	⊗ 壹万叁仟肆佰柒拾捌圆肆角整			（小写）¥13478.40			

销货单位	名　称：北京晓晓化妆品有限公司
	纳税人识别号：110108767606868
	地址、电话：北京市海淀区北五环中路260号
	开户行及账号：中国建设银行清河支行
	01091060100120105009898

备注

收款人：陈诚　　复核：田晶晶　　开票人：王玮　　销货单位：（章）

注：上附增值税专用发票为红字发票，在实务中用红字填写发票内的项目，销货方（购货方）据此作为退货或折让冲销的凭证。

中国建设银行进账单（收账通知）

填制日期：2009年12月24日

付款人	全　　称	北京贸易公司	收款人	全　　称	北京晓晓化妆品有限公司
	账号或地址	0108923501287650023 0120		账号或地址	01091060100120105009898
	开户银行	工行 　行号		开户银行	建行　　　行号

			千	百	十	万	千	百	十	元	角	分
人民币（大写）	贰佰壹拾肆万叁仟零陆拾伍元陆角整		¥	2	1	4	3	0	6	5	6	0

票据种类	
票据张数	
单位主管　会计　复核　记账	收款人开户行盖章

32. 12月24日，购买C材料

向乙公司购买的C材料2 000千克到达验收入库，取得增值税专用发票。

附：

北京增值税专用发票

No 44978763

发票联

开票日期：2009年12月24日

1100065630

校验码 68567 12345 67896 99800 33601

第三联：发票联 购货方记账凭证

购货单位	名　　称：北京晓晓化妆品有限公司
	纳税人识别号：110108767606868
	地址、电话：北京市海淀区北五环中路260号
	开户行及账号：中国建设银行清河支行
	01091060100120105009898

密码区

<+<>/-*7<*78*96*401>*
5*3768*>4/570>+87+36+
27**6862/6->77<*2>>3*

加密版本：01
1100065630
44978763

货物或应税劳务名称	规格型号	单位	数量	单价	金额	税率	税额
C材料		千克	2000	24.75	49500.00	17%	8415.00
合计					¥49500.00		¥8415.00

价税合计（大写）	⊗伍万柒仟玖佰壹拾伍圆整	（小写）¥57915.00

销货单位	名　　称：乙公司
	纳税人识别号：110223245785201
	地址、电话：北京市大兴工业开发区123号
	开户行及账号：中国建行大兴工业开发区支行
	01025762390023 56145330

备注

收款人：陈好　　　复核：刘利　　　开票人：张利　　　销货单位：（章）

材料入库单

编号：20091206

编制单位：仓库　　　　　2009年12月24日　　　　　金额单位：元

供应单位	材料名称	计量单位	数量		实际成本				计划成本		材料成本差异
			应收	实收	单位实际成本	金额	运杂费	合计	单位计划成本	金额	
乙公司	C材料	千克	2000	2000	24.75	49500.00	0.00	49500.00	25.00	50000.00	-500.00
合计	—	—	2000	2000	24.75	49500.00	0.00	49500.00	25.00	50000.00	-500.00

检验结果：	合格	检验员签章：李丽

仓库主管：张一　　会计：金娜　　收料员：赵加　　经手人：王慧　　制单：刘红

33. 12月25日，购买D材料

收到甲公司的D材料300千克并验收入库，取得增值税专用发票。

附：

北京增值税专用发票					No 23574581		

发 票 联

1100056620

开票日期: 2009年12月25日

校验码 68356 78231 99856 77354 85601

购货单位	名 称：北京晓晓化妆品有限公司 纳税人识别号：110108767606868 地 址、电话：北京市海淀区北五环中路260号 开户行及账号：中国建设银行清河支行 0109106010012001050009898		密码区	<+<>/-*7<*78*96*401>* 加密版本: 01 5*3768*>4/570>+87+36+ 1100056620 27**6838/6->77<*2>>3* 23574581			
货物或应税劳务名称	规格型号	单位	数量	单价	金额	税率	税额
D材料		千克	300	50.50	15150.00	17%	2575.50
合计					¥15150.00		¥2575.50
价税合计（大写）	⊗壹万柒仟柒佰贰拾伍圆伍角整				（小写）¥17725.50		
销货单位	名 称：甲公司 纳税人识别号：110109245785201 地 址、电话：北京市通州区经济开发区345号 开户行及账号：中国建行银行通州经济开发区支行 0102576239005476145330		备注				

收款人：王月　　复核：张子晨　　开票人：李东　　销货单位：（章）

第三联：发票联　购货方记账凭证

材料入库单

编制单位：仓库　　　　2009年12月25日　　　　编号：20091207　　金额单位：元

供应单位	材料名称	计量单位	数量		实际成本				计划成本		材料成本差异
			应收	实收	单位实际成本	金 额	运杂费	合计	单位计划成本	金 额	
甲公司	D材料	千克	300	300	50.50	15150.00	0.00	15150.00	50.00	15000.00	150.00
合计	—	—	300	300	50.50	15150.00	0.00	15150.00	50.00	15000.00	150.00
检验结果：	合格				检验员签章：李丽						

仓库主管：张一　会计：金娜　　　收料员：赵加　　　经手人：王慧　　　制单：刘红

34. 12月26日，办理票据贴现

因公司急需资金，持一张应收上海贸易公司的银行承兑汇票到开户银行贴现，银行贴现率为9%，银行同意公司不对该银行承兑汇票承担连带责任。该票据出票日期为2009年9月19日，期限为6个月，面值为100 000元，票面利率为4%。

附：

贴现凭证（收账通知）

申请日期 2009年12月26日   第 456 号

贴现票据	种类	银行承兑汇票	号码	23456	持票人	名 称	北京晓晓化妆品有限公司								
	出票日	2009年9月19日				账号或地址	01091060100120105009898								
	到票日	2010年3月19日				开户银行	建行清河支行								

汇票承兑人名称	上海贸易公司			开户银行	建行								
汇票金额	人民币（大写）壹拾万零贰仟元整				百	十	万	千	百	十	元	角	分
					¥	1	0	2	0	0	0	0	0

贴现率	9%	贴现息	百	十	万	千	百	十	元	角	分	实付贴现金额	百	十	万	千	百	十	元	角	分
						¥	2	1	9	3	0	0			¥	9	9	8	0	7	0	0

贴现款已入你的单位账户。

备注

银行盖章
2009年12月26日

此联银行给持票人的收款凭证

35. 12月26日，发生销售退回

由于产品质量问题，广州贸易公司退回100箱化妆品，单价2 352元/箱，所退货物已经入库。广州贸易公司已向税务机关申请开具了"企业进货退出及索取折让证明单"，本公司已据此开具了红字增值税专用发票。

附：

企业进货退出及索取折让证明单   No 03460

购货单位	全 称	广州贸易公司		
	税务登记号	330105248756201		
进货退出	货物名称	单 价	数 量	货 款	税 额
	化妆品	2352.00 元/箱	100 箱	235200.00 元	39984.00 元

索取折让	货物名称	单价	数 量	要 求	
				折让金额	折让税额

退货或索取折让理由	产品质量不合格，对方要求退货。 经办人：赵峰 单位盖章： 2009年12月26日	税务征收机关盖章	经办人：王胜

销货单位	全称	北京晓晓化妆品有限公司
	税务登记号	110108767606868

北京增值税专用发票

记 账 联

No 15861308

1100061628

开票日期：2009年12月26日

校验码 69736 99496 29691 17938

购货单位	名 称： 广州贸易公司 纳税人识别号：330105248756201 地址、电话：广州市白云路25号 开户行及账号：中国工商银行广州分行白云路支行 330796251457896253002210	密码区	<+<>/-*7<*78*96*401>* 5*3768>*4/570>+87+36+ 27**6846/6->77<*2>3*	加密版本：01 1100061628 15861308

货物或应税劳务名称	规格型号	单位	数量	单价	金额	税率	税额
化妆品		箱	100	2352.00	235200.00	17%	39984.00
合计					¥235200.00		¥39984.00

价税合计（大写）	⊗ 贰拾柒万伍仟壹佰捌拾肆圆整	（小写）¥275184.00

销货单位	名 称： 北京晓晓化妆品有限公司 纳税人识别号：110108767606868 地 址、电话：北京市海淀区北五环中路260号 开户行及账号：中国建设银行清河支行 0109106010012010500 9898	备注

收款人：陈斌　　　　复核：田晶晶　　　　开票人：王玮　　　　销货单位：（章）

注：上附增值税专用发票为红字发票。

产 品 出 库 单

编号：20091207

编制部门：仓库　　　　2009 年12月26日　　　　金额单位：元

用途	产品名称	购货单位	数量（箱）		单位计划成本	计划成本
			应发	实发		
销售退回	化妆品	广州贸易公司	-100	-100	950.00	-95000.00
合计	—	—	-100	-100	950.00	-95000.00

主管：张一　　　会计：金娜　　　保管员：赵加　　　经手人：赵毅　　　制单：刘红

36. 12月26日，确认保险赔款并结算处置损益

因交通事故报废运输汽车向平安保险公司理赔，保险公司同意赔偿 180 000 元。

附：

保险赔偿责任书

北京晓晓化妆品有限公司因交通事故报废一辆运输汽车，原价250000元，已提折旧45519.07元，未计提减值准备。保险公司根据保险合同同意赔偿该公司180000元。

中国平安保险公司

经办人：汤国胜

审批人：秦国利

2009-12-26

37. 12月30日，收到货款

广州贸易公司应享受现金折扣9 408元，收到货款1 091 328元。

中国建设银行进账单（收账通知）

填制日期：2009 年12月30日

付款人	全 称	广州贸易公司		收款人	全 称	北京晓晓化妆品有限公司		
	账号或地址	33079625145789625300210			账号或地址	01091060100120105009898		
	开户银行	工行	行号		开户银行	建行	行号	

人民币（大写）	壹佰零玖万壹仟叁佰贰拾捌元整	千 百 十 万 千 百 十 元 角 分
		¥ 1 0 9 1 3 2 8 0 0

票据种类	
票据张数	

单位主管 会计 复核 记账	收款人开户行盖章

38. 12月30日，支付工会经费

组织工会活动花费50 000元。

附：

北京晓晓化妆品有限公司费用报销单　　（附件略）

2009年12月30日

报销人	王娟	部门		工会	预借款	0.00
费用项目		金　额	审核意见	部门主管	同意。郭军	
工会经费		50000.00				
				财务主管	同意报销。郭昭麟	
金额合计		（大写）人民币伍万元整		（小写）¥50000.00		

会计主管：郭昭麟　　复核：田晶晶　　会计：王玮　　出纳：陈斌

中国建设银行　（京）
转账支票存根
E E 02837639
0 2

附加信息 _____
_____
_____

出票日期 2009年12月30日

收款人：	
金 额：	50,000.00
用 途：	工会经费
单位主管： 高大山	会计：王玮

39. 12月30日，进行非货币性资产交换

公司以其生产的化妆品100箱与乙公司作为固定资产使用的一辆货运汽车进行交换。化妆品的市场价格为2 352元/箱。乙公司货运汽车账面原值为300 000元，累计折旧24 000元，公允价值为275 000元。

附：

北京增值税专用发票

No 15861309

记账联

1100061629

开票日期：2009年12月30日

校验码 69736 99496 29691 17939

购货单位	名称：乙公司 纳税人识别号：110223245785201 地址、电话：北京大兴工业开发区123号 开户行及账号：中国建行银行大兴工业开发区支行 0102576239002356145330	密码区	<+<>/-*7<*78*96*401>* 5*3768*>4/570>*87+36+ 27**6847/6->77<*2>>3*	加密版本：01 1100061629 15861309

货物或应税劳务名称	规格型号	单位	数量	单价	金额	税率	税额
化妆品		箱	100	2352.00	235200.00	17%	39984.00
合计					235200.00		39984.00

价税合计（大写）	⊗ 贰拾柒万伍仟壹佰捌拾肆圆整	（小写）￥275184.00

销货单位	名称：北京晓晓化妆品有限公司 纳税人识别号：110108767606868 地址、电话：北京市海淀区北五环中路260号 开户行及账号：中国建设银行清河支行 0109106010012010500 9898	备注

收款人：陈斌　　　复核：田晶晶　　　开票人：王玮　　　销货单位：（章）

第一联：记账联　销货方记账凭证

产品出库单

编号：20091208

编制部门：仓库　　　　　　　2009 年12月30日　　　　　　　金额单位：元

用 途	产品名称	购货单位	数量（箱）		单位计划成本	计划成本
			应发	实发		
非货币性资产交换	化妆品	乙公司	100	100	950.00	95000.00
合计	—	—	100	100	950.00	95000.00

主管：张一　　　会计：金娜　　　保管员：赵加　　　经手人：赵毅　　制单：刘红

40. 12月30日，支付罚款

因环保问题被处以罚款200 000元。

附：

北京市行政事业性统一银钱收据

E E 0 2 02837640　　№ 789058

财A-08-09　　　　　　　　　　支票号：

今收到	北京晓晓化妆品有限公司
交来	罚款
人民币（大写）	贰拾万元整　　　　　¥200000.00

| 收款单位 | 收款人　李新 | 2009年12月30日 |

中国建设银行　（京）
转账支票存根

E E 0 2 02837640

附加信息

出票日期　2009年12月30日

| 收款人：工行海淀分理处 |
| 金　额：200,000.00 |
| 用　途：缴纳罚款 |
| 单位主管：高大山　　　会计：王玮 |

北京印钞厂证券分厂·2009年印制

41. 12月30日，用化妆品作职工福利

将50箱化妆品用作职工福利，化妆品的市场价格为2 352元/箱。

附：

北京晓晓化妆品有限公司发放职工福利申请单

2009年 12月30日　　　　　　　　金额单位：元

产　品	数量（箱）	市场单价	计税价格	应纳增值税额	审核意见	财务主管	同意。郭昭麟
化妆品	50	2352.00	117600.00	19992.00			
						单位主管	同意。李晓晓
金额合计	人民币（大写）壹拾叁万柒仟伍佰玖拾贰元整					（小写）　¥137592.00	

| 会计主管：郭昭麟 | 复核：田晶晶 | 会计：王玮 | 出纳：陈斌 | 制单：李静 |

产 品 出 库 单

编制部门：仓库　　　　　　　　2009 年12月30日　　　　　编号：20091209
金额单位：元

用途	产品名称	购货单位	数量（箱）		单位计划成本	计划成本
			应发	实发		
发放职工福利	化妆品	本公司	50	50	950.00	47500.00
合计	一	一	50	50	950.00	47500.00

主管：张一　　　　会计：王军　　　　保管员：　赵加　　　　经手人：李婷

42. 12 月 30 日，报销进修所需教育经费

报销进修所需教育经费 35 000 元。

附：

北京市服务业、娱乐业、文化体育业专用发票（卷票）

发票联

INVOICE

发票代码　　　21000870010

发票号码　　　13911377

密码　　□□□□□□□□□□

机打号码：　　13911377

机器编号：　　7010040163

收款单位：北京新东方教育集团

税号：　110108987860532

开票日期：　2009-12-30　　收款员：　余英

付款单位（个人）：北京晓晓化妆品有限公司

项目	单价	数量	金额
培训费	3500.00	10人	35000.00

小写合计：¥35000.00

大写合计：人民币叁万伍仟元整

税控码：　1289 9009 2887 12229 2879

收款单位（盖章有效）

此发票系北京市地方税务局批准印制

注：现金付讫。

43. 12 月 31 日，计提固定资产折旧

计提固定资产折旧，如表4-2 所示。

44. 12 月 31 日，摊销无形资产

摊销无形资产，如表4-3 所示。

表 4-2

固定资产折旧计算表（直线法）

2009 年 12 月 31 日

编制部门：财务科

金额单位：元

固定资产名称	达到预定可使用状态的时间	原值	预计可使用年限	预计净残值率	可折旧金额	月折旧率（%）	已提折旧额	本月计提折旧额	累计已提折旧额	对方科目
办公楼	2008 年 1 月	7 000 000.00	20 年	5%	6 650 000.00	0.4167	609 632.10	27 710.55	637 342.65	管理费用—折旧费
生产车间厂房	2008 年 1 月	10 000 000.00	20 年	5%	9 500 000.00	0.4167	870 903.00	39 586.50	910 489.50	制造费用—化妆品
生产车间生产线	2008 年 1 月	6 000 000.00	10 年	5%	5 700 000.00	0.8333	1 044 958.20	47 498.10	1 092 456.30	制造费用—化妆品
仓库	2008 年 1 月	1 000 000.00	20 年	5%	950 000.00	0.4167	87 090.30	3 958.65	91 048.95	管理费用—折旧费
运输汽车	2008 年 1 月	250 000.00	10 年	5%	237 500.00	0.8333	43 539.98	1 979.09	45 519.07	管理费用—折旧费
小轿车	2008 年 1 月	600 000.00	10 年	5%	570 000.00	0.8333	104 495.82	4 749.81	109 245.63	管理费用—折旧费
电脑	2008 年 2 月	80 000.00	5 年	5%	76 000.00	1.6667	57 001.05	1 266.69	58 267.74	管理费用—折旧费
合 计	—	24 930 000.00	—	—	23 683 500.00	—	2 817 620.45	126 749.39	2 944 369.84	—

表 4-3

无形资产摊销计算表（直线法）

2009 年 12 月 31 日

编制部门：财务科

金额单位：元

无形资产名称	达到预定可使用状态的时间	原值	摊销年限	月摊销率（%）	已摊销金额	本月摊销额	累计摊销额	对方科目
专利权	2008 年 1 月	2 000 000.00	10 年	0.8333	383 318.00	16 666.00	399 984.00	制造费用—化妆品
化妆品注册商标 1	2008 年 1 月	3 500.00	10 年	0.8333	670.91	29.17	700.08	管理费用—累计摊
化妆品注册商标 2	2008 年 1 月	5 000.00	10 年	0.8333	958.41	41.67	1 000.08	管理费用—累计摊
合 计	—	2 008 500.00	—	—	38 494.32	16 736.84	401 684.16	—

45. 12 月 31 日，核算职工薪酬、发放工资并代缴职工社会保险费等

编制 12 月份职工薪酬核算汇总表、职工工资结算汇总表，分别如表 4-4、表 4-5 所示。

附：

表 4-4 　　　　　　　　　　　　　　　　职工薪酬核算汇总表

编制部门：财务科 　　　　　　　　　　2009 年 12 月 31 日 　　　　　　　　金额单位：元

项　　目		生产车间		销售部门	行政管理部门	合　计
		生产工人	管理人员			
工资①		320 000.00	36 000.00	78 000.00	250 000.00	684 000.00
职工福利（10%）②		32 000.00	3 600.00	7 800.00	25 000.00	68 400.00
社会保险费	养老保险费(10%)	32 000.00	3 600.00	7 800.00	25 000.00	68 400.00
	医疗保险费(6%)	19 200.00	2 160.00	4 680.00	15 000.00	41 040.00
	失业保险费(2%)	6 400.00	720.00	1 560.00	5 000.00	13 680.00
	生育保险费(1%)	3 200.00	360.00	780.00	2 500.00	6 840.00
	工伤保险费(0.8%)	2 560.00	288.00	624.00	2 000.00	5 472.00
	小计(19.8%)③	63 360.00	7 128.00	15 444.00	49 500.00	135 432.00
住房公积金(12%)④		38 400.00	4 320.00	9 360.00	30 000.00	82 080.00
职工工会经费（2%）⑤		6 400.00	720.00	1 560.00	5 000.00	13 680.00
职工教育经费（2.5%）⑥		8 000.00	900.00	1 950.00	6 250.00	17 100.00
合计⑦=①+②+③+④+⑤+⑥		468 160.00	52 668.00	114 114.00	365 750.00	1 000 692.00

表 4-5 　　　　　　　　　　　　　　　　职工工资结算汇总表

编制部门：财务科 　　　　　　　　　　2009 年 12 月 31 日 　　　　　　　　金额单位：元

项　　目		生产车间		销售部门	行政管理部门	合　计
		生产工人	管理人员			
工资①		320 000.00	36 000.00	78 000.00	250 000.00	684 000.00
代扣职工社会保险	养老保险费（8%）	25 600.00	2 880.00	6 240.00	20 000.00	54 720.00
	医疗保险费（2%）	6 400.00	720.00	1 560.00	5 000.00	13 680.00
	失业保险费（1%）	3 200.00	360.00	780.00	2 500.00	6 840.00
	小计（11%）②	35 200.00	3 960.00	8 580.00	27 500.00	75 240.00
代扣职工住房公积金(12%)③		38 400.00	4 320.00	9 360.00	30 000.00	82 080.00
代扣职工个人所得税额④		13 890.00	1 900.00	5 200.00	8 500.00	29 490.00
代扣合计⑤=②+③+④		87 490.00	10 180.00	23 140.00	66 000.00	186 810.00
实发工资合计⑥=①-⑤		232 510.00	25 820.00	54 860.00	184 000.00	497 190.00

社会保险费申报表

单位类型：企业

缴费单位	单位编码	767606868			总数	260		女性	90
	全　称	北京晓晓化妆品有限公司		职工情况	其中	农民工			
	开户银行	中国建设银行清河支行				退休职工			
	账　号	0109106010120105009898							

费款所属日期：2009年12月01日至2009年12月31日

缴费项目	申报额						核定数						
	费率	单位应缴	费率	个人应缴	合计		缴费基数	费率	单位应缴	费率	个人应缴	合计	
养老保险费	10%	68400.00	8%	54720.00	123120.00		684000.00	10%	68400.00	8%	54720.00	123120.00	
医疗保险费	6%	41040.00	2%	13680.00	54720.00		684000.00	6%	41040.00	2%	13680.00	54720.00	
失业保险费	2%	13680.00	1%	6840.00	20520.00		684000.00	2%	13680.00	1%	6840.00	20520.00	
生育保险费	1%	6840.00			6840.00		684000.00	1%	6840.00			6840.00	
工伤保险费	0.8%	5472.00			5472.00		684000.00	0.8%	5472.00			5472.00	

金额合计（人民币）大写：计贰拾壹万零陆佰柒拾贰元整　　　　　¥210672.00

缴费单位
（盖章）　2009 年 12 月 31 日

经办人（章）

征收机构（盖章）
经办人（章）　　年　月　日
复核人（章）　　年　月　日

备注：

同城特约委托收款 凭证（付款通知）

委托日期：贰零零玖年 壹拾贰月 叁拾壹 日　　　　委托号码：第6869号

付款人	全　称	北京晓晓化妆品有限公司	收款人	全　称	北京市海淀区社会保险基金管理中心
	账　号	01091060100120105009898		账　号	0200004509024901585
	开户银行	建行清河支行　交换号		开户银行	工行　交换号

委收金额	人民币（大写）贰拾壹万零陆佰柒拾贰元整		千	百	十	万	千	百	十	元	角	分
		¥		2	1	0	6	7	2	0	0

款项内容	合同号		收款人联系电话
养老 2009.12 123120.00	备注		
医疗 2009.12 54720.00			
失业 2009.12 20520.00			
生育 2009.12 6840.00		收款人签章	付款人开户银行签章
工伤 2009.12 5472.00			

单位主管　　　会计　　　　复核　　　　记账

此联付款人开户银行给付款人按期付款的通知

2009年度住房公积金月缴存额申报表

单位名称(盖章):北京晓晓化妆品有限公司　　　　单位公积金账号：622083

填表日期：2009 年 12 月 31 日

职工所属部门	职工月平均工资	单位缴存比例（%）	住房公积金月缴存总额	其中		12月份工资册公积金代扣额
				个人部分	单位部分	
生产车间	356000.00	12	85440.00	42720.00	42720.00	42720.00
销售部门	78000.00	12	18720.00	9360.00	9360.00	9360.00
行政管理部门	250000.00	12	60000.00	30000.00	30000.00	30000.00
合计	684000.00		164160.00	82080.00	82080.00	82080.00

缴费单位（盖章）　　征收机构（盖章）　　备注：
经办人（章）　　经办人（章）　年　月　日
2009年12月31日　　复核人（章）　年　月　日

同城特约委托收款　凭证（付款通知）

委托日期：贰零零玖年 壹拾贰月 叁拾壹 日　　　　委托号码：第6869号

<table>
<tr><td rowspan="3">付款人</td><td>全　称</td><td colspan="2">北京晓晓化妆品有限公司</td><td rowspan="3">收款人</td><td>全　称</td><td colspan="9">北京市海淀区社会保险基金管理中心</td></tr>
<tr><td>账　号</td><td colspan="2">01091060100120105009898</td><td>账　号</td><td colspan="9">0200004509024901585</td></tr>
<tr><td>开户银行</td><td>建行清河支行</td><td>交换号</td><td>开户银行</td><td colspan="3">工行</td><td colspan="2">交换号</td><td colspan="4"></td></tr>
<tr><td rowspan="2">委收金额</td><td>人民币</td><td colspan="4" rowspan="2">（大写）贰拾壹万零陆佰柒拾贰元整</td><td>千</td><td>百</td><td>十</td><td>万</td><td>千</td><td>百</td><td>十</td><td>元</td><td>角</td><td>分</td></tr>
<tr><td>（大写）</td><td></td><td>¥</td><td>2</td><td>1</td><td>0</td><td>6</td><td>7</td><td>2</td><td>0</td><td>0</td></tr>
<tr><td colspan="3" align="center">款项内容</td><td colspan="2" align="center">合同号</td><td colspan="2"></td><td colspan="7" align="center">收款人联系电话</td></tr>
<tr><td colspan="3">养老 2009.12 123120.00
医疗 2009.12 54720.00
失业 2009.12 20520.00
生育 2009.12 6840.00
工伤 2009.12 5472.00</td><td colspan="2">备注</td><td colspan="11"></td></tr>
<tr><td colspan="3"></td><td colspan="2"></td><td colspan="5" align="center">收款人签章</td><td colspan="6" align="center">付款人开户银行签章</td></tr>
</table>

单位主管　　　　　会计　　　　　　复核　　　　　　　　记账

此联付款人开户银行给付款人按期付款的通知

北京市地方税务局票证专用　　（2009）京地电库：　No 3829395
电子缴库专用缴款书

填发日期：2009年12月31日
申报序号：061858810909417788

☑ 已申报　　　　　　　　　　　　　　　　　　　□ 未申报

<table>
<tr><td>纳税人计算机代码</td><td colspan="2">06185881</td><td>征收机关代码</td><td>21100000000</td></tr>
<tr><td>纳税人名称</td><td colspan="2">北京晓晓化妆品有限公司</td><td>征收机关名称</td><td>北京市海淀区地方税务局</td></tr>
<tr><td>付款人名称</td><td colspan="2">北京晓晓化妆品有限公司</td><td>收款国库名称</td><td>国家金库北京海淀区支库</td></tr>
<tr><td>付款人开户银行名称</td><td colspan="2">中国建设银行清河支行</td><td rowspan="2">国库清算行号</td><td rowspan="2">011100000003</td></tr>
<tr><td>付款人账号</td><td colspan="2">01091060100120105009898</td></tr>
<tr><td>纳税项目名称</td><td>课税数量</td><td></td><td>计税金额</td><td>实缴金额</td></tr>
<tr><td>个人所得税</td><td></td><td></td><td>526680.00</td><td>29490.00</td></tr>
<tr><td></td><td></td><td></td><td></td><td></td></tr>
<tr><td></td><td></td><td></td><td></td><td></td></tr>
<tr><td></td><td></td><td></td><td></td><td></td></tr>
<tr><td colspan="3">金额合计（大写）：计贰万玖仟肆佰玖拾元整</td><td colspan="2">金额合计（小写）：¥29490.00</td></tr>
<tr><td rowspan="2">付款人盖章
经办人（章）</td><td colspan="2" rowspan="2">税 务 机 关（章）</td><td>银行</td><td rowspan="2">备注：</td></tr>
<tr><td>记账员　盖章</td></tr>
</table>

中国建设银行电子缴税付款凭证

| 中国建设银行 | 转账日期：2009年12月31日 | 凭证字号：2009123157256305 | 凭证 |

纳税人全称及纳税人识别号：北京晓晓化妆品有限公司　06185881

付款人全称：北京晓晓化妆品有限公司　　　征收机关名称：北京市海淀区地方税务局

付款人账号：0109106010012010500 9898　　　收款国库（银行）名称：国家金库北京市海淀区支库（代理）

付款人开户银行：中国建设银行清河支行　　　缴款书交易流水号：06185881 0909417766

小写（合计）金额：¥29490.00　　　　　　　税票号码：06185881 0909417788

大写（合计）金额：贰万玖仟肆佰玖拾元整

税（费）种名称	所属日期	实缴金额
个人所得税	20091201-20091231	¥29490.00

第一次打印　　　　　　　　　　　　　　打印时间：2009年12月31日11时20分

（14.85公分×21公分）　第二联　作付款回单（无银行收讫章无效）　复核　记账

中国建设银行
转账支票存根 （京）

EE
02 02837641

附加信息 ＿＿＿＿＿＿＿

＿＿＿＿＿＿＿＿＿＿＿＿

＿＿＿＿＿＿＿＿＿＿＿＿

出票日期 2009年12月31日

收款人：	
金　额：	497,190.00
用　途：	发放工资等

单位主管：　高大山　　会计：王玮

46. 12月31日，交易性金融资产到期收回本息

2009年7月1日购入的乙公司发行的面值300 000元、票面利率为6%，期限为6个月的到期还本付息的公司债券到期，收回本息。

附：

交易性金融资产利息费用计算单

编制部门：财务科　　　　　　　　　　2009年12月31日　　　　　　　　　　金额单位：元

项目 名称	购买日	到期日	面值	票面利率	期限	应收利息	本息合计
公司债券	2009.07.01	2009.12.31	300000.00	6%	6个月	9000.00	309000.00
合计	—	—	300000.00	—	—	9000.00	309000.00

会计主管：郭昭麟　　　　审核：田晶晶　　　　　　会计：王玮　　　　　　制单：李静

中国建设银行进账单（收账通知）
填制日期：　2009 年12月31日

付款人	全　称	乙公司		收款人	全　称	北京晓晓化妆品有限公司											
	账号或地址	0102576239002356145330			账号或地址	0109106010012010500989 8											
	开户银行	建行	行号		开户银行	建行		行号									
人民币 （大写）	叁拾万零玖仟元整						千	百	十	万	千	百	十	元	角	分
								¥	3	0	9	0	0	0	0	0
票据种类																
票据张数																
单位主管　会计　复核　记账					收款人开户行盖章											

47. 12 月 31 日，确认公允价值变动

所购乙公司股票的公允价值为 130 630 元，高于其投资成本 105 630 元，应确认公允价值变动 25 000 元。

附：

股票交易账户资产情况表

编制部门：财务科　　　　　　　　　　2009 年 12 月 31 日　　　　　　　　　　金额单位：元

项目 时间	总资产	现金	证券				
			股票名称	股票代码	股票股数	成本价	公允价值
2009年12月31日	175000.00	44370.00	航空动力	600893	10000	105630.00	130630.00
合计	175000.00	44370.00	—	—	10000	105630.00	130630.00

会计主管：郭昭麟　　　审核：田晶晶　　　　会计：王玮　　　　出纳：陈斌　　　　制单：李静

48. 12 月 31 日，计提票据利息

计提应收上海贸易公司的商业承兑汇票的票据利息。

附：

商业承兑汇票利息计算单

编制部门：财务科　　　　　　　　　　　2009年12月31日　　　　　　　　　　　金额单位：元

付款人	面值	票面利率	出票日期	到期日	计息日	票据利息
上海贸易公司	1375920.00	6%	2009年12月1日	2010年6月1日	2009年12月31日	6879.60
合　计	1375920.00	—	—	—	—	6879.60

会计主管：郭昭麟　　审核：田晶晶　　会计：王玮　　出纳：陈斌　　制单：李静

49. 12月31日，计提坏账准备

核算年末应计提的坏账准备，如表4-6所示。

附：

表4-6　　　　　　　　　　　　　　　　坏账准备计算表　　　　　　　　　　　　　　金额单位：元

债务人名称	应收账款年初余额	坏账准备计提比例	坏账准备年初余额	应收账款年末余额	坏账准备年末余额	年末应补提坏账准备金额
北京贸易公司	0.00	1%	0.00	4 043 520.00	40 435.20	40 435.20
上海贸易公司	1 000 000.00	1%	10 000.00	275 184.00	2 751.84	-7 248.16
广州贸易公司	1 200 000.00	1%	12 000.00	1 200 000.00	12 000.00	0.00
合　计	2 200 000.00	—	22 000.00	5 518 704.00	55 187.04	33 187.04

注：由于本公司的应收票据、预付账款、其他应收款均为账龄较短的应收款项，不需要计提坏账准备。

50. 12月31日，货到单未到，月末暂估入账

于2009年12月10日购入的30千克B材料的凭证仍未到达。

51. 12月31日，分摊材料成本差异

计算本月材料成本差异率，确认领用材料、毁损材料、期末库存材料应负担的材料成本差异，如表4-7所示。

附：

表4-7　　材料成本差异率及领用材料、期末库存材料分摊的材料成本差异计算表　　　金额单位：元

材料名称	月初材料成本差异	本月材料成本差异率	本月领用材料应负担的材料成本差异	期末库存材料应负担的材料成本差异
A材料	7 600.00	$\frac{7\,600+1\,450-221}{950\,000+94\,050+47\,500}\times100\%=0.81\%$	950 000×0.81%=7 695 19 000×0.81%=153.9（毁损材料）	7 600+1 450-221 -7 695-153.9=980.1
B材料	9 000.00	$\frac{9\,000-1\,800}{900\,000+72\,000}\times100\%=0.74\%$	900 000×0.74%=6 660	9 000-1 800-6 660=540
C材料	-3 000.00	$\frac{-3\,000-3\,000-500}{250\,000+150\,000+50\,000}\times100\%=-1.44\%$	250 000×（-1.44%）=-3 600	-3 000-3 000-500 -（-3 600）=-2 900
D材料	-1 750.00	$\frac{-1\,750+150}{350\,000+15\,000}\times100\%=-0.44\%$	162 500×（-0.44%）=-715	-1 750+150-（-715） =-885
合计	11 850.00	—	10 193.90	-2 264.90

注：月末，因B材料货到单未到而暂估入账不会形成材料成本差异，因而暂估入账的B材料计划成本不应计入计算本月材料成本差异率的计划成本总额。

52. 12月31日,处理待处理财产损溢

经查毁损 A 材料属于人为事故,由责任人王芳赔偿 20 000 元。毁损 A 材料应分担的材料成本差异见表 4-7。

附:

北京晓晓化妆品有限公司专用收据

2009年12月31日   No.0450588

交款人:	王芳
项目名称:	毁损A材料赔偿款
金　额:	(大写)人民币贰万元整　　(小写)　¥20000.00
收款单位:	(签章)　　　　　　　　　　　收款人:陈斌

53. 12月31日,发现记账凭证错误

在年末审核记账凭证时,发现当年 12 月份第 41 笔业务记账凭证填写错误,但已经登记入账,将"应付职工薪酬——非货币性福利"科目误写成"应付职工薪酬——职工福利"科目,且未计入相关资产成本和损益类科目。

附:

北京晓晓化妆品有限公司发放职工福利申请单　　(附件略)

2009年 12月31日　　　　　　　　　　　　　　金额单位:元

产　品	数量(箱)	市场单价	计税价格	应纳增值税额	审核意见	财务主管	同意。郭昭麟
化妆品	-50	-2352.00	-117600.00	-19992.00			
						单位主管	同意。李晓晓
金额合计	人民币(大写)负壹拾叁万柒仟伍佰玖拾贰元整			(小写)　¥-137592.00			

会计主管:郭昭麟　　复核:田晶晶　　会计:王玮　　出纳:陈斌　　制单:李静

产 品 出 库 单

编制部门:仓库　　　　　　2009 年12月31日　　　　　编号:20091210

金额单位:元

用途	产品名称	购货单位	数量(箱) 应发	实发	单位计划成本	计划成本
冲减职工福利	化妆品	本公司	-50	-50	950.00	-47500.00
合计	—	—	-50	-50	950.00	-47500.00

主管:张一　　会计:金娜　　保管员:赵加　　经手人:赵毅　　制单:刘红

非货币性职工福利核算单

编制部门：财务科　　　　　　　　　　2009 年12月31日　　　　　　　　　金额单位：元

职能部门		产品名称	数量（箱）	市场价格	应纳增值税税额	价税合计	对方科目
生产车间	生产人员	化妆品	15	35280.00	5997.60	41277.60	生产成本——化妆品
	管理人员	化妆品	5	11760.00	1999.20	13759.20	制造费用——化妆品
销售部门		化妆品	10	23520.00	3998.40	27518.40	销售费用——职工薪酬
行政管理部门		化妆品	20	47040.00	7996.80	55036.80	管理费用——职工薪酬
合　计		—	50	117600.00	19992.00	137592.00	—

会计主管：郭昭麟　　审核：田晶晶　　会计：王玮　　保管员：赵加　　经手人：李婷

产 品 出 库 单

编制部门：仓库　　　　　　　　　　　2009 年12月31日　　　　　　　编号：20091211
　　　　　　　　　　　　　　　　　　　　　　　　　　　　　　　　　金额单位：元

用途	产品名称	购货单位	数量（箱）		单位计划成本	计划成本
			应发	实发		
非货币性福利	化妆品	本公司	50	50	950.00	47500.00
合计	—	—	50	50	950.00	47500.00

主管：张一　　　　会计：王军　　　　保管员：赵加　　　　经手人：李婷

54. 12 月 31 日，结转制造费用
　　附：

制造费用计算单

编制部门：财务科　　　　　　　　　2009年12月31日　　　　　　　　金额单位：元

项目 / 产品名称	职工薪酬	折旧费	无形资产摊销	低值易耗品摊销	合计
化妆品	66427.20	87084.60	16666.00	250.00	170427.80
合　计	66427.20	87084.60	16666.00	250.00	170427.80

会计主管：郭昭麟　　复核：田晶晶　　会计：王玮　　出纳：陈斌　　制单：李静

55. 12 月 31 日，结转产品生产成本及差异

附：

生产成本计算单

编制部门：财务科　　　　　　2009年12月31日　　　　　　金额单位：元

项目 / 产品名称	原材料	分担的材料成本差异	包装物	职工薪酬	制造费用	合计
化妆品	2262500.00	10040.00	479350.00	509437.60	170427.80	3431755.40
合　计	2262500.00	10040.00	479350.00	509437.60	170427.80	3431755.40

会计主管：郭昭麟　　　复核：田晶晶　　　会计：王玮　　　出纳：陈斌　　　制单：李静

产 品 入 库 单

编号：20091201

编制部门：仓库　　　　　　2009 年 12 月 31 日　　　　　　金额单位：元

产品名称	计量单位	数量		实际成本	计划成本		产品成本差异
		应收	实收		单位计划成本	金额	
化妆品	箱	3600.00	3600.00	3431755.40	950.00	3420000.00	11755.40
合计	—	3600.00	3600.00	3431755.40	950.00	3420000.00	11755.40

主管：张一　　　会计：金娜　　　保管员：赵加　　　经手人：李婷　　　制单：刘红

56. 12 月 31 日，结转产品销售成本

附：

产品出库单汇总表

编号：20091212

编制部门：仓库　　　　　　2009年12月31日　　　　　　金额单位：元

时间	用途	产品名称	购货单位	产品数量（箱）		单位计划成本	计划成本
				应发	实发		
12月01日	销售	化妆品	上海贸易公司	500	500	950.00	475000.00
12月08日	销售	化妆品	北京贸易公司	1000	1000	950.00	950000.00
12月15日	销售	化妆品	广州贸易公司	500	500	950.00	475000.00
12月15日	销售	化妆品	天津贸易公司	400	400	950.00	380000.00
12月16日	销售	化妆品	北京贸易公司	800	800	950.00	760000.00
12月22日	抵偿债务	化妆品	丙公司	75	75	950.00	71250.00
12月26日	销售退回	化妆品	广州贸易公司	-100	-100	950.00	-95000.00
12月30日	非货币性资产交换	化妆品	乙公司	100	100	950.00	95000.00
12月30日	发放职工福利	化妆品	本公司	50	50	950.00	47500.00
12月31日	冲减职工福利	化妆品	本公司	-50	-50	950.00	-47500.00
12月31日	非货币性福利	化妆品	本公司	50	50	950.00	47500.00
合　计	—	—	—	3325	3325	950.00	3158750.00

主管：张一　　　会计：金娜　　　保管员：赵加　　　经手人：赵毅　　　制单:刘红

57. 12月31日，分摊产品成本差异

计算本月产品成本差异率，确认销售产品、期末库存商品应负担的产品成本差异，如表4-8所示。

附：

表4-8 产品成本差异率及销售产品、库存商品分摊的成本差异计算表 金额单位：元

产品名称	月初产品成本差异	本月产品成本差异率	本月销售产品应分摊的产品成本差异	本月库存商品应分摊的产品成本差异
化妆品	11 825.20	$\dfrac{11825.20+11755.40}{3458000+3420000}\times100\%$ $=0.34\%$	3 158 750×0.34% =10 739.75	11 825.20+11 755.40-10 739.75 =12 840.85
合计	11 825.20	—	10 739.75	12 840.85

58. 12月31日，冲减存货跌价准备

附：

材料减值测试报告单

A材料经减值测试，可变现净值为130000元，高于账面余额123530.10元（122550+980.10），应将已计提的存货跌价准备3000元冲回。

部门主管：张一
2009年12月31日

会计主管：郭昭麟　　　复核：田晶晶　　　会计：王玮　　　制单：李静

59. 12月31日，计算债券利息并摊销溢价

2008年1月1日，以4 180 000元的价格购入乙公司当日发行的期限为5年、面值为4 000 000元、票面利率为5%、按年付息到期还本的债券，公司准备将该债券投资持有至到期。债券溢价按实际利率法摊销，债券发行当时的实际利率为4%。

附：

持有至到期投资各年的实际利息收入、利息调整计算单

编制部门：财务科　　　　　　　　　　2009 年12月31日　　　　　　　　金额单位：元

年　度	期初摊余成本	实际利息收入	现金流入	期末摊余成本	年利息调整
2008	4180000.00	167200.00	200000.00	4147200.00	32800.00
2009	4147200.00	165888.00	200000.00	4113088.00	34112.00
合　计	—	333088.00	400000.00	—	66912.00

会计主管：郭昭麟　　　复核：田晶晶　　　会计：王玮　　　制单：李静

中国人民建设银行进账单（收账通知）

填制日期：　2009年12月31日

付款人	全　称	乙公司			收款人	全　称	北京晓晓化妆品有限公司		
	账号或地址	0102576239002356145330				账号或地址	0109106010012010500989 8		
	开户银行	建行	行号			开户银行	建行	行号	

人民币（大写）	贰拾万元整	千 百 十 万 千 百 十 元 角 分
		¥ 2 0 0 0 0 0 0 0

票据种类	
票据张数	

单位主管　会计　复核　记账	收款人开户银行盖章

60．12 月 31 日，确认长期股权投资收益

附：

对联营企业投资收益计算单

编制部门：财务科　　　　　　2009 年12月31日　　　　　　金额单位：元

被投资单位	投资日期	投资成本	股权比例	2009年度被投资单位实现净利润	确认的投资收益
跃美日化	2008年1月1日	15000000.00	40%	3906250.00	1562500.00
合　计	—	15000000.00	40%	3906250.00	1562500.00

会计主管：郭昭麟　　　　复核：田晶晶　　　　会计：王玮　　　　制单：李静

61．12 月 31 日，计提固定资产减值准备

运输汽车经过减值测试，可变现净值为 194 982 元，低于其账面价值 204 480.93 元，故应计提减值准备 9 498.93 元；小轿车经过减值测试，可变现净值为 480 000 元，低于其账面价值 490 754.37 元，故应计提减值准备 10 754.37 元。

附：

固定资产减值损失计算单

编制部门：财务科　　　　　　2009年12月31日　　　　　　金额单位：元

资产名称	年初资产减值准备	账面余额	计提资产减值准备前账面价值	可变现净值	年末资产减值准备	当期需计提的资产减值准备
运输汽车	0.00	204480.93	204480.93	194982.00	9498.93	9498.93
小轿车	0.00	490754.37	490754.37	480000.00	10754.37	10754.37
合　计	0.00	695235.30	695235.30	674982.00	20253.30	20253.30

会计主管：郭昭麟　　　　复核：田晶晶　　　　会计：王玮　　　　制单：李静

62. 12月31日，偿还工行短期借款本息

2009年7月1日向工商银行借款5 000 000元，期限6个月，利率为8.4%，到期还本付息。

附：

短期借款利息费用计算单

编制部门：财务科　　　　　　　　2009年12月31日　　　　　　　　金额单位：元

借款性质	借款日	到期日	借款本金	年利率	已提利息	当月利息	累计利息
短期借款	2009年7月1日	2009年12月31日	5000000.00	8.40%	175000.00	35000.00	210000.00
合计	—	—	5000000.00	—	175000.00	35000.00	210000.00

会计主管：郭昭麟　　　复核：田晶晶　　　会计：王玮　　　制单：李静

中国建设银行
转账支票存根 （京）
E E
0 2　02837642

附加信息

出票日期 2009年12月31日

收款人：工商银行
金　额：5,210,000.00
用　途：归还短期借款
单位主管：高大山　　会计：王玮

63. 12月31日，偿还建行短期借款本息

2009年10月1日，向建设银行借款1 000 000元，期限3个月，年利率为6%，到期还本付息。

附：

短期借款利息费用计算单

编制部门：财务科　　　　　　　　2009年12月31日　　　　　　　　金额单位：元

借款性质	借款日	到期日	借款本金	年利率	已提利息	当月利息	累计利息
短期借款	2009年10月1日	2009年12月31日	1000000.00	6.00%	10000.00	5000.00	15000.00
合计	—	—	1000000.00	—	10000.00	5000.00	15000.00

会计主管：郭昭麟　　　复核：田晶晶　　　会计：王玮　　　制单：李静

中国建设银行
转账支票存根　（京）
E E 02837643
0 2

附加信息
_____
_____
_____

出票日期　2009年12月31日

| 收款人：建设银行 |
| 金　额：1,015,000.00 |
| 用　途：归还短期借款 |

单位主管：高大山　　会计：王玮

64．12月31日，核算应纳流转税税款

核算应交的消费税、营业税、城市维护建设税和教育费附加。

附：

（1）核算消费税

应交消费税计算单

编制部门：财务科　　　　　　　　　2009年12月31日　　　　　　　　金额单位：元

时间	应税项目	应税消费品名称	销售额	适用消费税税率	应交消费税税额	对方科目
12月01日	销售化妆品	化妆品	1176000.00	30%	352800.00	营业税金及附加
12月08日	销售化妆品	化妆品	2280000.00	30%	684000.00	营业税金及附加
12月15日	销售化妆品	化妆品	1176000.00	30%	352800.00	营业税金及附加
12月15日	销售化妆品	化妆品	941800.00	30%	282540.00	营业税金及附加
12月16日	销售化妆品	化妆品	1843200.00	30%	552960.00	营业税金及附加
12月22日	抵偿债务	化妆品	176400.00	30%	52920.00	营业税金及附加
12月24日	销售折让	化妆品	-11520.00	30%	-3456.00	营业税金及附加
12月26日	销售退回	化妆品	-235200.00	30%	-70560.00	营业税金及附加
12月30日	非货币性资产交换	化妆品	235200.00	30%	70560.00	营业税金及附加
12月30日	发放职工福利	化妆品	117600.00	30%	35280.00	营业税金及附加
12月31日	冲减职工福利	化妆品	-117600.00	30%	-35280.00	营业税金及附加
12月31日	非货币性福利	化妆品	117600.00	30%	35280.00	营业税金及附加
合　计	—		7699480.00	30%	2309844.00	—

会计主管：郭昭麟　　　　复核：田晶晶　　　　会计：王玮　　　　　制单：李静

注：①12月15日的销售额941 800元（940 800+1 000），其中1 000元［1 170÷（1+17%）］为运费收入，在混合销售货物行为中应并入货物销售额940 800元，一并征收增值税和消费税。

②发生销售折让，销售退回时，如果销售方在购货方从税务机关取得"企业进货退出及索取折让证明单"的条件下，开具红字发票的，在没有缴纳税款之前，准予自行抵减销售额，如果已经缴纳税款，须向税务机关申请抵减应纳税款。

（2）核算营业税

应交营业税计算单

编制部门：财务科　　　　　　　　　2009年12月31日　　　　　　　　金额单位：元

时间	应税项目	营业额	适用营业税税率	应交营业税税额	对方科目
12月12日	运输劳务	30000.00	3%	900.00	营业税金及附加
合　计	—	30000.00	—	900.00	

会计主管：郭昭麟　　　　复核：田晶晶　　　　会计：王玮　　　　　制单：李静

（3）核算城市维护建设税和教育费附加

应交城市维护建设税、教育费附加计算单

编制部门：财务科　　　　　　　　2009年12月31日　　　　　　　金额单位：元

项目　税种	计税基数				税率（或征收比率）	应纳税额
	增值税	消费税	营业税	合计		
	①	②	③	④=①+②+③	⑤	⑥=④×⑤
城市维护建设税	1240007.26	2309844.00	900.00	3550751.26	7%	248552.59
教育费附加	1240007.26	2309844.00	900.00	3550751.26	3%	106522.54
合　计	1240007.26	2309844.00	900.00	3550751.26	10%	355075.13

会计主管：郭昭麟　　　　复核：田晶晶　　　　会计：王玮　　　　制单：李静

65. 12月31日，计提并支付建行长期借款利息

2008年1月1日向建设银行借入长期借款20 000 000元，贷款利率为7.8%，期限3年，按年付息，到期还本并支付最后一次利息。

附：

长期借款利息费用计算单

编制部门：财务科　　　　　　　　2009年12月31日　　　　　　　金额单位：元

借款性质	借款日	到期日	借款本金	年利率	已提利息	当年利息	累计利息
长期借款	2008.01.01	2010.12.31	20000000.00	7.80%	1560000.00	1560000.00	3120000.00
合　计	—	—	20000000.00	—	1560000.00	1560000.00	3120000.00

会计主管：郭昭麟　　　　复核：田晶晶　　　　会计：王玮　　　　制单：李静

中国建设银行　（京）
转账支票存根
E E
0 2　02837644

附加信息
＿＿＿＿＿＿＿＿＿
＿＿＿＿＿＿＿＿＿
＿＿＿＿＿＿＿＿＿

出票日期　2009年12月31日

收款人：	建行海淀分行
金　额：	1,560,000.00
用　途：	支付长期借款利息

单位主管：　高大山　　　会计：王玮

北京印制厂证券分厂·2009年印制

66. 12月31日，发现登记账簿错误

在年末核算当期应交所得税前，审核账簿时，发现第40笔业务中罚款金额在"银行存款日记账"中错误地登记为2 000 000元。

67. 12 月 31 日，银企对账发现未达账项

附：

中国建设银行银企对账单

网点号：12601　　　　　序号：70　　　　　支行名称：清河支行

账号	0109106010012010 5009898
户名	北京晓晓化妆品有限公司

你单位至2009年12月31日止存款余额为RMB36685737.69元是否相符，请当面与银行人员进行核对，若相符请填写对账单第二联并加盖公章（或财务专用章）及法人（负责人）或单位授权人签字交我行经办人员。若有未达账项，请将未达账项填入银企余额调节表调节相符。

开户行业务公章

2009年12月31日

（第一联 单位留存）

68. 12 月 31 日，计算当期所得税费用和应交所得税

附：

当期所得税费用和应交所得税计算单

编制部门：财务科　　　　　　2009年12月31 日　　　　　　金额单位:元

项　目	金　额	备　注
税前会计利润	9382160.01	
加：调增所得额	313846.82	
业务招待费调增所得额	80000.00	
坏账准备调增所得额	16593.52	暂时性差异
其他资产减值准备调增所得额	17253.30	暂时性差异
罚款调增所得额	200000.00	
减：调减所得额	1587500.00	
公允价值变动损益调减所得额	25000.00	暂时性差异
股权投资收益调减所得额	1562500.00	
应纳税所得额	8108506.83	
适用税率	25%	
当期所得税费用（应交所得税）	2027126.71	

会计主管：郭昭麟　　　　审核：田晶晶　　　　会计：王玮　制单：李静

69. 12 月 31 日，确认当期递延所得税资产和递延所得税负债增加额

确认当期递延所得税资产和递延所得税负债增加额，如表 4-9 所示。

附：

表 4-9

确认当期递延所得税资产和递延所得税负债

编制部门：财务科　　　　　2009 年 12 月 31 日　　　　　金额单位：元

项 目	账面价值	计税基础	期末暂时性差异		适用税率	递延所得税资产			递延所得税负债		
			可抵扣暂时性差异	应纳税暂时性差异		期末递延所得税资产	期初递延所得税资产	本期递延所得税资产增加额	期末递延所得税负债	期初递延所得税负债	本期递延所得税负债增加额
交易性金融资产	130 630.00	105 630.00		25 000.00	25%				6 250.00	0.00	6 250.00
应收账款	5 463 516.96	5 491 110.48	27			6 898.38	2	4 148.38			
北京贸易公司	4 003 084.80	4 023 302.40	20		25%	5 054.40	0.00	5 054.40			
上海贸易公司	272 432.16	273 808.08	1 375.92		25%	343.98	1	-906.02			
广州贸易公司	1 188 000.00	1 194 000.00	6 000.00		25%	1 500.00	1	0.00			
原材料	123 530.10	123 530.10	0.00			0.00	750.00	-750.00			
A 材料	123 530.10	123 530.10	0.00		25%	0.00	750.00	-750.00			
固定资产	674 982.00	695 235.30	20		25%	5 063.32	0.00	5 063.32			
运输汽车	194 982.00	204 480.93	9 498.93		25%	2 374.73	0.00	2 374.73			
小轿车	480 000.00	490 754.37	10		25%	2 688.59	0.00	2 688.59			
合 计	6 392 659.06	6 415 505.88	47	25 000.00	—	11 961.70	3	8 461.70	6 250.00	0.00	6 250.00

70. 12 月 31 日，结平损益类账户

2009 年末结平损益类账户前，各损益类账户余额如表 4-10 所示。

表 4-10 年底结转本年利润前损益类科目余额表

编制单位：北京晓晓化妆品有限公司　　　　　2009 年 12 月 31 日　　　　　　金额单位：元

科 目 名 称	金 额	科 目 名 称	金 额
主营业务收入	68 438 680.00	业务招待费	200 000.00
销售化妆品	68 438 680.00	差旅费	7 500.00
其他业务收入	270 000.00	折旧费	499 726.56
提供运输劳务	270 000.00	无形资产摊销	850.08
公允价值变动损益	25 000.00	盘亏损失	2 410.06
交易性金融资产	25 000.00	财务费用	1 824 541.40
投资收益	1 737 388.00	利息支出	1 785 000.00
债券利息	174 888.00	票据利息	−6 346.60
对联营企业的投资收益	1 562 500.00	现金折扣	45 888.00
主营业务成本	27 786 794.15	资产减值损失	50 440.34
销售化妆品	27 786 794.15	坏账损失	33 187.04
营业税金及附加	23 502 531.33	存货跌价损失	−3 000.00
营业税	8 100.00	固定资产减值损失	20 253.30
消费税	20 531 604.00	营业外支出	373 190.87
城市维护建设税	2 073 979.13	非流动资产处置损失	17 270.87
教育费附加	888 848.20	债务重组损失	155 920.00
销售费用	2 396 886.40	罚款支出	200 000.00
广告费	1 000 000.00	所得税费用	2 024 915.01
职工薪酬	1 396 886.40	当期所得税费用	2 027 126.71
管理费用	5 154 523.50	递延所得税费用	−2 211.70
职工薪酬	4 444 036.80		

71. 12 月 31 日，结平本年利润账户

"本年利润"账户余额为 7 357 245 元 ［ 9 382 160.01 −（ 2 027 126.71 − 2 211.70 ）］。

72. 12 月 31 日，分配利润

经股东会决议，通过董事会分配方案如下：提取法定盈余公积 735 724.50 元，分配现金股利 1 471 449 元，分配股票股利 735 724.50 元。

附：

利润分配计算单

编制单位：北京晓晓化妆品有限公司　　　　2009年度　　　　　　金额单位：元

利润分配项目		分配基数	分配比例	分配额
提取法定盈余公积		7357245.00	10%	735724.5
应付现金股利或利润	北京日化		8%	588579.60
	上海日化		6%	441434.70
	李晓晓	7357245.00	4%	294289.80
	张文涛		1%	73572.45
	王海力		1%	73572.45
	小计		20%	1471449.00
转作股本的股利	北京日化		4%	294289.80
	上海日化		3%	220717.35
	李晓晓	7357245.00	2%	147144.90
	张文涛		0.5%	36786.23
	王海力		0.5%	36786.22
	小计		10%	735724.50
未分配利润		7357245.00	60%	4414347.00
合　计		7357245.00	100%	7357245.00

单位负责人：李晓晓　　会计主管：郭昭麟　　复核：田晶晶　　会计：王玮　　制单：李静

5

第五章
编制记账凭证
和科目汇总表模块

第一节　编制记账凭证

根据经济业务的内容和性质，选择适用的收款凭证、付款凭证和转账凭证；根据审核无误的原始凭证，编制相应的收款凭证、付款凭证和转账凭证。

一、编制记账凭证需注意的问题

在编制记账凭证时，需注意如下问题：

（1）对于库存现金、银行存款之间的划转业务，如以库存现金存入银行或从银行提取库存现金，只填制一张付款凭证。即在以库存现金存入银行时，只填制库存现金付款凭证；从银行提取库存现金时，只填制银行付款凭证。在过账时，根据付款凭证，同时记入"库存现金"及"银行存款"账户。

（2）记账凭证中的时间用阿拉伯数字填写，在单位数的月份和日期之前填加"0"字，以防被更改。例如，2009 年 1 月 1 日应填写为"2009 年 01 月 01 日"。

（3）为方便登记账簿，记账凭证中的"摘要"栏应简明扼要，应保证登记现金日记账、银行存款日记账、总分类账和明细分类账的摘要与记账凭证的摘要相同。

（4）应根据《企业会计准则》附录选择设置正确的总账科目和明细账科目，不得任意简化或改动，不得只写科目编号、不写科目名称。具体可参见第六章"开设登记会计账簿和编制科目余额表模块"中开设登记总分类账的注解。

（5）记账凭证应在一个月内连续编号，且分别按库存现金收入、库存现金付出、银行存款收入、银行存款付出和转账五类进行编号，记账凭证的编号应分别为：现收字第 × 号、现付字第 × 号、银收字第 × 号、银付字第 × 号、转字第 × 号，并应该在月末最后一张记账凭证的编号旁加注"全"字，以便检查是否有散失和舞弊行为。一笔经济业务需要编制多张记账凭证时，可采用"分数编号法"，如一笔业务需要填三张凭证，凭证顺序总号为第 20 号，则三张凭证可分别编为：第 $20\frac{1}{3}$ 号、第 $20\frac{2}{3}$ 号、第 $20\frac{3}{3}$ 号，其中整数部分为顺序号（或称总号），分数中分母表示该项业务有三张凭证，分子则表示三张中的第一、第二、第三张。

（6）附单据张数应当大写。如果记账凭证中附有原始凭证汇总表，应该把所附的原始凭证和原始凭证汇总表的张数一起计入附件张数之内。如果一张原始凭证涉及多张记账凭证的，可以把原始凭证附在一张主要的记账凭证后面，并在其他记账凭证上注明附有该原始凭证的记账凭证编号或者原始凭证复印件，即应在未附原始凭证的记账凭证上注明"附件在第×号记账凭证之后"，或者附原始凭证复印件，便于日后查阅。

（7）记账凭证的金额必须与原始凭证的金额相符。在填写金额数字时，阿拉伯数字书写要规范，应平行对准借贷栏次和科目栏次，防止错栏串行；金额数字要填写到分位，如果角位和分位均没有数字，则要在角、分位上写"00"字样；如果角位有数字，分位没有数字，则要在分位上写"0"字样；角、分位与元位的位置应在同一水平线上，不得上下错开。记账凭证应按行次逐项填写，不得跳行或留有空行，对记账凭证中的空行，应该划斜线或一条"s"形线注销。划线应从金额栏最后一笔金额数字下的空行划到合计数行上面的空行，要注意斜线两端都不能划到金额数字的行次上。每笔经济业务填入金额数字后，要在记账凭证的合计行填写合计金额。一笔经济业务因涉及会计科目较多，需在一张记账凭证上填写多行或填写多张记账凭证的，一般在每张记账凭证的合计行填写合计金额，并应在合计数前面填写货币符号"￥"，不是合计数，则不填写货币符号。在填列每张记账凭证"合计"金额时，应分别借方金额和贷方金额，填写包括本张记账凭证之前所列金额之和，填写最后一张记账凭证"合计"金额时，借方金额和贷方金额应当相等。

（8）记账凭证不能涂改，如发现填列错误，应及时重新填写，如果发现记账凭证有误时已经登记账簿，应按照规定更正错误。

（9）记账凭证中的"记账符号"栏，应在根据记账凭证登记账簿时划"√"予以标记，以免重复登账或漏登账。

二、编制 12 月份具体经济业务的记账凭证

1. 12 月 1 日，申请银行汇票

付 款 凭 证

贷方科目　银行存款——建设银行　　　　2009年 12 月 01 日　　　　银付　　字第　1　号

摘　　　要	借方总账科目	明细科目	记账符号	金额									
				千百	十万	千	百	十	元	角	分		
申请银行汇票	其他货币资金	银行汇票	√			1	2	0	0	0	0	0	0
合　计						￥	1	2	0	0	0	0	0	0

财务主管：郭昭麟　　　记账：王玮　　　出纳：陈斌　　　审核：田晶晶　　　制单：李静

附单据 贰 张

丙式—142　12×21厘米

2. 12月1日，申请银行本票

付 款 凭 证

贷方科目 <u>银行存款——建设银行</u>　　　2009年 12 月 01 日　　　　银付　字第 2 号

摘　　要	借方总账科目	明 细 科 目	记账符号	金　额 千 百 十 万 千 百 十 元 角 分
申请银行本票	其他货币资金	银行本票	✓	1 0 0 0 0 0 0 0
合　计				¥ 1 0 0 0 0 0 0 0

财务主管：郭昭麟　　　记账：王玮　　　出纳：陈斌　　　审核：田晶晶　　　制单：李静

丙式—142　12×21厘米

附单据 贰 张

3. 12月1日，申请采购专户并预支差旅费

（1）申请采购专户

付 款 凭 证

贷方科目 <u>银行存款——建设银行</u>　　　2009年 12 月 01 日　　　　银付　字第 3 号

摘　　要	借方总账科目	明 细 科 目	记账符号	金　额 千 百 十 万 千 百 十 元 角 分
申请采购专户	其他货币资金	外埠存款	✓	2 0 0 0 0 0 0 0
合　计				¥ 2 0 0 0 0 0 0 0

财务主管：郭昭麟　　　记账：王玮　　　出纳：陈斌　　　审核：田晶晶　　　制单：李静

丙式—142　12×21厘米

附单据 壹 张

（2）预支差旅费

付 款 凭 证

贷方科目　**库存现金**　　　　　2009年 12 月 01 日　　　　　现付　字第　1　号

摘　要	借方总账科目	明 细 科 目	记账符号	金　额
				千 百 十 万 千 百 十 元 角 分
预支差旅费	其他应收款	王芳	✓	2 0 0 0 0 0
合　计				¥ 2 0 0 0 0 0

财务主管：郭昭麟　　　记账：王玮　　　出纳：陈斌　　　审核：田晶晶　　　制单：李静

丙式—142　12×21厘米

附单据 壹 张

4. 12月1日，确认化妆品销售收入

转 账 凭 证

2009 年 12 月 01 日　　　转　字第　1　号

摘　要	总 账 科 目	明 细 科 目	✓	借方金额	✓	贷方金额
				千 百 十 万 千 百 十 元 角 分		千 百 十 万 千 百 十 元 角 分
确认化妆品销售收入	应收票据	上海贸易公司	✓	1 3 7 5 9 2 0 0 0		
	主营业务收入	销售化妆品			✓	1 1 7 6 0 0 0 0 0
	应交税费	应交增值税（销项税额）			✓	1 9 9 9 2 0 0 0
合　计				¥ 1 3 7 5 9 2 0 0 0		¥ 1 3 7 5 9 2 0 0 0

财务主管：郭昭麟　　　记账：王玮　　　出纳：陈斌　　　审核：田晶晶　　　制单：李静

丙式—143　12×21厘米

附单据 贰 张

5. 12月1日，生产领用原材料

<table>
<tr><td colspan="19" align="center">转　账　凭　证</td></tr>
<tr><td colspan="19">2009 年 12 月 01 日　　　　转　字第　2　号</td></tr>
<tr>
<td rowspan="2">摘　　要</td>
<td rowspan="2">总账科目</td>
<td rowspan="2">明细科目</td>
<td rowspan="2">✓</td>
<td colspan="7">借方金额</td>
<td rowspan="2">✓</td>
<td colspan="7">贷方金额</td>
</tr>
<tr>
<td>千</td><td>百</td><td>十</td><td>万</td><td>千</td><td>百</td><td>十</td><td>元</td><td>角</td><td>分</td>
<td>千</td><td>百</td><td>十</td><td>万</td><td>千</td><td>百</td><td>十</td><td>元</td><td>角</td><td>分</td>
</tr>
<tr>
<td>生产领用原材料</td><td>生产成本</td><td>化妆品</td><td>✓</td>
<td></td><td>2</td><td>2</td><td>6</td><td>2</td><td>5</td><td>0</td><td>0</td><td>0</td><td>0</td>
<td></td><td></td><td></td><td></td><td></td><td></td><td></td><td></td><td></td><td></td><td></td>
</tr>
<tr>
<td></td><td>原材料</td><td>A材料</td><td></td>
<td></td><td></td><td></td><td></td><td></td><td></td><td></td><td></td><td></td><td></td>
<td>✓</td><td></td><td></td><td>9</td><td>5</td><td>0</td><td>0</td><td>0</td><td>0</td><td>0</td><td>0</td>
</tr>
<tr>
<td></td><td></td><td>B材料</td><td></td>
<td></td><td></td><td></td><td></td><td></td><td></td><td></td><td></td><td></td><td></td>
<td>✓</td><td></td><td></td><td>9</td><td>0</td><td>0</td><td>0</td><td>0</td><td>0</td><td>0</td><td>0</td>
</tr>
<tr>
<td></td><td></td><td>C材料</td><td></td>
<td></td><td></td><td></td><td></td><td></td><td></td><td></td><td></td><td></td><td></td>
<td>✓</td><td></td><td></td><td>2</td><td>5</td><td>0</td><td>0</td><td>0</td><td>0</td><td>0</td><td>0</td>
</tr>
<tr>
<td></td><td></td><td>D材料</td><td></td>
<td></td><td></td><td></td><td></td><td></td><td></td><td></td><td></td><td></td><td></td>
<td>✓</td><td></td><td>1</td><td>6</td><td>2</td><td>5</td><td>0</td><td>0</td><td>0</td><td>0</td><td>0</td>
</tr>
<tr>
<td>合　计</td><td></td><td></td><td></td>
<td>¥</td><td>2</td><td>2</td><td>6</td><td>2</td><td>5</td><td>0</td><td>0</td><td>0</td><td>0</td>
<td>¥</td><td>2</td><td>2</td><td>6</td><td>2</td><td>5</td><td>0</td><td>0</td><td>0</td><td>0</td><td></td>
</tr>
<tr>
<td colspan="19">财务主管：郭昭麟　　记账：王玮　　出纳：陈斌　　审核：田晶晶　　制单：李静</td>
</tr>
</table>

6. 12月4日，到天津采购C材料

（1）确认C材料实际成本

<table>
<tr><td colspan="19" align="center">转　账　凭　证</td></tr>
<tr><td colspan="19">2009 年 12 月 04 日　　　　转　字第　3　号</td></tr>
<tr>
<td rowspan="2">摘　　要</td>
<td rowspan="2">总账科目</td>
<td rowspan="2">明细科目</td>
<td rowspan="2">✓</td>
<td colspan="7">借方金额</td>
<td rowspan="2">✓</td>
<td colspan="7">贷方金额</td>
</tr>
<tr>
<td>千</td><td>百</td><td>十</td><td>万</td><td>千</td><td>百</td><td>十</td><td>元</td><td>角</td><td>分</td>
<td>千</td><td>百</td><td>十</td><td>万</td><td>千</td><td>百</td><td>十</td><td>元</td><td>角</td><td>分</td>
</tr>
<tr>
<td>确认C材料实际成本</td><td>材料采购</td><td>C材料</td><td>✓</td>
<td></td><td></td><td>1</td><td>4</td><td>7</td><td>0</td><td>0</td><td>0</td><td>0</td><td>0</td>
<td></td><td></td><td></td><td></td><td></td><td></td><td></td><td></td><td></td><td></td><td></td>
</tr>
<tr>
<td></td><td>应交税费</td><td>应交增值税（进项税额）</td><td>✓</td>
<td></td><td></td><td></td><td>2</td><td>4</td><td>9</td><td>9</td><td>0</td><td>0</td><td>0</td>
<td></td><td></td><td></td><td></td><td></td><td></td><td></td><td></td><td></td><td></td><td></td>
</tr>
<tr>
<td></td><td>其他货币资金</td><td>外埠存款</td><td></td>
<td></td><td></td><td></td><td></td><td></td><td></td><td></td><td></td><td></td><td></td>
<td>✓</td><td></td><td>1</td><td>7</td><td>1</td><td>9</td><td>9</td><td>0</td><td>0</td><td>0</td><td>0</td>
</tr>
<tr>
<td></td><td></td><td></td><td></td>
<td></td><td></td><td></td><td></td><td></td><td></td><td></td><td></td><td></td><td></td>
<td></td><td></td><td></td><td></td><td></td><td></td><td></td><td></td><td></td><td></td><td></td>
</tr>
<tr>
<td>合　计</td><td></td><td></td><td></td>
<td>¥</td><td>1</td><td>7</td><td>1</td><td>9</td><td>9</td><td>0</td><td>0</td><td>0</td><td>0</td>
<td>¥</td><td>1</td><td>7</td><td>1</td><td>9</td><td>9</td><td>0</td><td>0</td><td>0</td><td>0</td><td></td>
</tr>
<tr>
<td colspan="19">财务主管：郭昭麟　　记账：王玮　　出纳：陈斌　　审核：田晶晶　　制单：李静</td>
</tr>
</table>

（2）确认 C 材料计划成本，同时结转材料成本差异

转 账 凭 证

2009 年 12 月 04 日　　　　　转　字第　4　号

摘　要	总账科目	明细科目	√	借方金额 千 百 十 万 千 百 十 元 角 分	√	贷方金额 千 百 十 万 千 百 十 元 角 分
确认C材料计划成本及差异	原材料	C材料	√	1 5 0 0 0 0 0 0		
	材料成本差异	C材料	√	3 0 0 0 0 0		
	材料采购	C材料			√	1 4 7 0 0 0 0 0
合　计				¥ 1 4 7 0 0 0 0 0		¥ 1 4 7 0 0 0 0 0

财务主管：郭昭麟　　记账：王玮　　出纳：陈斌　　审核：田晶晶　　制单：李静

丙式—143　12×21厘米　附单据壹张

注：记账凭证中带阴影的数字代表红字，下同。

（3）报销差旅费

转 账 凭 证

2009 年 12 月 04 日　　　　　转　字第　5　号

摘　要	总账科目	明细科目	√	借方金额 千 百 十 万 千 百 十 元 角 分	√	贷方金额 千 百 十 万 千 百 十 元 角 分
报销差旅费	管理费用	差旅费	√	1 5 0 0 0 0		
	其他应收款	王芳			√	1 5 0 0 0 0
合　计				¥ 1 5 0 0 0 0		¥ 1 5 0 0 0 0

财务主管：郭昭麟　　记账：王玮　　出纳：陈斌　　审核：田晶晶　　制单：李静

丙式—143　12×21厘米　附单据壹张

（4）收回预支差旅费余款

<table>
<tr><td colspan="11" align="center">收　款　凭　证</td></tr>
<tr>
<td colspan="2">借方科目　<u>库存现金</u></td>
<td colspan="2" align="center">2009 年 12 月　04 日</td>
<td colspan="7">现 收 字第　1　号</td>
</tr>
<tr>
<td rowspan="2" align="center">摘　要</td>
<td rowspan="2" align="center">贷方总账科目</td>
<td rowspan="2" align="center">明 细 科 目</td>
<td rowspan="2" align="center">记账符号</td>
<td colspan="7" align="center">金　额</td>
</tr>
<tr>
<td>千</td><td>百</td><td>十</td><td>万</td><td>千</td><td>百</td><td>十</td>
</tr>
<tr>
<td>收回差旅费余款</td><td>其他应收款</td><td>王芳</td><td>✓</td>
<td></td><td></td><td></td><td></td><td>5</td><td>0</td><td>0</td>
</tr>
<tr><td></td><td></td><td></td><td></td><td></td><td></td><td></td><td></td><td></td><td></td><td></td></tr>
<tr><td></td><td></td><td></td><td></td><td></td><td></td><td></td><td></td><td></td><td></td><td></td></tr>
<tr><td></td><td></td><td></td><td></td><td></td><td></td><td></td><td></td><td></td><td></td><td></td></tr>
<tr>
<td align="center">合　计</td><td></td><td></td><td></td>
<td></td><td></td><td></td><td>¥</td><td>5</td><td>0</td><td>0</td>
</tr>
</table>

金额：50000（￥500 00）　附单据零张

财务主管：郭昭麟　　记账：王玮　　出纳：陈斌　　审核：田晶晶　　制单：李静

注：附单据在转字第 5 号记账凭证之后。

丙式—141　12×21厘米

7. 12 月 5 日，采购 A 材料
（1）确认 A 材料实际成本

<table>
<tr><td colspan="14" align="center">转　账　凭　证</td></tr>
<tr>
<td colspan="3"></td>
<td colspan="7" align="center">2009 年 12 月　05 日</td>
<td colspan="4">转　字第　6　号</td>
</tr>
<tr>
<td rowspan="2" align="center">摘　要</td>
<td rowspan="2" align="center">总 账 科 目</td>
<td rowspan="2" align="center">明 细 科 目</td>
<td rowspan="2">✓</td>
<td colspan="5" align="center">借方金额</td>
<td rowspan="2">✓</td>
<td colspan="4" align="center">贷方金额</td>
</tr>
<tr>
<td>千</td><td>百</td><td>十</td><td>万</td><td>千</td>
<td>千</td><td>百</td><td>十</td><td>万</td>
</tr>
<tr>
<td>确认A材料实际成本</td><td>材料采购</td><td>A材料</td><td>✓</td>
<td></td><td>9</td><td>5</td><td>5</td><td>0</td>
<td></td><td></td><td></td><td></td><td></td>
</tr>
<tr>
<td></td><td>应交税费</td><td>应交增值税（进项税额）</td><td>✓</td>
<td></td><td>1</td><td>6</td><td>2</td><td>3</td>
<td></td><td></td><td></td><td></td><td></td>
</tr>
<tr>
<td></td><td>其他货币资金</td><td>银行汇票</td><td>✓</td>
<td></td><td></td><td></td><td></td><td></td>
<td>1</td><td>1</td><td>1</td><td>7</td>
</tr>
<tr>
<td></td><td></td><td></td><td></td>
<td></td><td></td><td></td><td></td><td></td>
<td></td><td></td><td></td><td></td>
</tr>
<tr>
<td align="center">合　计</td><td></td><td></td><td></td>
<td>¥</td><td>1</td><td>1</td><td>1</td><td>7</td>
<td>¥</td><td>1</td><td>1</td><td>1</td>
</tr>
</table>

借方：材料采购 A材料 955000 00；应交税费 应交增值税（进项税额）162350 0；其他货币资金 银行汇票 1117350 0；合计 ¥1117350 0　贷方 ¥1117350 0

附单据壹张

财务主管：郭昭麟　　记账：王玮　　出纳：陈斌　　审核：田晶晶　　制单：李静

丙式—143　12×21厘米

（2）确认 A 材料计划成本，同时结转材料成本差异

转 账 凭 证

2009 年 12 月 05 日　　　　　　　　　转 字第 7 号

摘　　要	总账科目	明细科目	√	借方金额		贷方金额	
				千 百 十 万 千 百 十 元 角 分		千 百 十 万 千 百 十 元 角 分	
确认A材料计划成本及差异	原材料	A材料	√	9 4 0 5 0 0 0			
	材料成本差异	A材料	√	1 4 5 0 0 0			
	材料采购	A材料			√	9 5 5 0 0 0 0	
合　　计				￥9 5 5 0 0 0 0		￥9 5 5 0 0 0 0	

财务主管：郭昭麟　　　　记账：王玮　　　　出纳：陈斌　　　　审核：田晶晶　　　　制单：李静

丙式—143　12×21厘米

附单据壹张

8. 12 月 8 日，收到银行汇票余款

收 款 凭 证

借方科目　银行存款——建设银行　　　2009 年 12 月 08 日　　　　银收 字第 1 号

摘　　要	贷方总账科目	明细科目	记账符号	金　　额	
				千 百 十 万 千 百 十 元 角 分	
收银行汇票余款	其他货币资金	银行汇票	√	8 2 6 5 0 0	
合　　计				￥8 2 6 5 0 0	

财务主管：郭昭麟　　　　记账：王玮　　　　出纳：陈斌　　　　审核：田晶晶　　　　制单：李静

丙式—141　12×21厘米（通）

附单据壹张

9. 12月8日，采购B材料
（1）确认B材料实际成本

转 账 凭 证

2009 年 12 月 08 日 　　　　　　　　　　　　　　 转 　 字第 8 号

丙式—143　12×21厘米

摘　　要	总账科目	明细科目	√	借方金额 千百十万千百十元角分	√	贷方金额 千百十万千百十元角分
确认B材料实际成本	材料采购	B材料	√	7 0 2 0 0 0 0		
	应交税费	应交增值税(进项税额)	√	1 1 9 3 4 0 0		
	其他应收款	丁公司	√	1 7 8 6 6 0 0		
	其他货币资金	银行本票			√	1 0 0 0 0 0 0 0 0
合　计				¥ 1 0 0 0 0 0 0 0 0		¥ 1 0 0 0 0 0 0 0 0

财务主管：郭昭麟　　　记账：王玮　　　出纳：陈斌　　　审核：田晶晶　　　制单：李静

附单据壹张

（2）确认B材料计划成本，同时结转材料成本差异

转 账 凭 证

2009 年 12 月 08 日 　　　　　　　　　　　　　　 转 　 字第 9 号

丙式—143　12×21厘米

摘　　要	总账科目	明细科目	√	借方金额 千百十万千百十元角分	√	贷方金额 千百十万千百十元角分
确认B材料计划成本及差异	原材料	B材料	√	7 2 0 0 0 0 0		
	材料成本差异	B材料	√	1 8 0 0 0 0		
	材料采购	B材料			√	7 0 2 0 0 0 0
合　计				¥ 7 0 2 0 0 0 0		¥ 7 0 2 0 0 0 0

财务主管：郭昭麟　　　记账：王玮　　　出纳：陈斌　　　审核：田晶晶　　　制单：李静

附单据壹张

10. 12月8日，确认化妆品销售收入

转　账　凭　证

2009　年　12　月　08　日　　　　　　　　　　　转　　字第　10　号

丙式—143　12×21厘米

摘　要	总账科目	明细科目	√	借方金额 千 百 十 万 千 百 十 元 角 分	√	贷方金额 千 百 十 万 千 百 十 元 角 分
确认化妆品销售收入	应收账款	北京贸易公司	√	2 6 6 7 6 0 0 0 0		
	主营业务收入	销售化妆品			√	2 2 8 0 0 0 0 0 0
	应交税费	应交增值税（销项税额）			√	3 8 7 6 0 0 0 0
合　计				￥2 6 6 7 6 0 0 0 0		￥2 6 6 7 6 0 0 0 0

附单据 壹 张

财务主管：郭昭麟　　　记账：王玮　　　出纳：陈斌　　　审核：田晶晶　　　制单：李静

11. 12月8日，汇算清缴应纳流转税税款

付　款　凭　证

贷方科目　银行存款——建设银行　　　2009年　12　月　08　日　　　银付　字第　4　号

丙式—142　12×21厘米

摘　要	借方总账科目	明细科目	记账符号	金　　额 千 百 十 万 千 百 十 元 角 分
汇缴流转税款	应交税费	应交增值税（已交税金）	√	5 9 8 2 0 0 0 0
		应交消费税	√	1 6 6 8 0 0 0 0 0
		应交城市维护建设税	√	1 5 8 6 3 4 0 0
		应交教育费附加	√	6 7 9 8 6 0 0
合　计				￥2 4 9 2 8 2 0 0 0

附单据 陆 张

财务主管：郭昭麟　　　记账：王玮　　　出纳：陈斌　　　审核：田晶晶　　　制单：李静

注：于2009年12月1日至12月15日内汇算清缴2009年11月份应纳的增值税、消费税、城市维护建设税和教育费附加。

12. 12月8日，生产领用包装物

转 账 凭 证

2009 年 12 月 08 日　　　　　　转　　字第 11 号

丙式—143　12×21厘米

摘　　要	总账科目	明细科目	✓	借 方 金 额									贷 方 金 额									附单据壹张
				千	百	十	万	千	百	十	元	角	分	千	百	十	万	千	百	十	元	角	分	
生产领用包装物	生产成本	化妆品	✓			4	7	9	3	5	0	0	0											
	周转材料	包装物(化妆品包装小盒)	✓															4	3	2	5	0	0	0	
		包装物(化妆品包装小瓶)	✓															4	3	2	5	0	0	0	
		包装物(化妆品包装大箱)	✓																3	6	0	0	0	0	
合　计				¥		4	7	9	3	5	0	0	0	¥		4	7	9	3	5	0	0	0	

财务主管：郭昭麟　　记账：王玮　　出纳：陈斌　　审核：田晶晶　　制单：李静

13. 12月9日，收回外埠采购专户余款

收 款 凭 证

借方科目　**银行存款——建设银行**　　2009 年 12 月 09 日　　银收　字第 2 号

丙式—141　12×21厘米

摘　　要	贷方总账科目	明细科目	记账符号	金 额									附单据壹张
				千	百	十	万	千	百	十	元	角	分	
收回采购专户余款	其他货币资金	外埠存款	✓			2	8	0	1	0	0	0	
合　计				¥		2	8	0	1	0	0	0	

财务主管：郭昭麟　　记账：王玮　　出纳：陈斌　　审核：田晶晶　　制单：李静

14. 12月9日，报销业务招待费

付 款 凭 证

贷方科目 库存现金 　　　　2009年 12 月 09日 　　　　现付 　字第 2 号

摘　要	借方总账科目	明细科目	记账符号	金　　额 千 百 十 万 千 百 十 元 角 分	附单据壹张
报销业务招待费	管理费用	业务招待费	✓	1 5 0 0 0 0 0	
合　计				¥ 　　　1 5 0 0 0 0 0	

财务主管：郭昭麟　　　记账：王玮　　　出纳：陈斌　　　审核：田晶晶　　　制单：李静

丙式—142　12×21厘米

15. 12月9日，支付银行承兑汇票票款

付 款 凭 证

贷方科目 银行存款——建设银行 　　2009年 12 月 09 日 　　　银付 　字第 5 号

摘　要	借方总账科目	明细科目	记账符号	金　　额 千 百 十 万 千 百 十 元 角 分	附单据壹张
付银行承兑汇票款	应付票据	丙公司	✓	1 1 7 0 0 0 0 0	
	财务费用	票据利息	✓	2 3 4 0 0 0	
合　计				¥ 　　1 1 9 3 4 0 0 0	

财务主管：郭昭麟　　　记账：王玮　　　出纳：陈斌　　　审核：田晶晶　　　制单：李静

丙式—142　12×21厘米

注：①票据利息=票据面值×票面利率÷12×票据到期月数=117 000×6%÷12×4=2 340（元）。

②票据到期价值=票据面值+票据利息=117 000+2 340=119 340（元）。

16. 12月10日，购入B材料货到单未到

所购B材料已验收入库但发票等单据未到时，暂不作账务处理。

17. 12月10日，收到商业承兑汇票票款

收 款 凭 证

| 借方科目 | 银行存款——建设银行 | 2009 年 12 月 10 日 | 银收 | | 字第 3 号 |

摘　　　要	贷方总账科目	明　细　科　目	记账符号	金　　　额 千 百 十 万 千 百 十 元 角 分
收商业承兑汇票款	应收票据	广州贸易公司	✓	2 0 0 0 0 0 0 0
	财务费用	票据利息	✓	2 0 0 0 0 0
合　计				¥ 2 0 2 0 0 0 0 0

财务主管：郭昭麟　　　记账：王玮　　　出纳：陈斌　　　审核：田晶晶　　　制单：李静

丙式—141 12×21厘米

注：①票据利息=200 000×6%÷12×2=2 000（元）。

②票据到期价值=200 000+2 000=202 000（元）。

18. 12月10日，取得交易性金融资产

转 账 凭 证

| | | 2009 年 12 月 10 日 | | | 转　字第 12 号 |

摘　　要	总　账　科　目	明　细　科　目	✓	借 方 金 额 十 百 十 万 千 百 十 元 角 分	✓	贷 方 金 额 十 百 十 万 千 百 十 元 角 分
取得交易性金融资产	交易性金融资产	股票投资（成本）	✓	1 0 5 6 3 0 0 0		
	其他货币资金	存出投资款			✓	1 0 5 6 3 0 0 0
合　计				¥ 1 0 5 6 3 0 0 0		¥ 1 0 5 6 3 0 0 0

财务主管：郭昭麟　　　记账：王玮　　　出纳：陈斌　　　审核：田晶晶　　　制单：李静

丙式—143 12×21厘米

19. 12月12日，确认运输劳务收入

收 款 凭 证

借方科目　**银行存款——建设银行**　　　2009年 12 月 12 日　　　银收　字第　4　号

摘　　要	贷方总账科目	明细科目	记账符号	金　　额
				十 百 十 万 千 百 十 元 角 分
确认运输劳务收入	其他业务收入	提供运输劳务	✓	3 0 0 0 0 0 0
合　计				¥ 3 0 0 0 0 0 0

丙式—141　12×21厘米

附单据 贰 张

财务主管：郭昭麟　　　记账：王玮　　　出纳：陈斌　　　审核：田晶晶　　　制单：李静

注：生产企业提供运输劳务，为兼营非应税劳务行为，应作为其他业务收入核算。

20. 12月12日，购买A材料
（1）确认A材料实际成本

付 款 凭 证

贷方科目　**银行存款——建设银行**　　　2009年 12 月 12 日　　　银付　字第　6　号

摘　　要	借方总账科目	明细科目	记账符号	金　　额
				十 百 十 万 千 百 十 元 角 分
确认A材料实际成本	材料采购	A材料	✓	4 7 2 7 9 0 0
	应交税费	应交增值税（进项税额）	✓	8 0 1 1 0 0
合　计				¥ 5 5 2 9 0 0 0

丙式—142　12×21厘米

附单据 叁 张

财务主管：郭昭麟　　　记账：王玮　　　出纳：陈斌　　　审核：田晶晶　　　制单：李静

注：①采购材料支付运费，准予按7%的扣除率计算进项税额，其余运费计入材料采购成本。
②运费的进项税额=（运费+建设基金）×运费扣除率=300×7%=21（元）。

（2）确认 A 材料计划成本，同时结转材料成本差异

转 账 凭 证

2009 年 12 月 12 日 　　　　　转　字第 13 号

摘　　要	总账科目	明细科目	√	借方金额									√	贷方金额								
				千	百	十	万	千	百	十	元	角	分	千	百	十	万	千	百	十	元	角	分
确认A材料计划成本及差异	原材料	A材料	√			4	7	5	0	0	0	0											
	材料成本差异	A材料	√					2	2	1	0	0											
	材料采购	A材料											√			4	7	2	7	9	0	0	
合　计					¥	4	7	2	7	9	0	0			¥	4	7	2	7	9	0	0	

财务主管：郭昭麟　　　记账：王玮　　　出纳：陈斌　　　审核：田晶晶　　　制单：李静

丙式—143　12×21厘米

21．12 月 15 日，确认化妆品销售收入

转 账 凭 证

2009 年 12 月 15 日 　　　　　转　字第 14 号

摘　　要	总账科目	明细科目	√	借方金额									√	贷方金额								
				千	百	十	万	千	百	十	元	角	分	千	百	十	万	千	百	十	元	角	分
确认化妆品销售收入	应收账款	广州贸易公司	√		1	3	7	5	9	2	0	0	0										
	主营业务收入	销售化妆品											√		1	1	7	6	0	0	0	0	0
	应交税费	应交增值税（销项税额）											√			1	9	9	9	2	0	0	0
合　计					1	3	7	5	9	2	0	0	0		1	3	7	5	9	2	0	0	0

财务主管：郭昭麟　　　记账：王玮　　　出纳：陈斌　　　审核：田晶晶　　　制单：李静

丙式—143　12×21厘米

22. 12月15日，预付货款

付 款 凭 证

贷方科目 <u>银行存款——建设银行</u>　　2009年 12 月 15 日　　　　银付 字第 7 号

丙式—142　12×21厘米

摘　　要	借方总账科目	明细科目	记账符号	金　　额（千百十万千百十元角分）
预付货款	预付账款	甲公司	✓	1 1 0 0 0 0 0
合　计				¥1 1 0 0 0 0 0

财务主管：郭昭麟　　记账：王玮　　出纳：陈斌　　审核：田晶晶　　制单：李静

附单据壹张

23. 12月15日，确认化妆品销售收入

收 款 凭 证

借方科目 <u>银行存款——建设银行</u>　2009 年 12 月 15 日　　　　银收 字第 5 号

丙式—141　12×21厘米

摘　　要	贷方总账科目	明 细 科 目	记账符号	金　　额（千百十万千百十元角分）
确认化妆品销售收入	主营业务收入	销售化妆品	✓	9 4 1 8 0 0 0 0
	应交税费	应交增值税（销项税额）	✓	1 6 0 1 0 6 0 0
合　计				¥1 1 0 1 9 0 6 0 0

财务主管：郭昭麟　　记账：王玮　　出纳：陈斌　　审核：田晶晶　　制单：李静

附单据参张

注：①销售货物同时提供运输劳务并收取运费，属于混合销售货物行为，运费收入应价税分离后并入销售额一并征收增值税。

②运费收入应纳增值税税额=运费收入÷（1+增值税税率）×增值税税率=1 170÷（1+17%）×17%=170（元）。

24. 12月16日，重组债权

（1）收到重组债权款

收 款 凭 证

借方科目 ___银行存款——建设银行___   2009 年 12 月16 日   银收   字第 6 号

摘 要	贷方总账科目	明细科目	记账符号	金 额
				千 百 十 万 千 百 十 元 角 分
收重组债权款	应收账款	广州贸易公司	✓	1 2 2 0 0 0 0 0 0 0
合 计				￥1 2 2 0 0 0 0 0 0 0

丙式—141 12×21厘米

财务主管：郭昭麟   记账：王玮   出纳：陈斌   审核：田晶晶   制单：李静

附单据壹张

（2）确认债务重组损失

转 账 凭 证

2009 年 12 月 16 日   转 字第 15 号

摘 要	总账科目	明细科目	✓	借方金额	✓	贷方金额
				千 百 十 万 千 百 十 元 角 分		千 百 十 万 千 百 十 元 角 分
确认债务重组损失	营业外支出	债务重组损失	✓	1 5 5 9 2 0 0 0		
	应收账款	广州贸易公司			✓	1 5 5 9 2 0 0 0
合 计				￥1 5 5 9 2 0 0 0		￥1 5 5 9 2 0 0 0

丙式—143 12×21厘米

财务主管：郭昭麟   记账：王玮   出纳：陈斌   审核：田晶晶   制单：李静

附单据壹张

25. 12 月 16 日，确认化妆品销售收入

转 账 凭 证

2009 年 12 月 16 日　　　　　　　　转　字第 16 号

摘　要	总 账 科 目	明 细 科 目	√	借 方 金 额 千百十万千百十元角分	√	贷 方 金 额 千百十万千百十元角分	
确认化妆品销售收入	应收账款	北京贸易公司	√	2 1 5 6 5 4 4 0 0			附单据壹张
	主营业务收入	销售化妆品			√	1 8 4 3 2 0 0 0 0	
	应交税费	应交增值税（销项税额）			√	3 1 3 3 4 4 0 0	
合　计				¥2 1 5 6 5 4 4 0 0		¥2 1 5 6 5 4 4 0 0	

财务主管：郭昭麟　　　记账：王玮　　　出纳：陈斌　　　审核：田晶晶　　　制单：李静

丙武—143　12×21厘米

26. 12 月 18 日，发放职工福利费

付 款 凭 证

贷方科目 _库存现金_ 　　　2009 年 12 月 18 日　　　现付 字第 3 　号

摘　要	借方总账科目	明 细 科 目	记账符号	金 额 千百十万千百十元角分	
发放职工福利费	应付职工薪酬	职工福利	√	5 0 0 0 0 0 0	附单据壹张
合　计				¥5 0 0 0 0 0 0	

财务主管：郭昭麟　　　记账：王玮　　　出纳：陈斌　　　审核：田晶晶　　　制单：李静

丙武—142　12×21厘米

27. 12月19日，生产领用低值易耗品
（1）生产领用低值易耗品

转 账 凭 证

2009 年 12 月 19 日   转 字第 17 号

摘 要	总账科目	明细科目	借方金额	贷方金额
领用低值易耗品	周转材料	低值易耗品（在用）	50000	
	周转材料	低值易耗品（在库）		50000
合 计			¥50000	¥50000

财务主管：郭昭麟　　　记账：王玮　　　出纳：陈斌　　　审核：田晶晶　　　制单：李静

丙式—143　12×21厘米

附单据壹张

（2）摊销低值易耗品的一半

转 账 凭 证

2009 年 12 月 19 日   转 字第 18 号

摘 要	总账科目	明细科目	借方金额	贷方金额
摊销低值易耗品	制造费用	化妆品	25000	
	周转材料	低值易耗品(摊销)		25000
合 计			¥25000	¥25000

财务主管：郭昭麟　　　记账：王玮　　　出纳：陈斌　　　审核：田晶晶　　　制单：李静

丙式—143　12×21厘米

附单据壹张

28. 12 月 22 日，以非现金资产抵偿债务

转 账 凭 证

2009 年 12 月 22 日　　　　　　　转　字第 19 号

摘　要	总账科目	明细科目	√	借方金额									√	贷方金额								
				千	百	十	万	千	百	十	元	角	分	千	百	十	万	千	百	十	元	角	分
确认抵债产品收入	应付账款	丙公司	√		2	0	6	3	8	8	0	0											
	主营业务收入	销售化妆品											√		1	7	6	4	0	0	0	0
	应交税费	应交增值税（销项税额）														2	9	9	8	8	0	0
合　计				¥	2	0	6	3	8	8	0	0		¥	2	0	6	3	8	8	0	0

财务主管：郭昭麟　　　记账：王玮　　　出纳：陈斌　　　审核：田晶晶　　　制单：李静

丙式—143　12×21厘米

附单据壹张

29. 12 月 22 日，毁损 A 材料

转 账 凭 证

2009 年 12 月 22 日　　　　　　　转　字第 20 号

摘　要	总账科目	明细科目	√	借方金额									√	贷方金额								
				千	百	十	万	千	百	十	元	角	分	千	百	十	万	千	百	十	元	角	分
毁损A材料	待处理财产损溢	待处理流动资产损溢	√			1	9	0	0	0	0	0											
	原材料	A材料											√			1	9	0	0	0	0	0
合　计					¥	1	9	0	0	0	0	0		¥	1	9	0	0	0	0	0

财务主管：郭昭麟　　　记账：王玮　　　出纳：陈斌　　　审核：田晶晶　　　制单：李静

丙式—143　12×21厘米

附单据壹张

30. 12月22日，报废运输车辆
（1）计提报废汽车折旧

转 账 凭 证

2009 年 12 月 22 日　　　　　转　字第 21 号

丙式—143　12×21厘米

摘　　要	总 账 科 目	明 细 科 目	√	借方金额 千 百 十 万 千 百 十 元 角 分	√	贷方金额 千 百 十 万 千 百 十 元 角 分
计提报废汽车折旧	管理费用	折旧费	√	1 9 7 9 0 9		
	累计折旧	运输汽车			√	1 9 7 9 0 9
合　计				¥ 1 9 7 9 0 9		¥ 1 9 7 9 0 9

财务主管：郭昭麟　　　　记账：王玮　　　　出纳：陈斌　　　　审核：田晶晶　　　　制单：李静

附单据壹张

（2）将固定资产净值转入清理

转 账 凭 证

2009 年 12 月 22 日　　　　　转　字第 22 号

丙式—143　12×21厘米

摘　　要	总 账 科 目	明 细 科 目	√	借方金额 千 百 十 万 千 百 十 元 角 分	√	贷方金额 千 百 十 万 千 百 十 元 角 分
报废汽车净值转清理	固定资产清理	运输汽车	√	2 0 4 4 8 0 9 3		
	累计折旧	运输汽车	√	4 5 5 1 9 0 7		
	固定资产	运输汽车			√	2 5 0 0 0 0 0 0
合　计				¥ 2 5 0 0 0 0 0 0		¥ 2 5 0 0 0 0 0 0

财务主管：郭昭麟　　　　记账：王玮　　　　出纳：陈斌　　　　审核：田晶晶　　　　制单：李静

附单据壹张

（3）支付清理费

付 款 凭 证

贷方科目　银行存款——建设银行　　　2009年 12 月 22 日　　　银付　字第 8 号

摘　要	借方总账科目	明细科目	记账符号	金　额 千 百 十 万 千 百 十 元 角 分	附单据贰张
支付清理费	固定资产清理	运输汽车	✓	1 2 0 0 0 0	
合　计				¥1 2 0 0 0 0	

财务主管：郭昭麟　　　记账：王玮　　　出纳：陈斌　　　审核：田晶晶　　　制单：李静

丙式—142　12×21厘米

（4）收到残值收入

收 款 凭 证

借方科目　银行存款——建设银行　　　2009 年 12 月 22 日　　　银收 字第 7 号

摘　要	贷方总账科目	明细科目	记账符号	金　额 千 百 十 万 千 百 十 元 角 分	附单据贰张
收残值收入	固定资产清理	运输汽车	✓	8 4 1 0 0 6	
合　计				¥8 4 1 0 0 6	

财务主管：郭昭麟　　　记账：王玮　　　出纳：陈斌　　　审核：田晶晶　　　制单：李静

丙式—141　12×21厘米

31. 12月24日，发生销售折让并收到货款

（1）折让冲减销售收入

转 账 凭 证

2009 年 12 月 24 日　　　　　　　　转　　字第 23 号

摘　要	总账科目	明细科目	✓	借方金额									贷方金额								
				千	百	十	万	千	百	十	元	角	分	千	百	十	万	千	百	十	元	角	分
折让冲减销售收入	应收账款	北京贸易公司	✓			1	3	4	7	8	4	0											
	主营业务收入	销售化妆品	✓										✓		1	1	5	2	0	0	0
	应交税费	应交增值税(销项税额)										✓					1	9	5	8	4	0
合　计				¥		1	3	4	7	8	4	0		¥		1	3	4	7	8	4	0

财务主管：郭昭麟　　　记账：王玮　　　出纳：陈斌　　　审核：田晶晶　　　制单：李静

丙式—143　12×21厘米

附单据贰张

（2）收到货款

收 款 凭 证

借方科目 银行存款——建设银行　　2009 年 12 月 24 日　　银收　字第 8 号

摘　要	贷方总账科目	明细科目	记账符号	金　额							
				千	百	十	万	千	百	十	元	角	分
收到货款	应收账款	北京贸易公司	✓	2	1	4	3	0	6	5	6	0
合　计				¥	2	1	4	3	0	6	5	6	0

财务主管：郭昭麟　　　记账：王玮　　　出纳：陈斌　　　审核：田晶晶　　　制单：李静

丙式—141　12×21厘米

附单据壹张

32. 12月24日，购买C材料

（1）确认C材料实际成本

转 账 凭 证

2009 年 12 月 24 日　　　　　　转　字第 24 号

摘　要	总账科目	明细科目	√	借方金额 千百十万千百十元角分	√	贷方金额 千百十万千百十元角分
确认C材料实际成本	材料采购	C材料	√	4 9 5 0 0 0 0 0		
	应交税费	应交增值税（进项税额）	√	8 4 1 5 0 0		
	预付账款	乙公司			√	5 7 9 1 5 0 0
合　计				¥ 5 7 9 1 5 0 0		¥ 5 7 9 1 5 0 0

财务主管：郭昭麟　　　记账：王玮　　　出纳：陈斌　　　审核：田晶晶　　　制单：李静

丙式—143　12×21厘米

（2）确认C材料计划成本，同时结转材料成本差异

转 账 凭 证

2009 年 12 月 24 日　　　　　　转　字第 25 号

摘　要	总账科目	明细科目	√	借方金额 千百十万千百十元角分	√	贷方金额 千百十万千百十元角分
确认C材料计划成本及差异	原材料	C材料	√	5 0 0 0 0 0 0		
	材料成本差异	C材料	√	5 0 0 0 0		
	材料采购	C材料			√	4 9 5 0 0 0 0
合　计				¥ 4 9 5 0 0 0 0		¥ 4 9 5 0 0 0 0

财务主管：郭昭麟　　　记账：王玮　　　出纳：陈斌　　　审核：田晶晶　　　制单：李静

丙式—143　12×21厘米

33. 12月25日，购买D材料
（1）确认D材料实际成本

转 账 凭 证

2009 年 12 月 25 日　　　　　　转　字第 26 号

摘　　要	总账科目	明细科目	√	借方金额 千百十万千百十元角分	√	贷方金额 千百十万千百十元角分
确认D材料实际成本	材料采购	D材料	√	1 5 1 5 0 0 0		
	应交税费	应交增值税（进项税额）	√	2 5 7 5 5 0		
	预付账款	甲公司			√	1 7 7 2 5 5 0
合　计				¥1 7 7 2 5 5 0		¥1 7 7 2 5 5 0

财务主管：郭昭麟　　　记账：王玮　　　出纳：陈斌　　　审核：田晶晶　　　制单：李静

附单据壹张

（2）确认D材料计划成本，并结转材料成本差异

转 账 凭 证

2009 年 12 月 25 日　　　　　　转　字第 27 号

摘　　要	总账科目	明细科目	√	借方金额 千百十万千百十元角分	√	贷方金额 千百十万千百十元角分
确认D材料计划成本及差异	原材料	D材料	√	1 5 0 0 0 0 0		
	材料成本差异	D材料	√	1 5 0 0 0		
	材料采购	D材料			√	1 5 1 5 0 0 0
合　计				¥1 5 1 5 0 0 0		¥1 5 1 5 0 0 0

财务主管：郭昭麟　　　记账：王玮　　　出纳：陈斌　　　审核：田晶晶　　　制单：李静

34．12月26日，办理票据贴现

（1）取得贴现所得款项

收 款 凭 证

借方科目　银行存款——建设银行　　　2009年 12 月26 日　　　银收 字第 9 号

摘　　要	贷方总账科目	明 细 科 目	记账符号	金　　　额 千 百 十 万 千 百 十 元 角 分
取得贴现所得款项	应收票据	上海贸易公司	✓	9 9 8 0 7 0 0
合　计				¥9 9 8 0 7 0 0

丙武—141　12×21厘米

财务主管：郭昭麟　　　记账：王玮　　　出纳：陈斌　　　审核：田晶晶　　　制单：李静

附单据壹张

（2）确认票据利息及贴现息

转 账 凭 证

2009 年 12 月 26 日　　　转 字第 28 号

摘　　要	总 账 科 目	明 细 科 目	✓	借 方 金 额 千 百 十 万 千 百 十 元 角 分	贷 方 金 额 千 百 十 万 千 百 十 元 角 分
确认票据利息及贴现息	财务费用	票据利息	✓	1 9 3 0 0	
	应收票据	上海贸易公司			✓　1 9 3 0 0
合　计				¥1 9 3 0 0	¥1 9 3 0 0

丙武—143　12×21厘米

财务主管：郭昭麟　　　记账：王玮　　　出纳：陈斌　　　审核：田晶晶　　　制单：李静

附单据零张

注：①该银行承兑票据的到期日为2010年3月19日。

②票据利息=票据面值×票据面月利率×票据到期月数=100 000×4%÷12×6=2 000（元）。

③票据到期价值=票据面值+票据利息=100 000+2 000=102 000（元）。

④贴现天数=贴现日至到期日实际经历天数+因非同一票据交换区域附加天数−1=6+31+28+19+3−1=86（天）。

⑤贴现息=票据到期价值×贴现率÷360×贴现天数=102 000×9%÷360×86=2 193（元）。

⑥贴现所得金额=票据到期价值−贴现息=102 000−2 193=99 807（元）。

⑦计入财务费用的金额=贴现息−票据利息=2 193−2 000=193（元）。

⑧附单据在银收字第9号记账凭证之后。

35. 12月26日，发生销售退回

转 账 凭 证

2009 年 12 月 26 日　　　　　　　　　转　　字第 29 号

摘要	总账科目	明细科目	借方金额	贷方金额
			千 百 十万 千 百 十 元 角 分	千 百 十万 千 百 十 元 角 分
冲减退回化妆品销售收入	应收账款	广州贸易公司	2 7 5 1 8 4 0 0	
	主营业务收入	销售化妆品		2 3 5 2 0 0 0 0
	应交税费	应交增值税（销项税额）		3 9 9 8 4 0 0
合 计			¥ 2 7 5 1 8 4 0 0	¥ 2 7 5 1 8 4 0 0

附单据 贰 张

丙式—143　12×21厘米

财务主管：郭昭麟　　　记账：王玮　　　出纳：陈斌　　　审核：田晶晶　　　制单：李静

36. 12月26日，确认保险赔款并结算处置损益

（1）确认保险赔款

转 账 凭 证

2009 年 12 月 26 日　　　　　　　　　转　　字第 30 号

摘要	总账科目	明细科目	借方金额	贷方金额
			千 百 十万 千 百 十 元 角 分	千 百 十万 千 百 十 元 角 分
确认保险赔款	其他应收款	平安保险公司	1 8 0 0 0 0 0 0	
	固定资产清理	运输汽车		1 8 0 0 0 0 0 0
合 计			¥ 1 8 0 0 0 0 0 0	¥ 1 8 0 0 0 0 0 0

附单据 壹 张

丙式—143　12×21厘米

财务主管：郭昭麟　　　记账：王玮　　　出纳：陈斌　　　审核：田晶晶　　　制单：李静

（2）确认报废汽车处置损失

转 账 凭 证

2009 年 12 月 26 日　　　　　　　转　字第　31　号

丙式—143　12×21厘米

摘　要	总账科目	明细科目	√	借方金额 千 百 十 万 千 百 十 元 角 分	√	贷方金额 千 百 十 万 千 百 十 元 角 分
确认报废汽车损失	营业外支出	非流动资产处置损失	√	1 7 2 7 0 8 7		
	固定资产清理	运输汽车			√	1 7 2 7 0 8 7
合　计				¥1 7 2 7 0 8 7		¥1 7 2 7 0 8 7

附单据零张

财务主管：郭昭麟　　　记账：王玮　　　出纳：陈斌　　　审核：田晶晶　　　制单：李静

37. 12 月 30 日，收到货款
（1）确认广州贸易公司享有现金折扣

转 账 凭 证

2009 年 12 月 30 日　　　　　　　转　字第　32　号

丙式—143　12×21厘米

摘　要	总账科目	明细科目	√	借方金额 千 百 十 万 千 百 十 元 角 分	√	贷方金额 千 百 十 万 千 百 十 元 角 分
确认买方享有现金折扣	财务费用	现金折扣	√	9 4 0 8 0 0		
	应收账款	广州贸易公司			√	9 4 0 8 0 0
合　计				¥　9 4 0 8 0 0		¥　9 4 0 8 0 0

附单据零张

财务主管：郭昭麟　　　记账：王玮　　　出纳：陈斌　　　审核：田晶晶　　　制单：李静

注：①买方享有的现金折扣=不含税的应收账款×现金折扣比例=（原不含税的应收账款−销售退回的不含税应收账款）×现金折扣比例=（1 176 000−235 200）×1%=9 408（元）。

②收到的货款=原应收账款−销售退回的应收账款−买方享有的现金折扣=1 375 920−275 184−9 408=1 091 328（元）。

③附单据在银收字第 10 号记账凭证之后。

（2）收到货款

收 款 凭 证

借方科目 <u>银行存款——建设银行</u>　　　2009年 12 月 30 日　　　银收　字第 10 号

丙式—141 12×21厘米

摘　　要	贷方总账科目	明　细　科　目	记账符号	金　额 千 百 十 万 千 百 十 元 角 分	附单据壹张
收到货款	应收账款	广州贸易公司	✓	1 0 9 1 3 2 8 0 0	
合　计				¥ 1 0 9 1 3 2 8 0 0	

财务主管：郭昭麟　　　记账：王玮　　　出纳：陈斌　　　审核：田晶晶　　　制单：李静

38．12月30日，支付工会经费

付 款 凭 证

贷方科目 <u>银行存款——建设银行</u>　　　2009年 12 月 30 日　　　银付　字第 9 号

丙式—142 12×21厘米

摘　　要	借方总账科目	明　细　科　目	记账符号	金　额 千 百 十 万 千 百 十 元 角 分	附单据贰张
支付工会经费	应付职工薪酬	工会经费	✓	5 0 0 0 0 0 0	
合　计				¥ 5 0 0 0 0 0 0	

财务主管：郭昭麟　　　记账：王玮　　　出纳：陈斌　　　审核：田晶晶　　　制单：李静

39. 12月30日，进行非货币性资产交换

转 账 凭 证

2009 年 12 月 30 日　　　　转　字第 33 号

摘　要	总账科目	明细科目	√	借方金额 千百十万千百十元角分	√	贷方金额 千百十万千百十元角分
非货币性资产交换	固定资产	运输汽车	√	2 7 5 1 8 4 0 0		
	主营业务收入	销售化妆品			√	2 3 5 2 0 0 0 0
	应交税费	应交增值税（销项税额）			√	3 9 9 8 4 0 0
合　计				￥2 7 5 1 8 4 0 0		￥2 7 5 1 8 4 0 0

财务主管：郭昭麟　　记账：王玮　　出纳：陈斌　　审核：田晶晶　　制单：李静

附单据壹张

丙式—143 12×21厘米

注：换入资产的入账价值=换出资产公允价值+相关税费=2 352×100+2 352×100×17%=275 184（元）。

40. 12月30日，支付罚款

付 款 凭 证

贷方科目　银行存款 ——建设银行　　2009年 12 月 30 日　　银付　字第 10 号

摘　要	借方总账科目	明细科目	记账符号	金　额 千百十万千百十元角分
支付罚款	营业外支出	罚款支出	√	2 0 0 0 0 0 0 0
合　计				￥2 0 0 0 0 0 0 0

财务主管：郭昭麟　　记账：王玮　　出纳：陈斌　　审核：田晶晶　　制单：李静

附单据贰张

丙式—142 12×21厘米

41. 12月30日，用化妆品作职工福利

转 账 凭 证

2009 年 12 月 30 日   转   字第 34 号

摘 要	总账科目	明细科目	√	借方金额 千 百 十 万 千 百 十 元 角 分	√	贷方金额 千 百 十 万 千 百 十 元 角 分
用化妆品作职工福利	应付职工薪酬	职工福利	√	1 3 7 5 9 2 0 0		
	主营业务收入	销售化妆品			√	1 1 7 6 0 0 0 0
	应交税费	应交增值税（销项税额）			√	1 9 9 9 2 0 0
合 计				￥ 1 3 7 5 9 2 0 0		￥ 1 3 7 5 9 2 0 0

财务主管：郭昭麟   记账：王玮   出纳：陈斌   审核：田晶晶   制单：李静

丙式一143 12×21厘米

附单据壹张

42. 12月30日，报销进修所需教育经费

付 款 凭 证

贷方科目 库存现金   2009年 12 月 30 日   现付   字第 4 号

摘 要	借方总账科目	明细科目	记账符号	金 额 千 百 十 万 千 百 十 元 角 分
报销职工教育经费	应付职工薪酬	职工教育经费	√	3 5 0 0 0 0 0
合 计				￥ 3 5 0 0 0 0 0

财务主管：郭昭麟   记账：王玮   出纳：陈斌   审核：田晶晶   制单：李静

丙式一142 12×21厘米

附单据壹张

43. 12 月 31 日，计提固定资产折旧

转 账 凭 证

2009 年 12 月 31 日　　　　　　　　　转　字第　35　1/2号

摘　要	总账科目	明细科目	√	借方金额									√	贷方金额									附
				千	百	十	万	千	百	十	元	角	分		千	百	十	万	千	百	十	元	角	分	单
计提固定资产折旧	制造费用	化妆品	√			8	7	0	8	4	6	0													据
	管理费用	折旧费	√			3	9	6	6	4	7	9													零
	累计折旧	生产车间厂房											√			3	9	5	8	6	5	0		张
		生产车间生产线											√			4	7	4	9	8	1	0	
		办公楼											√			2	7	7	1	0	5	5	
合　计				¥	1	2	6	7	4	9	3	9		¥	1	1	4	7	9	5	1	5	

财务主管：郭昭麟　　　记账：王玮　　　出纳：陈斌　　　审核：田晶晶　　　制单：李静

丙式—143　12×21厘米

转 账 凭 证

2009 年 12 月 31 日　　　　　　　　　转　字第　35　2/2号

摘　要	总账科目	明细科目	√	借方金额									√	贷方金额									附
				千	百	十	万	千	百	十	元	角	分		千	百	十	万	千	百	十	元	角	分	单
计提固定资产折旧	累计折旧	仓库											√			3	9	5	8	6	5		据
		运输汽车											√			1	9	7	9	0	9		壹
		小轿车											√			4	7	4	9	8	1	
		电脑											√			1	2	6	6	6	9		张
合　计				¥	1	2	6	7	4	9	3	9		¥	1	2	6	7	4	9	3	9	

财务主管：郭昭麟　　　记账：王玮　　　出纳：陈斌　　　审核：田晶晶　　　制单：李静

丙式—143　12×21厘米

44. 12月31日，摊销无形资产

转 账 凭 证

2009 年 12 月 31 日　　　　　　转　字第 36 号

摘　要	总账科目	明细科目	√	借方金额	√	贷方金额
				千百十万千百十元角分		千百十万千百十元角分
摊销无形资产	制造费用	化妆品	√	1 6 6 6 6 0 0		
	管理费用	无形资产摊销	√	7 0 8 4		
	累计摊销	专利权			√	1 6 6 6 6 0 0
		化妆品注册商标1			√	2 9 1 7
		化妆品注册商标2			√	4 1 6 7
合　计				¥1 6 7 3 6 8 4		¥1 6 7 3 6 8 4

财务主管：郭昭麟　　记账：王玮　　出纳：陈斌　　审核：田晶晶　　制单：李静

附单据壹张

丙式—143　12×21厘米

45. 12月31日，核算职工薪酬、发放工资并代缴职工社会保险费等

（1）核算职工薪酬

转 账 凭 证

2009 年 12 月 31 日　　　　　　转　字第 37 1/3 号

摘　要	总账科目	明细科目	√	借方金额	√	贷方金额
				千百十万千百十元角分		千百十万千百十元角分
核算职工薪酬	生产成本	化妆品	√	4 6 8 1 6 0 0 0		
	制造费用	化妆品	√	5 2 6 6 8 0 0		
	销售费用	职工薪酬	√	1 1 4 1 1 4 0 0		
	管理费用	职工薪酬	√	3 6 5 7 5 0 0 0		
	应付职工薪酬	工资			√	6 8 4 0 0 0 0 0
合　计				¥1 0 0 0 6 9 2 0 0		¥6 8 4 0 0 0 0 0

财务主管：郭昭麟　　记账：王玮　　出纳：陈斌　　审核：田晶晶　　制单：李静

附单据零张

丙式—143　12×21厘米

转 账 凭 证

2009 年 12 月 31 日　　　　　转　字第37　2/3 号

丙式—143　12×21厘米

摘　要	总 账 科 目	明 细 科 目	✓	借 方 金 额	✓	贷 方 金 额
核算职工薪酬	应付职工薪酬	职工福利			✓	6 8 4 0 0 0 0
		社会保险费（养老保险费）			✓	6 8 4 0 0 0 0
		社会保险费（医疗保险费）			✓	4 1 0 4 0 0 0
		社会保险费（失业保险费）			✓	1 3 6 8 0 0 0
		社会保险费（生育保险费）			✓	6 8 4 0 0 0
合　计				¥1 0 0 0 6 9 2 0 0		¥8 8 2 3 6 0 0 0

附单据零张

财务主管：郭昭麟　　记账：王玮　　出纳：陈斌　　审核：田晶晶　　制单：李静

转 账 凭 证

2009 年 12 月 31 日　　　　　转　字第37　3/3 号

丙式—143　12×21厘米

摘　要	总 账 科 目	明 细 科 目	✓	借 方 金 额	✓	贷 方 金 额
核算职工薪酬	应付职工薪酬	社会保险费（工伤保险费）			✓	5 4 7 2 0 0
		住房公积金			✓	8 2 0 8 0 0 0
		工会经费			✓	1 3 6 8 0 0
		职工教育经费			✓	1 7 1 0 0 0
合　计				¥1 0 0 0 6 9 2 0 0		¥1 0 0 0 6 9 2 0 0

附单据壹张

财务主管：郭昭麟　　记账：王玮　　出纳：陈斌　　审核：田晶晶　　制单：李静

注：①"五险一金"，具体包括"养老保险、医疗保险、失业保险、生育保险和工伤保险"五险和"住房公积金"一金，是按照个人全年平均工资计算的。

②"五险"方面，单位和个人的承担比例一般是：养老保险单位承担20%（新的参统单位即各类企业、单位缴费费率确定为10%），个人承担8%；医疗保险单位承担6%，个人2%；失业保险单位承担2%，个人1%；生育保险1%全由单位承担，职工个人不承担生育保险；工伤保险0.8%全由单位承担，职工个人不承担工伤保险。

③"住房公积金"方面，国家规定住房公积金不低于工资的10%，效益好的单位可以高些，职工和单位各承担50%。

（2）代扣职工社会保险费、住房公积金和个人所得税

转 账 凭 证

2009 年 12 月 31 日　　　　转　字第 38 1/2 号

摘　要	总账科目	明细科目	✓	借方金额	贷方金额
代扣职工社会保险费等	应付职工薪酬	工资	✓	186810 00	
	应交税费	应交个人所得税	✓		2949 00
	其他应付款	社会保险费（养老保险费）	✓		54720 00
		社会保险费（医疗保险费）	✓		13680 00
		社会保险费（失业保险费）	✓		6840 00
合　计				¥186810 00	¥104730 00

丙式—143　12×21厘米

附单据零张

财务主管：郭昭麟　　记账：王玮　　出纳：陈斌　　审核：田晶晶　　制单：李静

转 账 凭 证

2009 年 12 月 31 日　　　　转　字第 38 2/2 号

摘　要	总账科目	明细科目	✓	借方金额	贷方金额
代扣职工社会保险费等	其他应付款	住房公积金	✓		82080 00
合　计				¥186810 00	¥186810 00

丙式—143　12×21厘米

附单据肆张

财务主管：郭昭麟　　记账：王玮　　出纳：陈斌　　审核：田晶晶　　制单：李静

（3）发放工资并代缴职工社会保险费、住房公积金和个人所得税

付 款 凭 证

货方科目　银行存款——建设银行　　　2009年 12 月 31 日　　　银付　字第 11　1/3 号

摘　要	借方总账科目	明　细　科　目	记账符号	千	百	十	万	千	百	十	元	角	分
发放工资并代缴社会保险费等	应付职工薪酬	工资	✓			4	9	7	1	9	0	0	0
		社会保险费（养老保险费）	✓				6	8	4	0	0	0	0
		社会保险费（医疗保险费）	✓				4	1	0	4	0	0	0
		社会保险费（失业保险费）	✓				1	3	6	8	0	0	0
		社会保险费（生育保险费）	✓					6	8	4	0	0	0
合　计				¥		6	2	7	1	5	0	0	0

财务主管：郭昭麟　　　记账：王玮　　　出纳：陈斌　　　审核：田晶晶　　　制单：李静

丙式—142　12×21厘米

附单据零张

付 款 凭 证

货方科目　银行存款——建设银行　　　2009年 12 月 31 日　　　银付　字第 11　2/3 号

摘　要	借方总账科目	明　细　科　目	记账符号	千	百	十	万	千	百	十	元	角	分
发放工资并代缴社会保险费等	应付职工薪酬	社会保险费（工伤保险费）	✓					5	4	7	2	0	0
		住房公积金	✓				8	2	0	8	0	0	0
	应交税费	应交个人所得税	✓				2	9	4	9	0	0	0
	其他应付款	社会保险费（养老保险费）	✓					5	4	7	2	0	0
		社会保险费（医疗保险费）	✓					1	3	6	8	0	0
合　计				¥		8	1	2	5	9	2	0	0

财务主管：郭昭麟　　　记账：王玮　　　出纳：陈斌　　　审核：田晶晶　　　制单：李静

丙式—142　12×21厘米

附单据零张

付 款 凭 证

贷方科目 银行存款——建设银行　　　2009年 12 月 31 日　　　银付　字第 11　　3/3 号

丙式—142　12×21厘米

摘　要	借方总账科目	明 细 科 目	记账符号	金　额 千 百 十 万 千 百 十 元 角 分
发放工资并代缴社会保险费等	其他应付款	社会保险费（失业保险费）	✓	6 8 4 0 0 0
		住房公积金	✓	8 2 0 8 0 0 0
合　计				¥ 9 0 1 5 1 2 0 0

附单据 肆 张

财务主管：郭昭麟　　　记账：王玮　　　出纳：陈斌　　　审核：田晶晶　　　制单：李静

46. 12月31日，交易性金融资产到期收回本息
（1）核算债券利息

转 账 凭 证

2009 年 12 月 31 日　　　　转　字第 39 号

丙式—143　12×21厘米

摘　要	总账科目	明 细 科 目	✓	借方金额 千 百 十 万 千 百 十 元 角 分	✓	贷方金额 千 百 十 万 千 百 十 元 角 分
核算债券利息	应收利息	乙公司	✓	9 0 0 0 0 0		
	投资收益	债券利息			✓	9 0 0 0 0 0
合　计				¥ 9 0 0 0 0 0		¥ 9 0 0 0 0 0

附单据 壹 张

财务主管：郭昭麟　　　记账：王玮　　　出纳：陈斌　　　审核：田晶晶　　　制单：李静

（2）收到债券本息

收 款 凭 证

借方科目 银行存款——建设银行 2009 年 12 月 31 日 银收 字第 11 号

丙式—141 12×21厘米

摘 要	贷方总账科目	明 细 科 目	记账符号	金 额
				千 百 十 万 千 百 十 元 角 分
收债券本息	应收利息	乙公司	✓	9 0 0 0 0 0
	交易性金融资产	债券投资（成本）	✓	3 0 0 0 0 0 0 0
合 计				¥ 3 0 9 0 0 0 0 0

财务主管：郭昭麟　　　记账：王玮　　　出纳：陈斌　　　审核：田晶晶　　　制单：李静

附单据壹张

47. 12月31日，确认公允价值变动

转 账 凭 证

2009 年 12 月 31 日 转 字第 40 号

丙式—143 12×21厘米

摘 要	总 账 科 目	明 细 科 目	✓	借 方 金 额	✓	贷 方 金 额
				千 百 十 万 千 百 十 元 角 分		千 百 十 万 千 百 十 元 角 分
确认公允价值变动	交易性金融资产	股票投资（公允价值变动）	✓	2 5 0 0 0 0 0		
	公允价值变动损益	交易性金融资产			✓	2 5 0 0 0 0 0
合 计				¥ 2 5 0 0 0 0 0		¥ 2 5 0 0 0 0 0

财务主管：郭昭麟　　　记账：王玮　　　出纳：陈斌　　　审核：田晶晶　　　制单：李静

附单据壹张

145

48. 12 月 31 日，计提票据利息

转 账 凭 证

2009 年 12 月 31 日 转 字第 41 号

摘 要	总账科目	明细科目	√	借方金额		贷方金额		√
				千百十万千百十元角分		千百十万千百十元角分		
计提票据利息	应收票据	上海贸易公司	√	6 8 7 9 6 0				
	财务费用	票据利息				6 8 7 9 6 0		√
合 计				¥ 6 8 7 9 6 0		¥ 6 8 7 9 6 0		

财务主管：郭昭麟 记账：王玮 出纳：陈斌 审核：田晶晶 制单：李静

丙式—143 12×21厘米

附单据壹张

49. 12 月 31 日，计提坏账准备

转 账 凭 证

2009 年 12 月 31 日 转 字第 42 号

摘 要	总账科目	明细科目	√	借方金额		贷方金额		√
				千百十万千百十元角分		千百十万千百十元角分		
计提坏账准备	资产减值损失	坏账损失	√	3 3 1 8 7 0 4				
	坏账准备	北京贸易公司				4 0 4 3 5 2 0		√
		上海贸易公司				7 2 4 8 1 6		√
合 计				¥ 3 3 1 8 7 0 4		¥ 3 3 1 8 7 0 4		

财务主管：郭昭麟 记账：王玮 出纳：陈斌 审核：田晶晶 制单：李静

丙式—143 12×21厘米

附单据壹张

50. 12 月 31 日，货到单未到，月末暂估入账

转　账　凭　证

2009 年 12 月 31 日　　　　转　字第 43 号

丙式—143　12×21厘米

摘要	总账科目	明细科目	✓	借方金额（千百十万千百十元角分）	✓	贷方金额（千百十万千百十元角分）
月末暂估B材料计划成本	原材料	B材料	✓	540000		
	应付账款	暂估应付账款			✓	540000
合计				¥540000		¥540000

附单据壹张

财务主管：郭昭麟　　记账：王玮　　出纳：陈斌　　审核：田晶晶　　制单：李静

注：①所购 B 材料已验收入库，但发票等单据至月末仍未到达时应暂估入账，待次月初再红字冲回。

②附单据为第 16 笔业务材料验收入库单。

51. 12 月 31 日，分摊材料成本差异

转　账　凭　证

2009 年 12 月 31 日　　　　转　字第 44 号

丙式—143　12×21厘米

摘要	总账科目	明细科目	✓	借方金额（千百十万千百十元角分）	✓	贷方金额（千百十万千百十元角分）
分摊材料成本差异	生产成本	化妆品	✓	1004000		
	材料成本差异	A材料			✓	769500
		B材料			✓	666000
		C材料			✓	360000
		D材料			✓	71500
合计				¥1004000		¥1004000

附单据壹张

财务主管：郭昭麟　　记账：王玮　　出纳：陈斌　　审核：田晶晶　　制单：李静

注：①本期材料成本差异率 =（期初结存材料的成本差异 + 本期验收入库材料的成本差异）÷（期初结存材料的计划成本 + 本期验收入库材料的计划成本）× 100%。

②发出材料应负担的成本差异 = 发出材料的计划成本×本期材料成本差异率。

③结存材料应负担的成本差异 = 期初结存材料的成本差异＋本期验收入库材料的成本差异–发出材料应负担的成本差异。

52. 12 月 31 日，处理待处理财产损溢

（1）毁损 A 材料分摊材料成本差异

转 账 凭 证

2009 年 12 月 31 日 转 字第 45 号

摘 要	总账科目	明细科目	✓	借方金额	贷方金额	
				千百十万千百十元角分	千百十万千百十元角分	附单据零张
毁损A材料分摊成本差异	待处理财产损溢	待处理流动资产损溢	✓	1 5 3 9 0		
	材料成本差异	A材料	✓		1 5 3 9 0	
合 计				¥1 5 3 9 0	¥1 5 3 9 0	

财务主管：郭昭麟　　记账：王玮　　出纳：陈斌　　审核：田晶晶　　制单：李静

丙式—143　12×21厘米

注：附单据在转字第 44 号记账凭证之后。

（2）处理毁损 A 材料的损益

转 账 凭 证

2009 年 12 月 31 日 转字第 46 号

摘 要	总账科目	明细科目	✓	借方金额	贷方金额	
				千百十万千百十元角分	千百十万千百十元角分	附单据零张
确认毁损A材料损失	其他应收款	王芳	✓	2 0 0 0 0 0 0 0		
	管理费用	盘亏损失	✓	2 4 1 0 0 6		
	待处理财产损溢	待处理流动资产损溢	✓		1 9 1 5 3 9 0	
	应交税费	应交增值税（进项税额转出）	✓		3 2 5 6 1 6	
合 计				¥2 2 4 1 0 0 6	¥2 2 4 1 0 0 6	

财务主管：郭昭麟　　记账：王玮　　出纳：陈斌　　审核：田晶晶　　制单：李静

丙式—143　12×21厘米

注：①进项税额转出=（毁损 A 材料计划成本+毁损 A 材料分摊的材料成本差异）×增值税税率=（19 000+153.9）×17%=3 256.16（元）。

②毁损 A 材料损失=毁损 A 材料计划成本+ 毁损 A 材料分摊的材料成本差异+进项税额转出–责任人赔款=（19 000+153.9+3 256.16）–20 000=2 410.06（元）。

（3）收到赔偿款

收　款　凭　证

借方科目　库存现金　　　　　　　　　　2009 年 12 月 31 日　　　　　　现收　字第 2 号

摘　　要	贷方总账科目	明 细 科 目	记账符号	金　　额
				千 百 十 万 千 百 十 元 角 分
收到赔偿款	其他应收款	王芳	✓	2 0 0 0 0 0 0
合　计				¥ 2 0 0 0 0 0 0

财务主管：郭昭麟　　　记账：王玮　　　出纳：陈斌　　　审核：田晶晶　　　制单：李静

丙式—141　12×21厘米

53. 12 月 31 日，更正记账凭证错误
（1）注销错误记账凭证

转　账　凭　证

2009 年 12 月 31 日　　　　　　转　字第 47 号

摘　　要	总账科目	明 细 科 目	✓	借 方 金 额	贷 方 金 额
				千 百 十 万 千 百 十 元 角 分	千 百 十 万 千 百 十 元 角 分
注销12月30日转字34号凭证	应付职工薪酬	职工福利	✓	1 3 7 5 9 2 0 0	
	主营业务收入	销售化妆品	✓		1 1 7 6 0 0 0 0
	应交税费	应交增值税（销项税额）	✓		1 9 9 9 2 0 0
合　　计				¥ 1 3 7 5 9 2 0 0	¥ 1 3 7 5 9 2 0 0

财务主管：郭昭麟　　　记账：王玮　　　出纳：陈斌　　　审核：田晶晶　　　制单：李静

丙式—143　12×21厘米

注：①企业以其自产产品作为非货币性福利发放给职工的，应当根据受益对象，按照该产品的公允价值，计入相关资产成本或当期损益，同时确认应付职工薪酬。

②将自产产品用于职工福利，应记入"应付职工薪酬——非货币性福利"科目，并确认收入结转成本，而不能直接冲减"应付职工薪酬——职工福利"科目。

（2）更正记账凭证

①核算非货币性福利并计入相关资产成本和当期损益

转 账 凭 证

2009 年 12 月 31 日 　　转 字第 48 号

摘　要	总账科目	明细科目	√	借方金额 千百十万千百十元角分	√	贷方金额 千百十万千百十元角分
订正12月30日转字34号凭证	生产成本	化妆品	√	4 1 2 7 7 6 0		
	制造费用	化妆品	√	1 3 7 5 9 2 0		
	销售费用	职工薪酬	√	2 7 5 1 8 4 0		
	管理费用	职工薪酬	√	5 5 0 3 6 8 0		
	应付职工薪酬	非货币性福利			√	1 3 7 5 9 2 0 0
合　计				¥1 3 7 5 9 2 0 0		¥1 3 7 5 9 2 0 0

财务主管：郭昭麟　　记账：王玮　　出纳：陈斌　　审核：田晶晶　　制单：李静

内式—143　12×21厘米

附单据壹张

②确认非货币性福利化妆品的收入

转 账 凭 证

2009 年 12 月 31 日 　　转 字第 49 号

摘　要	总账科目	明细科目	√	借方金额 千百十万千百十元角分	√	贷方金额 千百十万千百十元角分
订正12月30日转字34号凭证	应付职工薪酬	非货币性福利	√	1 3 7 5 9 2 0 0		
	主营业务收入	销售化妆品			√	1 1 7 6 0 0 0 0
	应交税费	应交增值税（销项税额）			√	1 9 9 9 2 0 0
合　计				¥1 3 7 5 9 2 0 0		¥1 3 7 5 9 2 0 0

财务主管：郭昭麟　　记账：王玮　　出纳：陈斌　　审核：田晶晶　　制单：李静

内式—143　12×21厘米

附单据零张

注：①在审核记账凭证过程中，如发现填制有误，应查明原因，并按照规定的方法及时更正。已经登记入账的记账凭证，在当年内发现填写错误时，可以用红字填写一张与原内容相同的记账凭证，在摘要栏注明"注销某月某日某号凭证"字样，同时再用蓝字重新填制一张正确的记账凭证并注明"订正某月某日某号凭证"字样。如果会计科目没有错误，只是金额填写错误，也可以将正确数字与错误数字之间的差额，另编一张调整的记账凭证，调增金额用蓝字，调减金额用红字。

②附单据在转字48号记账凭证之后。

54. 12月31日，结转制造费用

转 账 凭 证

2009 年 12 月 31 日 　　　转　　　字第 50 号

摘　要	总账科目	明细科目	√	借方金额		贷方金额		附
				千百十万千百十元角分	√	千百十万千百十元角分		单 据 壹 张
结转制造费用	生产成本	化妆品	√	1 7 0 4 2 7 8 0				
	制造费用	化妆品			√	1 7 0 4 2 7 8 0		
合　计				¥1 7 0 4 2 7 8 0		¥1 7 0 4 2 7 8 0		

丙式—143　12×21厘米

财务主管：郭昭麟　　　记账：王玮　　　出纳：陈斌　　　审核：田晶晶　　　制单：李静

55. 12月31日，结转产品生产成本及差异

转 账 凭 证

2009 年 12 月 31 日 　　　转　　　字第 51 号

摘　要	总账科目	明细科目	√	借方金额	√	贷方金额		附
				千百十万千百十元角分		千百十万千百十元角分		单 据 贰 张
结转产品生产成本及差异	库存商品	化妆品	√	3 4 2 0 0 0 0 0 0				
	产品成本差异	化妆品	√	1 1 7 5 5 4 0				
	生产成本	化妆品			√	3 4 3 1 7 5 5 4 0		
合　计				¥3 4 3 1 7 5 5 4 0		¥3 4 3 1 7 5 5 4 0		

丙式—143　12×21厘米

财务主管：郭昭麟　　　记账：王玮　　　出纳：陈斌　　　审核：田晶晶　　　制单：李静

56. 12 月 31 日，结转产品销售成本

<table>
<tr><td colspan="12" align="center">转 账 凭 证</td></tr>
<tr><td colspan="5" align="center">2009 年 12 月 31 日</td><td colspan="2" align="center">转　字第　52　号</td></tr>
<tr>
<td rowspan="2">摘　　要</td>
<td rowspan="2">总账科目</td>
<td rowspan="2">明细科目</td>
<td rowspan="2">√</td>
<td colspan="2">借方金额</td>
<td rowspan="2">√</td>
<td colspan="2">贷方金额</td>
<td rowspan="2">附
单
据
壹
拾
贰
张</td>
</tr>
<tr>
<td colspan="2">千百十万千百十元角分</td>
<td colspan="2">千百十万千百十元角分</td>
</tr>
<tr>
<td>结转产品销售成本</td>
<td>主营业务成本</td>
<td>销售化妆品</td>
<td>√</td>
<td colspan="2">3 1 5 8 7 5 0 0 0</td>
<td></td>
<td colspan="2"></td>
</tr>
<tr>
<td></td>
<td>库存商品</td>
<td>化妆品</td>
<td></td>
<td colspan="2"></td>
<td>√</td>
<td colspan="2">3 1 5 8 7 5 0 0 0</td>
</tr>
<tr><td></td><td></td><td></td><td></td><td colspan="2"></td><td></td><td colspan="2"></td></tr>
<tr><td></td><td></td><td></td><td></td><td colspan="2"></td><td></td><td colspan="2"></td></tr>
<tr><td></td><td></td><td></td><td></td><td colspan="2"></td><td></td><td colspan="2"></td></tr>
<tr>
<td align="center">合　计</td>
<td></td><td></td><td></td>
<td colspan="2">￥3 1 5 8 7 5 0 0 0</td>
<td></td>
<td colspan="2">￥3 1 5 8 7 5 0 0 0</td>
</tr>
<tr><td colspan="10">财务主管：郭昭麟　　记账：王玮　　出纳：陈斌　　审核：田晶晶　　制单：李静</td></tr>
</table>

注：附单据张数包括所附的原始凭证和原始凭证汇总表的张数。

57. 12 月 31 日，分摊产品成本差异

<table>
<tr><td colspan="12" align="center">转 账 凭 证</td></tr>
<tr><td colspan="5" align="center">2009 年 12 月 31 日</td><td colspan="2" align="center">转　字第 53 号</td></tr>
<tr>
<td rowspan="2">摘　　要</td>
<td rowspan="2">总账科目</td>
<td rowspan="2">明细科目</td>
<td rowspan="2">√</td>
<td colspan="2">借方金额</td>
<td rowspan="2">√</td>
<td colspan="2">贷方金额</td>
<td rowspan="2">附
单
据
壹
张</td>
</tr>
<tr>
<td colspan="2">千百十万千百十元角分</td>
<td colspan="2">千百十万千百十元角分</td>
</tr>
<tr>
<td>分摊产品成本差异</td>
<td>主营业务成本</td>
<td>销售化妆品</td>
<td>√</td>
<td colspan="2">1 0 7 3 9 7 5</td>
<td></td>
<td colspan="2"></td>
</tr>
<tr>
<td></td>
<td>产品成本差异</td>
<td>化妆品</td>
<td></td>
<td colspan="2"></td>
<td>√</td>
<td colspan="2">1 0 7 3 9 7 5</td>
</tr>
<tr><td></td><td></td><td></td><td></td><td colspan="2"></td><td></td><td colspan="2"></td></tr>
<tr><td></td><td></td><td></td><td></td><td colspan="2"></td><td></td><td colspan="2"></td></tr>
<tr><td></td><td></td><td></td><td></td><td colspan="2"></td><td></td><td colspan="2"></td></tr>
<tr>
<td align="center">合　计</td>
<td></td><td></td><td></td>
<td colspan="2">￥1 0 7 3 9 7 5</td>
<td></td>
<td colspan="2">￥1 0 7 3 9 7 5</td>
</tr>
<tr><td colspan="10">财务主管：郭昭麟　　记账：王玮　　出纳：陈斌　　审核：田晶晶　　制单：李静</td></tr>
</table>

58. 12月31日，冲减存货跌价准备

转 账 凭 证

2009 年 12 月 31 日　　　　　　转　字第 54 号

丙式—143　12×21厘米

摘　要	总账科目	明细科目	√	借方金额 千百十万千百十元角分	√	贷方金额 千百十万千百十元角分
冲减存货跌价准备	资产减值损失	存货跌价损失	√	3 0 0 0 0 0		
	存货跌价准备	A材料			√	- 3 0 0 0 0 0
合　计				¥ 3 0 0 0 0 0		¥ 3 0 0 0 0 0

财务主管：郭昭麟　　　记账：王玮　　　出纳：陈斌　　　审核：田晶晶　　　制单：李静

附单据壹张

59. 12月31日，计算债券利息并摊销溢价
（1）计提债券利息并摊销溢价

转 账 凭 证

2009 年 12 月 31 日　　　　　　转　字第 55 号

丙式—143　12×21厘米

摘　要	总账科目	明细科目	√	借方金额 千百十万千百十元角分	√	贷方金额 千百十万千百十元角分
计提债券利息并摊销溢价	应收利息	乙公司	√	2 0 0 0 0 0 0 0		
	持有至到期投资	乙公司（利息调整）			√	3 4 1 1 2 0 0
	投资收益	债券利息			√	1 6 5 8 8 8 0 0
合　计				¥ 2 0 0 0 0 0 0 0		¥ 2 0 0 0 0 0 0 0

财务主管：郭昭麟　　　记账：王玮　　　出纳：陈斌　　　审核：田晶晶　　　制单：李静

附单据壹张

（2）收到债券利息

收 款 凭 证

借方科目　银行存款——建设银行　　　　2009年 12 月 31 日　　　　银收　字第 12 号

丙式—141　12×21厘米

摘　　要	贷方总账科目	明 细 科 目	记账符号	金　　额（千百十万千百十元角分）
收到债券利息	应收利息	乙公司	✓	2 0 0 0 0 0 0 0
合　计				￥2 0 0 0 0 0 0 0

附单据壹张

财务主管：郭昭麟　　记账：王玮　　出纳：陈斌　　审核：田晶晶　　制单：李静

60．12 月 31 日，确认长期股权投资收益

转 账 凭 证

2009 年 12 月 31 日　　　　转 字第 56 号

丙式—143　12×21厘米

摘　　要	总账科目	明 细 科 目	✓	借方金额（千百十万千百十元角分）	贷方金额（千百十万千百十元角分）
确认长期股权投资收益	长期股权投资	跃美日化（损益调整）	✓	1 5 6 2 5 0 0 0 0	
	投资收益	对联营企业的投资收益	✓		1 5 6 2 5 0 0 0 0
合　计				￥1 5 6 2 5 0 0 0 0	￥1 5 6 2 5 0 0 0 0

附单据壹张

财务主管：郭昭麟　　记账：王玮　　出纳：陈斌　　审核：田晶晶　　制单：李静

61. 12 月 31 日，计提固定资产减值准备

<h1 style="text-align:center">转　账　凭　证</h1>

2009 年 12 月 31 日　　　　　转　　字第 57 号

摘　要	总账科目	明细科目	√	借方金额	贷方金额	附
				千百十万千百十元角分	千百十万千百十元角分	单
计提固定资产减值准备	资产减值损失	固定资产减值损失	√	2 0 2 5 3 3 0		据
	固定资产减值准备	运输汽车		√	9 4 9 8 9 3	壹
		小轿车		√	1 0 7 5 4 3 7	
						张
合　计				¥2 0 2 5 3 3 0	¥2 0 2 5 3 3 0	

财务主管：郭昭麟　　　记账：王玮　　　出纳：陈斌　　　审核：田晶晶　　　制单：李静

丙式—143　12×21厘米

62. 12 月 31 日，偿还工行短期借款本息
（1）计提工行短期借款利息

<h1 style="text-align:center">转　账　凭　证</h1>

2009 年 12 月 31 日　　　　　转　　字第 58 号

摘　要	总账科目	明细科目	√	借方金额	贷方金额	附
				千百十万千百十元角分	千百十万千百十元角分	单
计提短期借款利息	财务费用	利息支出	√	3 5 0 0 0 0 0		据
	应付利息	工商银行		√	3 5 0 0 0 0 0	壹
						张
合　计				¥3 5 0 0 0 0 0	¥3 5 0 0 0 0 0	

财务主管：郭昭麟　　　记账：王玮　　　出纳：陈斌　　　审核：田晶晶　　　制单：李静

丙式—143　12×21厘米

（2）偿还工行短期借款本息

付　款　凭　证

贷方科目　银行存款——建设银行　　　2009年 12 月 31 日　　　银付　　字第　12　号

摘　　要	借方总账科目	明细科目	记账符号	金额 十 百 十 万 千 百 十 元 角 分	附单据壹张
偿还短期借款本息	短期借款	工商银行	✓	5 0 0 0 0 0 0 0 0	
	应付利息	工商银行	✓	2 1 0 0 0 0 0 0	
合　计				¥ 5 2 1 0 0 0 0 0 0	

财务主管：郭昭麟　　　记账：王玮　　　出纳：陈斌　　　审核：田晶晶　　　制单：李静

丙式—142　12×21厘米

63. 12 月 31 日，偿还建行短期借款本息

付　款　凭　证

贷方科目　银行存款——建设银行　　　2009年 12 月 31 日　　　银付　　字第　13　号

摘　　要	借方总账科目	明细科目	记账符号	金额 十 百 十 万 千 百 十 元 角 分	附单据贰张
偿还短期借款本息	短期借款	建设银行	✓	1 0 0 0 0 0 0 0 0	
	应付利息	建设银行	✓	1 0 0 0 0 0 0	
	财务费用	利息支出	✓	5 0 0 0 0 0	
合　计				¥ 1 0 1 5 0 0 0 0 0	

财务主管：郭昭麟　　　记账：王玮　　　出纳：陈斌　　　审核：田晶晶　　　制单：李静

丙式—142　12×21厘米

64. 12月31日，核算应纳流转税税款

转 账 凭 证

2009 年 12 月 31 日　　　转　字第　59　1/2　号

摘　要	总账科目	明细科目	√	借方金额 千百十万千百十元角分	√	贷方金额 千百十万千百十元角分
核算流转税款	营业税金及附加	营业税	√	9 0 0 0 0		
		消费税	√	2 3 0 9 8 4 4 0 0		
		城市维护建设税	√	2 4 8 5 5 2 5 9		
		教育费附加	√	1 0 6 5 2 2 5 4		
	应交税费	应交营业税			√	9 0 0 0 0
合　计				¥2 6 6 5 8 1 9 1 3		¥　　　　9 0 0 0 0

财务主管：郭昭麟　　记账：王玮　　出纳：陈斌　　审核：田晶晶　　制单：李静

丙式—143　12×21厘米　　附单据零张

转 账 凭 证

2009 年 12 月 31 日　　　转　字第　59　2/2　号

摘　要	总账科目	明细科目	√	借方金额 千百十万千百十元角分	√	贷方金额 千百十万千百十元角分
核算流转税款	应交税费	应交消费税			√	2 3 0 9 8 4 4 0 0
		应交城市维护建设税			√	2 4 8 5 5 2 5 9
		应交教育费附加			√	1 0 6 5 2 2 5 4
合　计				¥2 6 6 5 8 1 9 1 3		¥2 6 6 5 8 1 9 1 3

财务主管：郭昭麟　　记账：王玮　　出纳：陈斌　　审核：田晶晶　　制单：李静

丙式—143　12×21厘米　　附单据叁张

注：①将化妆品销售收入与运输劳务收入分别准确核算的，应当就货物销售额和运输劳务营业额分别缴纳增值税和营业税。

②应纳营业税税额=营业额×营业税税率=30 000×3%=900（元）。

③2009 年 12 月份应纳的流转税税款，应于 2010 年 1 月 1 日至 1 月 15 日内汇算清缴。

65. 12月31日，计提并支付建行长期借款利息

（1）计提长期借款利息

转 账 凭 证

2009 年 12 月 31 日　　　　　　转　字第 60 号

丙式—143　12×21厘米

摘　要	总账科目	明细科目	√	借方金额	√	贷方金额
				千百十万千百十元角分		千百十万千百十元角分
计提长期借款利息	财务费用	利息支出	√	1 5 6 0 0 0 0 0 0		
	应付利息	建设银行			√	1 5 6 0 0 0 0 0 0
合　计				¥1 5 6 0 0 0 0 0 0		¥1 5 6 0 0 0 0 0 0

财务主管：郭昭麟　　　记账：王玮　　　出纳：陈斌　　　审核：田晶晶　　　制单：李静

（2）支付长期借款利息

付 款 凭 证

贷方科目　银行存款——建设银行　　2009年 12 月 31 日　　　银付　字第14 号

丙式—142　12×21厘米

摘　要	借方总账科目	明细科目	记账符号	金　额
				千百十万千百十元角分
偿还长期借款利息	应付利息	建设银行	√	1 5 6 0 0 0 0 0 0
合　计				¥1 5 6 0 0 0 0 0 0

财务主管：郭昭麟　　　记账：王玮　　　出纳：陈斌　　　审核：田晶晶　　　制单：李静

66.　12 月 31 日，更正登记账簿错误

对于当期登账发现错误的，一般可采用划线更正法、红字更正法、补充登记法三种方法更正错账。其中，划线更正法适用原记账凭证正确而登记账簿的文字或数字有错的情况。先在错误的文字或者数字上划红线注销，但必须使原有字迹仍可辨认；然后在划线上方填写正确的文字或者数字，并由记账人员在更正处盖章。对于错误的数字，应当全部划红线更正，不得只更正其中的错误数字；对于文字错误，可只划去错误的部分。具体错账更正见银行存款日记账。

67.　12 月 31 日，编制银企余额调节表

银企余额调节表

金额单位：元

项目	日期	金额	项目	日期	金额
银行对账单余额	2009-12-31	36685737.69	企业银行存款日记账余额	2009-12-31	27999225.69
加：企业已收银行未收			加：银行已收企业未收		
减：企业已付银行未付	2009-12-31	210672.00	减：银行已付企业未付		
	2009-12-31	164160.00			
	2009-12-31	29490.00			
	2009-12-31	497190.00			
	2009-12-31	5210000.00			
	2009-12-31	1015000.00			
	2009-12-31	1560000.00			
调整后银行存款余额	2009-12-31	27999225.69	调整后企业存款余额	2009-12-31	27999225.69

说明：经上述调整未达账项后，我方确认双方余额完全相符。

注：银企余额调节表仅作银企双方核对账户使用，不能作为记账的依据。

68. 12月31日，计算当期所得税费用和应交所得税

<table>
<tr><td colspan="13" align="center">转 账 凭 证</td></tr>
<tr><td colspan="6" align="center">2009 年 12 月 31 日</td><td colspan="7" align="right">转 字第 61 号</td></tr>
<tr><td rowspan="2">摘 要</td><td rowspan="2">总 账 科 目</td><td rowspan="2">明 细 科 目</td><td rowspan="2">√</td><td colspan="4">借 方 金 额</td><td rowspan="2">√</td><td colspan="4">贷 方 金 额</td></tr>
<tr><td>千百十万千百十元角分</td><td></td><td></td><td></td><td>千百十万千百十元角分</td><td></td><td></td><td></td></tr>
<tr><td>核算当期所得税</td><td>所得税费用</td><td>当期所得税费用</td><td>√</td><td>2 0 2 7 1 2 6 7 1</td><td></td><td></td><td></td><td></td><td></td><td></td><td></td></tr>
<tr><td></td><td>应交税费</td><td>应交所得税</td><td></td><td></td><td></td><td></td><td>√</td><td>2 0 2 7 1 2 6 7 1</td><td></td><td></td><td></td></tr>
<tr><td></td><td></td><td></td><td></td><td></td><td></td><td></td><td></td><td></td><td></td><td></td><td></td></tr>
<tr><td></td><td></td><td></td><td></td><td></td><td></td><td></td><td></td><td></td><td></td><td></td><td></td></tr>
<tr><td align="center">合 计</td><td></td><td></td><td></td><td>¥2 0 2 7 1 2 6 7 1</td><td></td><td></td><td></td><td>¥2 0 2 7 1 2 6 7 1</td><td></td><td></td><td></td></tr>
<tr><td colspan="3">财务主管：郭昭麟　　记账：王玮　　出纳：陈斌</td><td colspan="10">审核：田晶晶　　制单：李静</td></tr>
</table>

（左侧：丙式—143　12×21厘米）　（右侧：附单据壹张）

注：①《企业会计制度》规定，企业应当定期或者至少于每年年度终了，对各项资产进行全面检查，并根据谨慎性原则的要求，合理地预计各项资产可能发生的损失，对可能发生的各项资产损失计提资产减值准备，包括应收账款坏账准备、存货跌价准备、短期投资跌价准备、长期投资减值准备、委托贷款减值准备、固定资产减值准备、无形资产减值准备和在建工程减值准备共八项减值准备。而按照现行税法规定，存货跌价准备金、短期投资跌价准备金、长期投资减值准备金、风险准备基金（包括投资风险准备基金）以及国家税收法规规定可提取的准备金之外的任何形式的准备金，在计算应纳税所得额时，不得扣除。即上述八项资产减值准备，除纳税人按照税法规定提取的坏账准备金准予在计算应纳税所得额时按应收款项借方余额的5‰扣除外，其余的七项资产减值准备，在计算应纳税所得额时均不准扣除。企业在年终汇算清缴所得税时，需要对按照《企业会计制度》规定提取的八项资产减值准备进行纳税调整。

②应纳税所得额=税前会计利润+调增所得额－调减所得额=税前会计利润+[业务招待费×（1－60%）+坏账准备调增所得额+其他资产减值准备调增所得额+罚款支出]－（公允价值变动损益+长期股权投资的投资收益）=9 382 160.01+[200 000×（1－60%）+（33 187.04－3 318 704×5‰）+（－3 000+20 253.3）+200 000]－（25 000+1 562 500）=9 382 160.01+〔80 000+16593.52+17 253.3+200 000〕－(25 000+1 562 500)=9 382 160.01+313846.82－158 7500=8 108 506.83（元）。

③应纳所得税税额=应纳税所得额×所得税税率=8 108 506.83×25%=2 027 126.71（元）。

④2009年第四季度应纳的所得税税款，应于2010年1月1日至1月15日内预缴，2009年度应纳的所得税税款应于2010年5月底之前汇算清缴。

69. 12 月 31 日，确认当期递延所得税资产和递延所得税负债增加额

转 账 凭 证

2009 年 12 月 31 日　　　　　　　转　字第 62 号

丙式—143　12×21厘米

摘　要	总账科目	明细科目	√	借方金额		√	贷方金额	
				千百十万千百十元角分			千百十万千百十元角分	
确认递延所得税资产和负债	递延所得税资产	应收账款	√	4 1 4 8 3 8				
		存货	√	7 5 0 0 0				
		固定资产	√	5 0 6 3 3 2				
	递延所得税负债	交易性金融资产				√	6 2 5 0 0 0	
	所得税费用	递延所得税费用				√	2 2 1 1 7 0	
合　计				¥ 8 4 6 1 7 0			¥ 8 4 6 1 7 0	

财务主管：郭昭麟　　　记账：王玮　　　出纳：陈斌　　　审核：田晶晶　　　制单：李静

注：①由于企业在年终汇算清缴所得税时，需要对按照《企业会计制度》规定提取的八项资产减值准备进行纳税调整，因此导致计提资产减值的资产的账面价值和计税基础不同，从而产生可抵扣暂时性差异，应计入递延所得税资产，并同时调整递延所得税费用。

②递延所得税费用＝递延所得税负债增加额－递延所得税资产增加额＝6 250－（4 148.38－750+5 063.32）＝ －2 211.70（元）。

70. 12 月 31 日，结平损益类账户
（1）结平收益类账户

转 账 凭 证

2009 年 12 月 31 日　　　　　　　转　字第 63　1/2 号

丙式—143　12×21厘米

摘　要	总账科目	明细科目	√	借方金额		√	贷方金额	
				千百十万千百十元角分			千百十万千百十元角分	
结平收益类账户	主营业务收入	销售化妆品	√	6 8 4 3 8 6 8 0 0 0				
	其他业务收入	提供运输劳务	√	2 7 0 0 0 0 0 0				
	公允价值变动损益	交易性金融资产	√	2 5 0 0 0 0 0				
	投资收益	债券利息	√	1 7 4 8 8 0 0 0				
		对联营企业的投资收益	√	1 5 6 2 5 0 0 0 0				
合　计				7 0 4 7 1 0 6 8 0 0				

财务主管：郭昭麟　　　记账：王玮　　　出纳：陈斌　　　审核：田晶晶　　　制单：李静

转 账 凭 证

2009 年 12 月 31 日　　　　转　字第 63　2/2 号

丙式—143　12×21厘米

摘　要	总账科目	明细科目	√	借方金额	√	贷方金额
结平收益类账户	本年利润	主营业务收入			√	6 8 4 3 8 6 8 0 0 0
		其他业务收入			√	2 7 0 0 0 0 0 0 0
		公允价值变动损益			√	2 5 0 0 0 0 0 0
		投资收益			√	1 7 3 7 3 8 8 0 0
合　计				7 0 4 7 1 0 6 8 0 0		7 0 4 7 1 0 6 8 0 0

附单据壹张

财务主管：郭昭麟　　记账：王玮　　出纳：陈斌　　审核：田晶晶　　制单：李静

（2）结平成本费用类账户

转 账 凭 证

2009 年 12 月 31 日　　　　转　字第 64　1/7 号

丙式—143　12×21厘米

摘　要	总账科目	明细科目	√	借方金额	√	贷方金额
结平成本费用类账户	本年利润	主营业务成本	√	2 7 7 8 6 7 9 4 1 5		
		营业税金及附加	√	2 3 5 0 2 5 3 1 3 3		
		销售费用	√	2 3 9 6 8 8 6 4 0		
		管理费用	√	5 1 5 4 5 2 3 5 0		
		财务费用	√	1 8 2 4 5 4 1 4 0		
合　计				6 0 6 6 5 2 7 6 7 8		

附单据零张

财务主管：郭昭麟　　记账：王玮　　出纳：陈斌　　审核：田晶晶　　制单：李静

转 账 凭 证

2009 年 12 月 31 日   转   字第 64   2/7 号

摘 要	总账科目	明细科目	借方金额 千百十万千百十元角分	贷方金额 千百十万千百十元角分
结平成本费用类账户	本年利润	资产减值损失	5 0 4 4 0 3 4	
		营业外支出	3 7 3 1 9 0 8 7	
		所得税费用	2 0 2 4 9 1 5 0 1	
	主营业务成本	销售化妆品		2 7 7 8 6 7 9 4 1 5
	营业税金及附加	营业税		8 1 0 0 0 0
合　　计			6 3 1 1 3 8 2 3 0 0	2 7 7 9 4 8 9 4 1 5

丙式—143 12×21厘米

附单据零张

财务主管：郭昭麟   记账：王玮   出纳：陈斌   审核：田晶晶   制单：李静

转 账 凭 证

2009 年 12 月 31 日   转   字第 64   3/7 号

摘 要	总账科目	明细科目	借方金额 千百十万千百十元角分	贷方金额 千百十万千百十元角分
结平成本费用类账户	营业税金及附加	消费税		2 0 5 3 1 6 0 4 0 0
		城市维护建设税		2 0 7 3 9 7 9 1 3
		教育费附加		8 8 8 8 4 8 2 0
	销售费用	广告费		1 0 0 0 0 0 0 0 0
		职工薪酬		1 3 9 6 8 8 6 4 0
合　　计			6 3 1 1 3 8 2 3 0 0	5 3 6 8 6 2 1 1 8 8

丙式—143 12×21厘米

附单据零张

财务主管：郭昭麟   记账：王玮   出纳：陈斌   审核：田晶晶   制单：李静

转 账 凭 证

2009 年 12 月 31 日 转 字第 64 4/7 号

丙式—143 12×21厘米

摘 要	总账科目	明细科目	√	借方金额									√	贷方金额									附单据零张
				千	百	十	万	千	百	十	元	角	分	千	百	十	万	千	百	十	元	角	分	
结平成本费用类账户	管理费用	职工薪酬												√		4	4	4	4	0	3	6	8	0	
		业务招待费												√			2	0	0	0	0	0	0	0	
		差旅费												√					7	5	0	0	0	0	
		折旧费												√			4	9	9	7	2	6	5	6	
		无形资产摊销												√						8	5	0	0	8	
合 计					6	3	1	1	3	8	2	3	0	0		5	8	8	3	8	3	2	5	3	2	

财务主管：郭昭麟 记账：王玮 出纳：陈斌 审核：田晶晶 制单：李静

转 账 凭 证

2009 年 12 月 31 日 转 字第 64 5/7 号

丙式—143 12×21厘米

摘 要	总账科目	明细科目	√	借方金额									√	贷方金额									附单据零张
				千	百	十	万	千	百	十	元	角	分	千	百	十	万	千	百	十	元	角	分	
结平成本费用类账户	管理费用	盘亏损失												√					2	4	1	0	0	6	
	财务费用	利息支出												√		1	7	8	5	0	0	0	0	0	
		票据利息																6	3	4	6	6	0	
		现金折扣												√				4	5	8	8	8	0	0	
	资产减值损失	坏账损失												√				3	3	1	8	7	0	4	
合 计					6	3	1	1	3	8	2	3	0	0		6	0	6	9	8	4	6	3	8	2	

财务主管：郭昭麟 记账：王玮 出纳：陈斌 审核：田晶晶 制单：李静

转 账 凭 证

2009 年 12 月 31 日　　　　　　转　字第 64　6/7 号

摘　要	总账科目	明细科目	√	借方金额 千	百	十	万	千	百	十	元	角	分	√	贷方金额 千	百	十	万	千	百	十	元	角	分
结平成本费用类账户	资产减值损失	存货跌价损失												√				3	0	0	0	0	0	0
		固定资产减值损失												√				2	0	2	5	3	3	0
	营业外支出	非流动资产处置损失												√				1	7	2	7	0	8	7
		债务重组损失												√			1	5	5	9	2	0	0	0
		罚款支出												√			2	0	0	0	0	0	0	0
合　计				6	3	1	1	3	8	2	3	0	0		6	1	0	8	8	9	0	7	9	9

财务主管：郭昭麟　　　记账：王玮　　　出纳：陈斌　　　审核：田晶晶　　　制单：李静

附单据零张

丙式—143　12×21厘米

转 账 凭 证

2009 年 12 月 31 日　　　　　　转　字第 64　7/7 号

摘　要	总账科目	明细科目	√	借方金额 千	百	十	万	千	百	十	元	角	分	√	贷方金额 千	百	十	万	千	百	十	元	角	分
结平成本费用类账户	所得税费用	当期所得税费用												√		2	0	2	7	1	2	6	7	1
		递延所得税费用												√				2	2	2	1	1	7	0
合　计				6	3	1	1	3	8	2	3	0	0		6	3	1	1	3	8	2	3	0	0

财务主管：郭昭麟　　　记账：王玮　　　出纳：陈斌　　　审核：田晶晶　　　制单：李静

附单据零张

丙式—143　12×21厘米

注：附单据在转字第 63 号记账凭证之后。

71. 12月31日，结平本年利润账户

转 账 凭 证

2009 年 12 月 31 日　　　　　　转　字第　65　号

丙式—143　12×21厘米

摘　要	总账科目	明细科目	√	借方金额		贷方金额	√
				千百十万千百十元角分		千百十万千百十元角分	
结平本年利润账户	本年利润		√	7 3 5 7 2 4 5 0 0			
	利润分配	未分配利润				7 3 5 7 2 4 5 0 0	√
合　计				¥ 7 3 5 7 2 4 5 0 0		¥ 7 3 5 7 2 4 5 0 0	

财务主管：郭昭麟　　　记账：王玮　　　出纳：陈斌　　　审核：田晶晶　　　制单：李静

附单据零张

72. 12月31日，分配利润

（1）提取法定盈余公积，分配现金股利

转 账 凭 证

2009 年 12 月 31 日　　　　　　转　字第　66　1/2号

丙式—143　12×21厘米

摘　要	总账科目	明细科目	√	借方金额		贷方金额	√
				千百十万千百十元角分		千百十万千百十元角分	
进行利润分配	利润分配	提取法定盈余公积	√	7 3 5 7 2 4 5 0			
		应付现金股利或利润	√	1 4 7 1 4 4 9 0 0			
	盈余公积	法定盈余公积				7 3 5 7 2 4 5 0	√
	应付股利	北京日化				5 8 8 5 7 9 6 0	√
		上海日化				4 4 1 4 3 4 7 0	√
合　计				¥ 2 2 0 7 1 7 3 5 0		¥ 1 7 6 5 7 3 8 8 0	

附单据零张

转 账 凭 证

2009 年 12 月 31 日　　　　转　字第 66 2/2 号

摘　要	总账科目	明细科目	√	借方金额	√	贷方金额
进行利润分配	应付股利	李晓晓			√	294289.80
		张文涛			√	735724.50
		王海力			√	735724.50
合　计				¥2207173.50		¥2207173.50

财务主管：郭昭麟　　　记账：王玮　　　出纳：陈斌　　　审核：田晶晶　　　制单：李静

丙式—143　12×21厘米

（2）将"利润分配"其他明细科目转入"利润分配——未分配利润"明细科目

转 账 凭 证

2009 年 12 月 31 日　　　　转 字第 67 "全" 号

摘　要	总账科目	明细科目	√	借方金额	√	贷方金额
结平利润分配其他明细账	利润分配	未分配利润	√	2207173.50		
	利润分配	提取法定盈余公积			√	735724.50
		应付现金股利或利润			√	1471449.00
合　计				¥2207173.50		¥2207173.50

财务主管：郭昭麟　　　记账：王玮　　　出纳：陈斌　　　审核：田晶晶　　　制单：李静

丙式—143　12×21厘米

注：分配股票股利时暂不作账务处理，待办妥增资手续时再作处理。

第二节 编制会计科目汇总表

根据上述记账凭证，通过"丁"字账分别编制 2009 年 12 月 1 日至 10 日、11 日至 20 日、21 日至 31 日的会计科目汇总表并试算平衡，如表 5-1、表 5-2、表 5-3 所示。

表 5-1　　　　　　　　　　　**会计科目汇总表-34**

编制部门：账务科　　　　　　　2009 年 12 月 01 日至 10 日　　　　　　　金额单位：元

科　目	借方发生额	贷方发生额	科　目	借方发生额	贷方发生额
库存现金	500.00	17 000.00	应付票据	117 000.00	
银行存款	238 275.00	3 032 160.00	应交税费	2 545 979.00	587 520.00
其他货币资金	420 000.00	525 630.00	主营业务收入		3 456 000.00
交易性金融资产	105 630.00		管理费用	16 500.00	
应收票据	1 375 920.00	200 000.00	财务费用	2 340.00	2 000.00
应收账款	2 667 600.00				
其他应收款	19 866.00	2 000.00			
材料采购	312 700.00	312 700.00			
原材料	316 050.00	2 262 500.00			
材料成本差异	−3 350.00				
生产成本	2 741 850.00				
周转材料		479 350.00			
试算平衡借方合计	10 876 860.00		试算平衡贷方合计		10 876 860.00

注：依据现收字第 1 号、现付字第 1~2 号、银收字第 1~3 号、银付字第 1~5 号、转字第 1~12 号记账凭证。

表 5-2　　　　　　　　　　　**会计科目汇总表-35**

编制部门：账务科　　　　　　　2009 年 12 月 11 日至 20 日　　　　　　　金额单位：元

科　目	借方发生额	贷方发生额	科　目	借方发生额	贷方发生额
库存现金		50 000.00	应付职工薪酬	50 000.00	
银行存款	2 351 906.00	66 290.00	应交税费	8 011.00	673 370.00
应收账款	3 532 464.00	1 375 920.00	主营业务收入		3 961 000.00
预付账款	11 000.00		其他业务收入		30 000.00
材料采购	47 279.00	47 279.00	营业外支出	155 920.00	
原材料	47 500.00				
材料成本差异	−221.00				
制造费用	250.00				
周转材料	500.00	750.00			
试算平衡借方合计	6 204 609.00		试算平衡贷方合计		6 204 609.00

注：依据现付字第 3 号、银收字第 4~6 号、银付字第 6~7 号、转字第 13~18 号记账凭证。

表 5-3

会计科目汇总表-36

编制部门：账务科 2009 年 12 月 21 日至 31 日 金额单位：元

科 目	借方发生额	贷方发生额	科 目	借方发生额	贷方发生额
库存现金	20 000.00	35 000.00	短期借款	6 000 000.00	
银行存款	3 851 610.66	8 937 712.00	应付账款	206 388.00	5 400.00
交易性金融资产	25 000.00	300 000.00	应付职工薪酬	1 124 104.00	1 138 284.00
应收票据	6 879.60	100 000.00	应交税费	40 480.50	4 773 713.60
应收账款	−288 662.40	3 243 801.60	应付利息	1 780 000.00	1 595 000.00
预付账款		75 640.50	应付股利		1 471 449.00
应收利息	209 000.00	209 000.00	其他应付款	157 320.00	157 320.00
其他应收款	200 000.00	20 000.00	递延所得税负债		6 250.00
坏账准备		33 187.04	盈余公积		735 724.50
材料采购	64 650.00	64 650.00	本年利润	70 471 068.00	70 471 068.00
原材料	70 400.00	19 000.00	利润分配	4 414 347.00	9 564 418.50
材料成本差异	−350.00	10 193.90	主营业务收入	68 438 680.00	282 480.00
生产成本	689 905.40	3 431 755.40	其他业务收入		270 000.00
制造费用	170 177.80	170 427.80	公允价值变动损益	25 000.00	25 000.00
库存商品	3 420 000.00	3 158 750.00	投资收益	1 737 388.00	1 737 388.00
产品成本差异	11 755.40	10 739.75	主营业务成本	3 169 489.75	27 786 794.15
存货跌价准备		−3 000.00	营业税金及附加	2 665 819.13	23 502 531.33
持有至到期投资		34 112.00	销售费用	141 632.40	2 396 886.40
长期股权投资	1 562 500.00		管理费用	464 911.58	5 164 523.50
固定资产	275 184.00	250 000.00	财务费用	1 609 601.00	1 821 421.00
累计折旧	45 519.07	128 728.48	资产减值损失	50 440.34	50 440.34
固定资产减值准备		20 253.30	营业外支出	217 270.87	373 190.87
固定资产清理	205 680.93	205 680.93	所得税费用	2 024 915.01	2 024 915.01
累计摊销		16 736.84			
递延所得税资产	8 461.70				
待处理财产损溢	19 153.90	19 153.90			
试算平衡借方合计	175 575 721.60		试算平衡贷方合计		175 575 721.60

注：依据现收字第 2 号、现付字第 4 号、银收字第 7~12 号、银付字第 8~14 号、转字第 19~67 号记账凭证。

6
CHAPTER

第六章
开设登记会计账簿
和编制科目余额表模块

第一节 开设登记会计账簿

　　根据上年度所设会计账户以及预计本年度的经济业务情况开设会计账户，并根据上述记账凭证和会计科目汇总表，平行登记现金日记账、银行存款日记账、总分类账和明细分类账。现金日记账、银行存款日记账和总分类账采用订本式账簿。明细分类账主要涉及三栏式、数量金额式和多栏式明细账。会计账户按照资产、负债、所有者权益、收入、费用、利润的顺序排列。

一、开设登记现金日记账

企业应当设置"现金日记账",根据收付款凭证,按照业务发生顺序逐笔登记。每日终了,应当计算当日的现金收入合计额、现金支出合计额和结余额,将结余额与实际库存额核对,做到账款相符。

现 金 日 记 账

月	日	凭证编号	摘要	对方科目	借方 千	百	十	万	千	百	十	元	角	分	√	贷方 千	百	十	万	千	百	十	元	角	分	√	余额 千	百	十	万	千	百	十	元	角	分
01	01		上年结转																											1	0	7	8	7	0	0	0
…	…																																			
11	30		本年累计				1	5	0	3	5	0	0	0				1	3	1	5	5	0	0	0				1	2	6	6	7	0	0	0
12	01		现付预支差旅费	其他应收款																	2	0	0	0	0	0				1	2	4	6	7	0	0	0
12	01		本日小计																		2	0	0	0	0	0				1	2	4	6	7	0	0	0
12	04		现收收回差旅费余额	其他应收款						5	0	0	0	0																1	2	5	1	7	0	0	0
12	04		本日小计							5	0	0	0	0																1	2	5	1	7	0	0	0
12	09		现付报销业务招待费	管理费用																	1	5	0	0	0	0				1	1	0	1	7	0	0	0
12	09		本日小计																		1	5	0	0	0	0				1	1	0	1	7	0	0	0
12	18		现付发放职工福利费	应付职工薪酬																	5	0	0	0	0	0					6	0	1	7	0	0	0
12	18		本日小计																		5	0	0	0	0	0					6	0	1	7	0	0	0
12	30		现付报销职工教育经费	应付职工薪酬																	3	5	0	0	0	0					2	5	1	7	0	0	0
12	31		现收收到赔偿款	其他应收款					2	0	0	0	0	0																	4	5	1	7	0	0	0
12	31		本日小计						2	0	0	0	0	0								3	5	0	0	0	0					4	5	1	7	0	0	0
12	31		本月合计					2	0	5	0	0	0	0						1	0	2	0	0	0	0					4	5	1	7	0	0	0
12	31		本年累计				1	7	0	8	5	0	0	0				2	3	3	5	5	0	0	0					4	5	1	7	0	0	0

二、开设登记银行存款日记账

企业可按开户银行和其他金融机构、存款种类等设置"银行存款日记账",根据收付款凭证,按照业务的发生顺序逐笔登记。每日终了,应结出余额。"银行存款日记账"应定期与"银行对账单"核对,至少每月核对一次。企业银行存款账面余额与银行对账单余额之间如有差额,应编制"银企余额调节表"调节相符。

银 行 存 款 日 记 账

2009年 月	日	凭证编号	摘要	借方	贷方	余额
01	01		上年结转			22379672 90
…	…					
11	30		本年累计	5737240310	4615847997	3359359603
12	01	银付1	申请银行汇票		1200000 00	3347359603
12	01	银付2	申请银行本票		1000000 00	3337359603
12	01	银付3	申请采购专户		2000000 00	3317359603
12	01		本日小计		4200000 00	3317359603
12	08	银收1	收银行汇票余款	826500 00		3318186103
12	08	银付4	汇缴流转税款		2492820 00	3068904103
12	08		本日小计	826500 00	2492820 00	3068904103
12	09	银收2	收回采购专户余款	2801000 00		3071705103
12	09	银付5	付银行承兑汇票款		1193400 00	3059771103
12	09		本日小计	2801000 00	1193400 00	3059771103
12	10	银收3	收商业承兑汇票款	2020000 00		3079971103
12	10		本日小计	2020000 00		3079971103
12	12	银收4	确认运输劳务收入	300000 00		3082971103
12	12	银付6	确认A材料实际成本		552900 00	3077442103
12	12		本日小计	300000 00	552900 00	3077442103
12	15	银付7	预付货款		110000 00	3076342103
12	15	银收5	确认化妆品销售收入	1101906 00		3186532703
12	15		本日小计	1101906 00	110000 00	3186532703
12	16	银收6	收重组债权款	1220000 00		3308532703
12	16		本日小计	1220000 00		3308532703

银 行 存 款 日 记 账

续

2009年 月	日	凭证编号	摘要	借方	√	贷方	√	余额
12	22	银付8	支付清理费			1 200.00		33 084 127.03
12	22	银收7	收残值收入	8 410.06				33 092 537.09
12	22		本日小计	8 410.06		1 200.00		33 092 537.09
12	24	银收8	收到货款	2 143 065.60				35 235 602.69
12	24		本日小计	2 143 065.60				35 235 602.69
12	26	银收9	取得贴现所得款项	99 807.00				35 335 409.69
12	26		本日小计	99 807.00				35 335 409.69
12	30	银收10	收到货款	1 091 328.00				36 426 737.69
12	30	银付9	支付工会经费			50 000.00		36 376 737.69
12	30	银付10	支付罚款			20 000.00 / ~~200 000.00~~		36 176 737.69 / ~~34 376 737.69~~
12	30		本日小计	1 091 328.00		25 000.00 / ~~205 000.00~~		36 176 737.69 / ~~34 376 737.69~~
12	31	银付11	发放工资并代缴社会保险费等			901 512.00		35 275 225.69 / 33 452 225.69
12	31	银收11	收债券本息	3 090 000.00				35 584 225.69 / 34 376 737.69
12	31	银收12	收到债券利息	2 000 000.00				35 784 225.69 / 33 784 225.69
12	31	银付12	偿还短期借款本息			521 000.00		30 574 225.69 / 28 574 225.69
12	31	银付13	偿还短期借款本息			101 500.00		29 559 225.69 / 27 559 225.69
12	31	银付14	偿还长期借款利息			156 000.00		27 999 225.69 / 25 999 225.69
12	31		本日小计	5 090 000.00		8 686 512.00		27 999 225.69 / 25 999 225.69
12	31		本月合计	6 441 791.66		12 036 162.00		27 999 225.69
12	31		本年累计	63 814 194.76		58 194 641.97		27 999 225.69

注：记账人员陈斌应在错账更正处盖章，以明确责任。

三、开设登记总分类账

总分类账需要按顺序开设登记多个账户并连续登记，总分类账一般采用 10 日一汇总登记，每个月包括 3 行汇总，1 行本月合计，1 行本年累计，即每个月最多占用 5 行，12 个月最多占用 60 行，加年初结转 1 行，1 年最多占用 61 行，一般账页每页 23 行，则业务量最多的账户需要占用 3 页，业务量较少的账户占用 1 页即可，再根据会计科目的编码顺序和本企业上年度及预计本年度业务情况开设总账。例如，"库存现金"账户，占 3 页，页码为第 1~3 页；"银行存款"账户占 3 页，页码为第 4~6 页；"其他货币资金"账户占 1 页，页码为第 7 页，以此类推。对有可能发生但又不确定的业务涉及的会计账户，可在相应位置留出空白页。

根据表 5-1、表 5-2、表 5-3 登记总分类账。

总 分 类 账　　　　　　1

科目名称　　1001库存现金

2009年 月	日	凭证编号	摘要	借方 亿	千	百	十	万	千	百	十	元	角	分	贷方 亿	千	百	十	万	千	百	十	元	角	分	借或贷	余额 亿	千	百	十	万	千	百	十	元	角	分
01	01		上年结转																							借				1	0	7	8	7	0	0	0
...	...																																			
11	30		本年累计				1	5	0	3	5	0	0	0				1	3	1	5	5	0	0	0	借				1	2	6	6	7	0	0	0
12	10	汇34	1-10日汇总							5	0	0	0	0					1	7	0	0	0	0	0	借				1	1	0	1	7	0	0	0
12	20	汇35	11-20日汇总																5	0	0	0	0	0	0	借					6	0	1	7	0	0	0
12	31	汇36	21-31日汇总					2	0	0	0	0	0	0					3	5	0	0	0	0	0	借					4	5	1	7	0	0	0
12	31		本月合计					2	0	5	0	0	0	0				1	0	2	0	0	0	0	0	借					4	5	1	7	0	0	0
12	31		本年累计				1	7	0	8	5	0	0	0				2	3	3	5	5	0	0	0	借					4	5	1	7	0	0	0

注："库存现金"科目核算企业的库存现金，期末借方余额反映企业持有的库存现金。企业有内部周转使用备用金的，可以单独设置"备用金"科目。

总 分 类 账　　　　　　4

科目名称　　1002银行存款

2009年 月	日	凭证编号	摘要	借方 亿	千	百	十	万	千	百	十	元	角	分	贷方 亿	千	百	十	万	千	百	十	元	角	分	借或贷	余额 亿	千	百	十	万	千	百	十	元	角	分
01	01		上年结转																							借		2	2	3	7	9	6	7	2	9	0
...	...																																			
11	30		本年累计		5	7	3	7	2	4	0	3	1	0		4	6	1	5	8	4	7	9	9	7	借		3	3	5	9	3	5	9	6	0	3
12	10	汇34	1-10日汇总				2	3	8	2	7	5	0	0			3	0	3	2	1	6	0	0	0	借		3	0	7	9	2	7	1	1	0	3
12	20	汇35	11-20日汇总			2	3	5	1	9	0	6	0	0					6	6	2	9	0	0	0	借		3	3	0	8	5	3	2	7	0	3
12	31	汇36	21-31日汇总			3	8	5	1	6	1	0	6	6			8	9	3	7	7	1	2	0	0	借		2	7	9	9	9	2	2	5	6	9
12	31		本月合计			6	4	4	1	7	9	1	6	6		1	2	0	3	6	1	6	2	0	0	借		2	7	9	9	9	2	2	5	6	9
12	31		本年累计		6	3	8	1	4	1	9	4	7	6		5	8	1	9	4	6	4	1	9	7	借		2	7	9	9	9	2	2	5	6	9

注："银行存款"科目核算企业存入银行或其他金融机构的各种款项，期末借方余额反映企业存在银行或其他金融机构的各种款项。

总 分 类 账　　　　　7

科目名称　1012其他货币资金

2009年		凭证编号	摘要	借方											贷方											借或贷	余额										
月	日			亿	千	百	十	万	千	百	十	元	角	分	亿	千	百	十	万	千	百	十	元	角	分		亿	千	百	十	万	千	百	十	元	角	分
01	01		上年结转																							平									θ		
...	...																																				
11	30		本年累计				1	5	0	0	0	0	0	0												借				1	5	0	0	0	0	0	0
12	10	汇34	1-10日汇总				4	2	0	0	0	0	0	0				5	2	5	6	3	0	0	0	借					4	4	3	7	0	0	0
12	31		本月合计				4	2	0	0	0	0	0	0				5	2	5	6	3	0	0	0	借					4	4	3	7	0	0	0
12	31		本年累计				5	7	0	0	0	0	0	0				5	2	5	6	3	0	0	0	借					4	4	3	7	0	0	0

　　注："其他货币资金"科目可按银行汇票或本票、信用证的收款单位，外埠存款的开户银行，分别"银行汇票"、"银行本票"、"信用卡"、"信用证保证金"、"存出投资款"、"外埠存款"等进行明细核算，期末借方余额反映企业持有的其他货币资金。

总 分 类 账　　　　　8

科目名称　1101交易性金融资产

2009年		记账凭证号	摘要	借方											贷方											借或贷	余额										
月	日			亿	千	百	十	万	千	百	十	元	角	分	亿	千	百	十	万	千	百	十	元	角	分		亿	千	百	十	万	千	百	十	元	角	分
...	...																																				
11	30		本年累计				3	0	0	0	0	0	0	0												借				3	0	0	0	0	0	0	0
12	10	汇34	1-10日汇总				1	0	5	6	3	0	0	0												借				4	0	5	6	3	0	0	0
12	31	汇36	21-31日汇总					2	5	0	0	0	0	0				3	0	0	0	0	0	0	0	借											
12	31		本月合计				1	3	0	6	3	0	0	0				3	0	0	0	0	0	0	0	借				1	3	0	6	3	0	0	0
12	31		本年累计				4	3	0	6	3	0	0	0				3	0	0	0	0	0	0	0	借				1	3	0	6	3	0	0	0

　　注："交易性金融资产"科目核算企业为交易目的所持有的债券投资、股票投资、基金投资等交易性金融资产的公允价值，可按交易性金融资产的类别和品种，分别"成本"、"公允价值变动"等进行明细核算，期末借方余额反映企业持有的交易性金融资产的公允价值。

总 分 类 账

9

科目名称1121应收票据

月	日	凭证编号	摘要	借方	贷方	借或贷	余额
01	01		上年结转			平	0
…	…						
11	30		本年累计	3 0 0 0 0 0 0 0		借	3 0 0 0 0 0 0 0
12	10	汇34	1-10日汇总	1 3 7 5 9 2 0 0 0	2 0 0 0 0 0 0 0	借	1 4 7 5 9 2 0 0 0
12	31	汇36	21-31日汇总	6 8 7 9 6 0	1 0 0 0 0 0 0 0	借	1 3 8 2 7 9 9 6 0
12	31		本月合计	1 3 8 2 7 9 9 6 0	3 0 0 0 0 0 0 0	借	1 3 8 2 7 9 9 6 0
12	31		本年累计	1 6 8 2 7 9 9 6 0	3 0 0 0 0 0 0 0	借	1 3 8 2 7 9 9 6 0

注："应收票据"科目核算企业因销售商品、提供劳务等而收到的商业汇票，包括银行承兑汇票和商业承兑汇票，可按开出、承兑商业汇票的单位进行明细核算，期末借方余额反映企业持有的商业汇票的票面金额。

总 分 类 账

10

科目名称 1122应收账款

月	日	凭证编号	摘要	借方	贷方	借或贷	余额
01	01		上年结转			借	2 2 0 0 0 0 0 0
…	…						
11	30		本年累计	1 5 4 1 0 3 0 4 0 0	1 3 3 8 3 2 8 0 0 0	借	4 2 2 7 0 2 4 0 0
12	10	汇34	1-10日汇总	2 6 6 7 6 0 0 0 0		借	6 8 9 4 6 2 4 0 0
12	20	汇35	11-20日汇总	3 5 3 2 4 6 4 0 0	1 3 7 5 9 2 0 0 0	借	9 0 5 1 1 6 8 0 0
12	31	汇36	21-31日汇总	2 8 8 6 6 2 4 0	3 2 4 3 8 0 1 6 0	借	5 5 1 8 7 0 4 0 0
12	31		本月合计	5 9 1 1 4 0 1 6 0	4 6 1 9 7 2 1 6 0	借	5 5 1 8 7 0 4 0 0
12	31		本年累计	2 1 3 2 1 7 0 5 6 0	1 8 0 0 3 0 0 1 6 0	借	5 5 1 8 7 0 4 0 0

注："应收账款"科目核算企业因销售商品、提供劳务等经营活动应收取的款项，可按债务人进行明细核算，期末借方余额反映企业尚未收回的应收账款，期末如为贷方余额反映企业预收的账款。

13

总 分 类 账

科目名称　1123预付账款

2009年		凭证编号	摘要	借方											贷方											借或贷	余额										
月	日			亿	千	百	十	万	千	百	十	元	角	分	亿	千	百	十	万	千	百	十	元	角	分		亿	千	百	十	万	千	百	十	元	角	分
01	01		上年结转																							平									θ		
...	...																																				
11	30		本年累计			1	0	0	0	0	0	0														借			1	0	0	0	0	0	0		
12	20	汇35	11-20日汇总			1	1	0	0	0	0	0														借			2	1	0	0	0	0	0		
12	31	汇36	21-31日汇总														7	5	6	4	0	5	0			贷			5	4	6	4	0	5	0		
12	31		本月合计			1	1	0	0	0	0	0					7	5	6	4	0	5	0			贷			5	4	6	4	0	5	0		
12	31		本年累计			2	1	0	0	0	0	0					7	5	6	4	0	5	0			贷			5	4	6	4	0	5	0		

注：“预付账款”科目核算企业按照合同规定预付的款项，可按供货单位进行明细核算，期末借方余额反映企业预付的款项；期末如为贷方余额反映企业尚未补付的款项。预付款项情况不多的，也可以不设置本科目，将预付的款项直接记入“应付账款”科目。

总 分 类 账

14

科目名称　1131应收股利

2009年		凭证编号	摘要	借方											贷方											借或贷	余额										
月	日			亿	千	百	十	万	千	百	十	元	角	分	亿	千	百	十	万	千	百	十	元	角	分		亿	千	百	十	万	千	百	十	元	角	分
01	01		上年结转																							平									θ		
...	...																																				
11	30		本年累计			2	0	0	0	0	0	0					2	0	0	0	0	0	0			平									θ		
12	31		本年累计			2	0	0	0	0	0	0					2	0	0	0	0	0	0			平									θ		

注：“应收股利”科目核算企业应收取的现金股利和应收取其他单位分配的利润，可按被投资单位进行明细核算，期末借方余额反映企业尚未收回的现金股利或利润。

总 分 类 账　　　　　　　　　15

科目名称　1132应收利息

2009年 月	日	凭证编号	摘要	借方 亿	千	百	十	万	千	百	十	元	角	分	贷方 亿	千	百	十	万	千	百	十	元	角	分	借或贷	余额 亿	千	百	十	万	千	百	十	元	角	分
01	01		上年结转																							平									θ		
12	31	汇36	21-31日汇总				2	0	9	0	0	0	0	0				2	0	9	0	0	0	0	0	平									θ		
12	31		本月合计				2	0	9	0	0	0	0	0				2	0	9	0	0	0	0	0	平									θ		
12	31		本年累计				2	0	9	0	0	0	0	0				2	0	9	0	0	0	0	0	平									θ		

注："应收利息"科目核算企业交易性金融资产、持有至到期投资、可供出售金融资产等应收取的利息，可按借款人或被投资单位进行明细核算，期末借方余额反映企业尚未收回的利息。

总 分 类 账　　　　　　　　　16

科目名称　1221其他应收款

2009年 月	日	凭证编号	摘要	借方 亿	千	百	十	万	千	百	十	元	角	分	贷方 亿	千	百	十	万	千	百	十	元	角	分	借或贷	余额 亿	千	百	十	万	千	百	十	元	角	分
01	01		上年结转																							平									θ		
12	10	汇34	1-10日汇总					1	9	8	6	6	0	0						2	0	0	0	0	0	借					1	7	8	6	6	0	0
12	31	汇36	21-31日汇总					2	0	0	0	0	0	0						2	0	0	0	0	0	借				1	9	7	8	6	6	0	0
12	31		本月合计					2	1	9	8	6	6	0	0					2	2	0	0	0	0	0	借				1	9	7	8	6	6	0	0
12	31		本年累计					2	1	9	8	6	6	0	0					2	2	0	0	0	0	0	借				1	9	7	8	6	6	0	0

注："其他应收款"科目核算企业除存出保证金、应收票据、应收账款、预付账款、应收股利、应收利息、长期应收款等以外的其他各种应收及暂付款项，可按对方单位（或个人）进行明细核算，期末借方余额反映企业尚未收回的其他应收款项。

总 分 类 账

17

科目名称　1231坏账准备

| 2009年 | | 凭证编号 | 摘要 | 借方 | | | | | | | | | | | 贷方 | | | | | | | | | | | 借或贷 | 余额 | | | | | | | | | | |
月	日			亿	千	百	十	万	千	百	十	元	角	分	亿	千	百	十	万	千	百	十	元	角	分		亿	千	百	十	万	千	百	十	元	角	分
01	01		上年结转																							贷					2	2	0	0	0	0	0
12	31	汇36	21-31日汇总																	3	3	1	8	7	0	4	贷					5	5	1	8	7	0	4
12	31		本月合计																	3	3	1	8	7	0	4	贷					5	5	1	8	7	0	4
12	31		本年累计																	3	3	1	8	7	0	4	贷					5	5	1	8	7	0	4

　　注："坏账准备"科目核算企业应收款项的坏账准备，可按应收款项的类别进行明细核算，期末贷方余额反映企业已计提但尚未转销的坏账准备。

总 分 类 账

18

科目名称　　1401材料采购

| 2009年 | | 凭证编号 | 摘要 | 借方 | | | | | | | | | | | 贷方 | | | | | | | | | | | 借或贷 | 余额 | | | | | | | | | | |
月	日			亿	千	百	十	万	千	百	十	元	角	分	亿	千	百	十	万	千	百	十	元	角	分		亿	千	百	十	万	千	百	十	元	角	分
01	01		上年结转																							平											θ
...	...																																				
11	30		本年累计		1	4	5	7	1	1	8	5	0	0		1	4	5	7	1	1	8	5	0	0	平											θ
12	10	汇34	1-10日汇总				3	1	2	7	0	0	0	0				3	1	2	7	0	0	0	0	平											θ
12	20	汇35	11-20日汇总					4	7	2	7	9	0	0					4	7	2	7	9	0	0	平											θ
12	31	汇36	21-31日汇总					6	4	6	5	0	0	0					6	4	6	5	0	0	0	平											θ
12	31		本月合计				4	2	4	6	2	9	0	0				4	2	4	6	2	9	0	0	平											θ
12	31		本年累计		1	4	9	9	5	8	1	4	0	0		1	4	9	9	5	8	1	4	0	0	平											θ

　　注："材料采购"核算企业采用计划成本进行材料日常核算而购入材料的采购成本，可按供应单位和材料品种进行明细核算，期末借方余额反映企业在途材料的采购成本。

总 分 类 账

科目名称 1403原材料

| 2009年 | | 凭证编号 | 摘要 | 借方 | | | | | | | | | | | 贷方 | | | | | | | | | | | 借或贷 | 余额 | | | | | | | | | | |
月	日			亿	千	百	十	万	千	百	十	元	角	分	亿	千	百	十	万	千	百	十	元	角	分		亿	千	百	十	万	千	百	十	元	角	分
01	01		上年结转																							借			1	8	3	2	5	0	0	0	0
...	...																																			
11	30		本年累计		1	4	5	0	2	5	0	0	0	0		1	3	8	8	5	0	0	0	0	0	借			2	4	5	0	0	0	0	0	0
12	10	汇34	1-10日汇总			3	1	6	0	5	0	0	0	0			2	2	6	2	5	0	0	0	0	借			5	0	3	5	5	0	0	0	0
12	20	汇35	11-20日汇总					4	7	5	0	0	0	0												借			5	5	1	0	5	0	0	0	0
12	31	汇36	21-31日汇总					7	0	4	0	0	0	0					1	9	0	0	0	0	0	借			6	0	2	4	5	0	0	0	0
12	31		本月合计			4	3	3	9	5	0	0	0	0			2	2	8	1	5	0	0	0	0	借			6	0	2	4	5	0	0	0	0
12	31		本年累计	1	4	9	3	6	4	5	0	0	0	0	1	6	1	6	6	5	0	0	0	0	0	借			6	0	2	4	5	0	0	0	0

注：“原材料”科目核算企业库存的各种材料，包括原料及主要材料、辅助材料、外购半成品（外购件）、修理用备件（备品备件）、包装材料、燃料等的计划成本或实际成本，可按材料的保管地点（仓库）、材料的类别、品种和规格等进行明细核算，期末借方余额反映企业库存材料的计划成本或实际成本。

总 分 类 账

科目名称1404材料成本差异

| 2009年 | | 凭证编号 | 摘要 | 借方 | | | | | | | | | | | 贷方 | | | | | | | | | | | 借或贷 | 余额 | | | | | | | | | | |
月	日			亿	千	百	十	万	千	百	十	元	角	分	亿	千	百	十	万	千	百	十	元	角	分		亿	千	百	十	万	千	百	十	元	角	分
01	01		上年结转																							借						1	2	5	0	0	0
...	...																																			
11	30		本年累计					6	8	6	8	5	0	0					6	9	3	3	5	0	0	借					1	1	8	5	0	0	0
12	10	汇34	1-10日汇总						3	3	5	0	0	0												借						8	5	0	0	0	0
12	20	汇35	11-20日汇总							2	2	1	0	0												借						8	2	7	9	0	0
12	31	汇36	21-31日汇总							3	5	0	0	0					1	0	1	9	3	9	0	贷						2	2	6	4	9	0
12	31		本月合计						3	9	2	1	0	0					1	0	1	9	3	0	0	贷						2	2	6	4	9	0
12	31		本年累计					6	4	7	6	4	0	0					7	9	5	2	8	9	0	贷						2	2	6	4	9	0

注：“材料成本差异”科目核算企业采用计划成本进行日常核算的材料计划成本与实际成本的差额，可以分别“原材料”、“周转材料”等，按照类别或品种进行明细核算，期末借方余额反映企业库存材料等的实际成本大于计划成本的差异；贷方余额反映企业库存材料等的实际成本小于计划成本的差异。

总　分　类　账

26

科目名称　5001生产成本

2009年 月	日	凭证编号	摘要	借:亿	千	百	十	万	千	百	十	元	角	分	贷:亿	千	百	十	万	千	百	十	元	角	分	借或贷	余:亿	千	百	十	万	千	百	十	元	角	分
01	01		上年结转																							平									θ		
…	…																																				
11	30		本年累计		2	4	6	6	1	9	9	9	6	0		2	4	6	6	1	9	9	9	6	0	平									θ		
12	10	汇34	1-10日汇总			2	7	4	1	8	5	0	0	0												借			2	7	4	1	8	5	0	0	0
12	31	汇36	21-31日汇总				6	8	9	9	0	5	4	0			3	4	3	1	7	5	5	4	0	平									θ		
12	31		本月合计			3	4	3	1	7	5	5	4	0			3	4	3	1	7	5	5	4	0	平									θ		
12	31		本年累计		2	8	0	9	3	7	5	5	0	0		2	8	0	9	3	7	5	5	0	0	平									θ		

注："生产成本"科目核算企业进行工业性生产发生的各项生产成本,包括生产各种产品(产成品、自制半成品等)、自制材料、自制工具、自制设备等,可按基本生产成本和辅助生产成本进行明细核算,基本生产成本应当分别按照基本生产车间和成本核算对象设置明细账并按照规定的成本项目设置专栏,期末借方余额反映企业尚未加工完成的在产品成本。

总　分　类　账

29

科目名称　　5101制造费用

2009年 月	日	凭证编号	摘要	借:亿	千	百	十	万	千	百	十	元	角	分	贷:亿	千	百	十	万	千	百	十	元	角	分	借或贷	余:亿	千	百	十	万	千	百	十	元	角	分
01	01		上年结转																							平									θ		
…	…																																				
11	30		本年累计			1	7	2	3	1	0	4	6	0			1	7	2	3	1	0	4	6	0	平									θ		
12	20	汇35	11-20日汇总							2	5	0	0	0												借							2	5	0	0	0
12	31	汇36	21-31日汇总				1	7	0	1	7	7	8	0				1	7	0	4	2	7	8	0	平									θ		
12	31		本月合计				1	7	0	4	2	7	8	0				1	7	0	4	2	7	8	0	平									θ		
12	31		本年累计			1	8	9	3	5	3	2	4	0			1	8	9	3	5	3	2	4	0	平									θ		

注："制造费用"科目核算企业生产车间(部门)为生产产品和提供劳务而发生的各项间接费用,可按不同的生产车间、部门和费用项目进行明细核算,除季节性的生产性企业外,本科目期末应无余额。

总 分 类 账

科目名称 1405库存商品

月	日	凭证编号	摘要	借方 亿	千	百	十	万	千	百	十	元	角	分	贷方 亿	千	百	十	万	千	百	十	元	角	分	借或贷	余额 亿	千	百	十	万	千	百	十	元	角	分
01	01		上年结转																							借			3	4	2	0	0	0	0	0	0
...	...																																				
11	30		本年累计		2	4	5	6	7	0	0	0	0	0		2	4	5	2	9	0	0	0	0	0	借			3	4	5	8	0	0	0	0	0
12	31	汇36	21-31日汇总			3	4	2	0	0	0	0	0	0			3	1	5	8	7	5	0	0	0	借			3	7	1	9	2	5	0	0	0
12	31		本月合计			3	4	2	0	0	0	0	0	0			3	1	5	8	7	5	0	0	0	借			3	7	1	9	2	5	0	0	0
12	31		本年累计		2	7	9	8	7	0	0	0	0	0		2	7	6	8	7	7	5	0	0	0	借			3	7	1	9	2	5	0	0	0

注："库存商品"科目核算企业库存的各种商品的实际成本或计划成本，包括库存产成品、外购商品、存放在门市部准备出售的商品、发出展览的商品以及寄存在外的商品等，本科目可按库存商品的种类、品种和规格等进行明细核算，期末借方余额反映企业库存商品的实际成本或计划成本。

总 分 类 账

科目名称 1406产品成本差异

月	日	凭证编号	摘要	借方 亿	千	百	十	万	千	百	十	元	角	分	贷方 亿	千	百	十	万	千	百	十	元	角	分	借或贷	余额 亿	千	百	十	万	千	百	十	元	角	分
01	01		上年结转																							借						5	1	3	0	0	0
...	...																																				
11	30		本年累计					9	4	9	9	9	6	0					8	8	3	0	4	4	0	借					1	1	8	2	5	2	0
12	31	汇36	21-31日汇总					1	1	7	5	5	4	0					1	0	7	3	9	7	5	借					1	2	8	4	0	8	5
12	31		本月合计					1	1	7	5	5	4	0					1	0	7	3	9	7	5	借					1	2	8	4	0	8	5
12	31		本年累计				1	0	6	7	5	5	0	0					9	9	0	4	4	1	5	借					1	2	8	4	0	8	5

注："产品成本差异"科目参照"材料成本差异"科目设置。

总　分　类　账　　　　　　　　37

科目名称　1411周转材料

月	日	凭证编号	摘要	借-亿	借-千	借-百	借-十	借-万	借-千	借-百	借-十	借-元	借-角	借-分	贷-亿	贷-千	贷-百	贷-十	贷-万	贷-千	贷-百	贷-十	贷-元	贷-角	贷-分	借或贷	余-亿	余-千	余-百	余-十	余-万	余-千	余-百	余-十	余-元	余-角	余-分
01	01		上年结转																							借				2	8	5	0	0	0	0	0
…	…																																				
11	30		本年累计			3	7	2	9	4	0	0	0	0			3	4	5	4	4	0	0	0	0	借				5	6	0	0	0	0	0	0
12	10	汇34	1-10日汇总														4	7	9	3	5	0	0	0	借					8	0	6	5	0	0	0
12	20	汇35	11-20日汇总								5	0	0	0	0								7	5	0	0	借					8	0	4	0	0	0	0
12	31		本月合计								5	0	0	0	0					4	8	0	1	0	0	0	0	借					8	0	4	0	0	0	0
12	31		本年累计			3	7	2	9	9	0	0	0	0			3	9	3	4	5	0	0	0	0	借											

注：“周转材料”科目核算企业周转材料的计划成本或实际成本，可按周转材料的种类，包括包装物、低值易耗品，以及企业（建造承包商）的钢模板、木模板、脚手架等，分别“在库”、“在用”和“摊销”进行明细核算，期末借方余额反映企业在库周转材料的计划成本或实际成本以及在用周转材料的摊余价值。

总　分　类　账　　　　　　　　40

科目名称　1471存货跌价准备

月	日	凭证编号	摘要	借-亿	借-千	借-百	借-十	借-万	借-千	借-百	借-十	借-元	借-角	借-分	贷-亿	贷-千	贷-百	贷-十	贷-万	贷-千	贷-百	贷-十	贷-元	贷-角	贷-分	借或贷	余-亿	余-千	余-百	余-十	余-万	余-千	余-百	余-十	余-元	余-角	余-分
01	01		上年结转																							贷						3	0	0	0	0	
12	31	汇36	21-31日汇总								3	0	0	0	0						3	0	0	0	0	0	平										θ	
12	31		本月合计								3	0	0	0	0						3	0	0	0	0	0	平										θ	
12	31		本年累计								3	0	0	0	0						3	0	0	0	0	0	平										θ	

注：“存货跌价准备”科目核算企业存货的跌价准备，可按存货项目或类别进行明细核算，期末贷方余额反映企业已计提但尚未转销的存货跌价准备。

41

总 分 类 账

科目名称　1501持有至到期投资

月	日	凭证编号	摘要	借方亿	千	百	十	万	千	百	十	元	角	分	贷方亿	千	百	十	万	千	百	十	元	角	分	借或贷	余额亿	千	百	十	万	千	百	十	元	角	分
01	01		上年结转																							借			4	1	4	7	2	0	0	0	0
12	31	汇36	21-31日汇总																3	4	1	1	2	0	0	借			4	1	1	3	0	8	8	0	0
12	31		本月合计																3	4	1	1	2	0	0	借			4	1	1	3	0	8	8	0	0
12	31		本年累计																3	4	1	1	2	0	0	借			4	1	1	3	0	8	8	0	0

　　注："持有至到期投资"科目核算企业持有至到期投资的摊余成本，本科目可按持有至到期投资的类别和品种，分别"成本"、"利息调整"、"应计利息"等进行明细核算，期末借方余额反映企业持有至到期投资的摊余成本。

总 分 类 账

42

科目名称　1511长期股权投资

月	日	凭证编号	摘要	借方亿	千	百	十	万	千	百	十	元	角	分	贷方亿	千	百	十	万	千	百	十	元	角	分	借或贷	余额亿	千	百	十	万	千	百	十	元	角	分
01	01		上年结转																							借			1	6	0	0	0	0	0	0	0
...	...																																				
11	30		本年累计																	2	0	0	0	0	0	借			1	5	8	0	0	0	0	0	0
12	31	汇36	21-31日汇总			1	5	6	2	5	0	0	0	0												借			1	7	3	6	2	5	0	0	0
12	31		本月合计			1	5	6	2	5	0	0	0	0												借			1	7	3	6	2	5	0	0	0
12	31		本年累计			1	5	6	2	5	0	0	0	0						2	0	0	0	0	0	借			1	7	3	6	2	5	0	0	0

　　注："长期股权投资"科目核算企业持有的采用成本法和权益法核算的长期股权投资。本科目可按被投资单位进行明细核算，长期股权投资采用权益法核算的，还应当分别"成本"、"损益调整"、"其他权益变动"进行明细核算本科目期末借方余额反映企业长期股权投资的价值。

总 分 类 账 43

科目名称 1601固定资产

2009年		凭证编号	摘要	借方											贷方											借或贷	余额										
月	日			亿	千	百	十	万	千	百	十	元	角	分	亿	千	百	十	万	千	百	十	元	角	分		亿	千	百	十	万	千	百	十	元	角	分
01	01		上年结转																							借		2	5	1	8	0	0	0	0	0	0
12	31	汇36	21-31日汇总				2	7	5	1	8	4	0	0				2	5	0	0	0	0	0	0	借		2	5	2	0	5	1	8	4	0	0
12	31		本月合计				2	7	5	1	8	4	0	0				2	5	0	0	0	0	0	0	借		2	5	2	0	5	1	8	4	0	0
12	31		本年累计				2	7	5	1	8	4	0	0				2	5	0	0	0	0	0	0	借		2	5	2	0	5	1	8	4	0	0

注："固定资产"科目核算企业持有的固定资产原价，本科目可按固定资产类别和项目进行明细核算，期末借方余额反映企业固定资产的原价。融资租入的固定资产，可设置"融资租入固定资产"明细科目。

总 分 类 账 44

科目名称 1602累计折旧

2009年		凭证编号	摘要	借方											贷方											借或贷	余额										
月	日			亿	千	百	十	万	千	百	十	元	角	分	亿	千	百	十	万	千	百	十	元	角	分		亿	千	百	十	万	千	百	十	元	角	分
01	01		上年结转																							贷			1	4	4	5	1	4	7	1	5
...	...																																			
11	30		本年累计														1	4	1	6	0	1	3	2	8	贷			2	8	6	1	1	6	0	4	3
12	31	汇36	21-31日汇总					4	5	5	1	9	0	7				1	2	8	7	2	8	4	8	贷			2	9	4	4	3	6	9	8	4
12	31		本月合计					4	5	5	1	9	0	7				1	2	8	7	2	8	4	8	贷			2	9	4	4	3	6	9	8	4
12	31		本年累计					4	5	5	1	9	0	7			1	5	4	4	7	4	1	7	6	贷			2	9	4	4	3	6	9	8	4

注："累计折旧"科目核算企业固定资产的累计折旧，本科目可按固定资产的类别或项目进行明细核算，期末贷方余额反映企业固定资产的累计折旧额。

46

总 分 类 账

科目名称　1603固定资产减值准备

2009年		凭证编号	摘要	借方										贷方										借或贷	余额									
月	日			亿	千	百	十	万	千	百	十	元	角	分	亿	千	百	十	万	千	百	十	元	角	分		亿	千	百	十	万	千	百	十	元	角	分
12	31	汇36	21日-31日汇总															2	0	2	5	3	3	0	贷					2	0	2	5	3	3	0
12	31		本月合计															2	0	2	5	3	3	0	贷					2	0	2	5	3	3	0
12	31		本年累计															2	0	2	5	3	3	0	贷					2	0	2	5	3	3	0

注：“固定资产减值准备”科目核算企业固定资产的减值准备，期末贷方余额反映企业已计提但尚未转销的固定资产减值准备。

总 分 类 账

47

科目名称　1606固定资产清理

2009年		凭证编号	摘要	借方										贷方										借或贷	余额									
月	日			亿	千	百	十	万	千	百	十	元	角	分	亿	千	百	十	万	千	百	十	元	角	分		亿	千	百	十	万	千	百	十	元	角	分
12	31	汇36	21-31日汇总				2	0	5	6	8	0	9	3				2	0	5	6	8	0	9	3	平											0
12	31		本月合计				2	0	5	6	8	0	9	3				2	0	5	6	8	0	9	3	平											0
12	31		本年累计				2	0	5	6	8	0	9	3				2	0	5	6	8	0	9	3	平											0

注：“固定资产清理”科目核算企业因出售、报废、毁损、对外投资、非货币性资产交换、债务重组等原因转出的固定资产价值以及在清理过程中发生的费用等，本科目可按被清理的固定资产项目进行明细核算，期末借方余额反映企业尚未清理完毕的固定资产清理净损失。

总 分 类 账

48

科目名称 1701无形资产

2009年		凭证编号	摘要	借方											贷方												借或贷	余额										
月	日			亿	千	百	十	万	千	百	十	元	角	分	十	亿	千	百	十	万	千	百	十	元	角	分		亿	千	百	十	万	千	百	十	元	角	分
01	01		上年结转																								借			2	0	0	8	5	0	0	0	0
12	31		本年累计																								借			2	0	0	8	5	0	0	0	0

注："无形资产"科目核算企业持有的无形资产成本，包括专利权、非专利技术、商标权、著作权、土地使用权等，本科目可按无形资产项目进行明细核算，期末借方余额反映企业无形资产的成本。

总 分 类 账

49

科目名称　1702累计摊销

2009年		凭证编号	摘要	借方											贷方												借或贷	余额										
月	日			亿	千	百	十	万	千	百	十	元	角	分	十	亿	千	百	十	万	千	百	十	元	角	分		亿	千	百	十	万	千	百	十	元	角	分
01	01		上年结转																								贷			2	0	0	8	4	2	0	8
...	...																																					
11	30		本年累计															1	8	4	1	0	5	2	4	贷			3	8	4	9	4	7	3	2
12	31	汇36 21-31日汇总																1	6	7	3	6	8	4	贷			4	0	1	6	8	4	1	6
12	31		本月合计																1	6	7	3	6	8	4	贷			4	0	1	6	8	4	1	6
12	31		本年累计															2	0	0	8	4	2	0	8	贷			4	0	1	6	8	4	1	6

注："累计摊销"科目核算企业对使用寿命有限的无形资产计提的累计摊销，本科目可按无形资产项目进行明细核算，期末贷方余额反映企业无形资产的累计摊销额。

总 分 类 账

52

科目名称　1811递延所得税资产

2009年		凭证编号	摘要	借方											贷方											借或贷	余额										
月	日			亿	千	百	十	万	千	百	十	元	角	分	亿	千	百	十	万	千	百	十	元	角	分		亿	千	百	十	万	千	百	十	元	角	分
01	01		上年结转																							借						3	5	0	0	0	0
12	31	汇36	21-31日汇总						8	4	6	1	7	0												借					1	1	9	6	1	7	0
12	31		本月合计						8	4	6	1	7	0												借					1	1	9	6	1	7	0
12	31		本年累计						8	4	6	1	7	0												借					1	1	9	6	1	7	0

注："递延所得税资产"科目核算企业确认的可抵扣暂时性差异产生的递延所得税资产，本科目应按可抵扣暂时性差异等项目进行明细核算，期末借方余额反映企业确认的递延所得税资产。

总 分 类 账

53

科目名称　1901待处理财产损溢

2009年		凭证编号	摘要	借方											贷方											借或贷	余额										
月	日			亿	千	百	十	万	千	百	十	元	角	分	亿	千	百	十	万	千	百	十	元	角	分		亿	千	百	十	万	千	百	十	元	角	分
01	01		上年结转																							平									0		
12	31	汇36	21-31日汇总					1	9	1	5	3	9	0					1	9	1	5	3	9	0	平									0		
12	31		本月合计					1	9	1	5	3	9	0					1	9	1	5	3	9	0	平									0		
12	31		本年累计					1	9	1	5	3	9	0					1	9	1	5	3	9	0	平									0		

注："待处理财产损溢"科目核算企业在清查财产过程中查明的各种财产盘盈、盘亏和毁损的价值。物资在运输途中发生的非正常短缺与损耗，也通过本科目核算。企业如有盘盈固定资产的，应作为前期差错记入"以前年度损益调整"科目。本科目可按盘盈、盘亏的资产种类和项目进行明细核算。企业的财产损溢，应查明原因，在期末结账前处理完毕，处理后本科目应无余额。

54

总 分 类 账

科目名称　2001短期借款

2009年 月	日	凭证编号	摘要	借方 亿	千	百	十	万	千	百	十	元	角	分	贷方 亿	千	百	十	万	千	百	十	元	角	分	借或贷	余额 亿	千	百	十	万	千	百	十	元	角	分
01	01		上年结转																							平									θ		
...	...																																				
11	30		本年累计														6	0	0	0	0	0	0	0	0	贷		6	0	0	0	0	0	0	0	0
12	31	汇36	21-31日汇总		6	0	0	0	0	0	0	0	0												平									θ		
12	31		本月合计		6	0	0	0	0	0	0	0	0												平									θ		
12	31		本年累计		6	0	0	0	0	0	0	0	0		6	0	0	0	0	0	0	0	0	平									θ		

注："短期借款"科目核算企业向银行或其他金融机构等借入的期限在1年以下（含1年）的各种借款，本科目可按借款种类、贷款人和币种进行明细核算，期末贷方余额反映企业尚未偿还的短期借款。

总 分 类 账

55

科目名称　2201应付票据

2009年 月	日	凭证编号	摘要	借方 亿	千	百	十	万	千	百	十	元	角	分	贷方 亿	千	百	十	万	千	百	十	元	角	分	借或贷	余额 亿	千	百	十	万	千	百	十	元	角	分
01	01		上年结转																							平									θ		
...	...																																				
11	30		本年累计														1	1	7	0	0	0	0	0	0	贷		1	1	7	0	0	0	0	0	0
12	10	汇34	1-10日汇总		1	1	7	0	0	0	0	0	0												平									θ		
12	31		本月合计		1	1	7	0	0	0	0	0	0												平									θ		
12	31		本年累计		1	1	7	0	0	0	0	0	0		1	1	7	0	0	0	0	0	0	平									θ		

注："应付票据"科目核算企业购买材料、商品和接受劳务供应等开出、承兑的商业汇票，包括银行承兑汇票和商业承兑汇票，本科目可按债权人进行明细核算，期末贷方余额反映企业尚未到期的商业汇票的票面金额。

总 分 类 账

科目名称 2202应付账款

月	日	凭证编号	摘要	借亿	借千	借百	借十	借万	借千	借百	借十	借元	借角	借分	贷亿	贷千	贷百	贷十	贷万	贷千	贷百	贷十	贷元	贷角	贷分	借或贷	余亿	余千	余百	余十	余万	余千	余百	余十	余元	余角	余分
01	01		上年结转																							贷			1	0	5	3	0	0	0	0	0
...	...																																				
11	30		本年累计			4	4	6	8	0	0	0	0	0			4	5	8	5	0	0	0	0	0	贷			1	1	7	0	0	0	0	0	0
12	31	汇36	21-31日汇总				2	0	6	3	8	8	0	0						5	4	0	0	0	0	贷				9	6	9	0	1	2	0	0
12	31		本月合计				2	0	6	3	8	8	0	0						5	4	0	0	0	0	贷				9	6	9	0	1	2	0	0
12	31		本年累计			4	6	7	4	3	8	8	0	0			4	5	9	0	4	0	0	0	0	贷				9	6	9	0	1	2	0	0

注："应付账款"科目核算企业因购买材料、商品和接受劳务等经营活动应支付的款项，本科目可按债权人进行明细核算，期末贷方余额反映企业尚未支付的应付账款余额。

总 分 类 账

科目名称 2211应付职工薪酬

月	日	凭证编号	摘要	借亿	借千	借百	借十	借万	借千	借百	借十	借元	借角	借分	贷亿	贷千	贷百	贷十	贷万	贷千	贷百	贷十	贷元	贷角	贷分	借或贷	余亿	余千	余百	余十	余万	余千	余百	余十	余元	余角	余分
01	01		上年结转																							贷			2	6	7	7	2	0	0	0	0
...	...																																				
11	30		本年累计		1	0	0	4	3	2	3	2	0	0		1	1	0	0	7	6	1	2	0	0	贷			1	2	3	2	1	0	0	0	0
12	20	汇35	11-20日汇总					5	0	0	0	0	0	0												贷			1	1	8	2	1	0	0	0	0
12	31	汇36	21-31日汇总			1	1	2	4	1	0	4	0	0			1	1	3	8	2	8	4	0	0	贷			1	1	9	6	2	8	0	0	0
12	31		本月合计			1	1	7	4	1	0	4	0	0			1	1	3	8	2	8	4	0	0	贷			1	1	9	6	2	8	0	0	0
12	31		本年累计		1	1	2	1	7	3	3	6	0	0		1	2	1	4	5	8	9	6	0	0	贷			1	1	9	6	2	8	0	0	0

注："应付职工薪酬"科目核算企业根据有关规定应付给职工的各种薪酬，本科目可按"工资"、"职工福利"、"社会保险费"、"住房公积金"、"工会经费"、"职工教育经费"、"非货币性福利"、"辞退福利"、"股份支付"等进行明细核算，期末贷方余额反映企业应付未付的职工薪酬。

总 分 类 账 　　　　63

科目名称　2221应交税费

2009年 月	日	凭证编号	摘要	借方											贷方											借或贷	余额										
				亿	千	百	十	万	千	百	十	元	角	分	亿	千	百	十	万	千	百	十	元	角	分		亿	千	百	十	万	千	百	十	元	角	分
01	01		上年结转																							贷			3	5	3	4	1	6	3	6	7
…	…																																			
11	30		本年累计		3	3	8	7	8	1	0	9	8	7		3	1	4	8	6	7	6	6	2	0	贷			1	1	4	2	8	2	0	0	0
12	10	汇34	1-10日汇总			2	5	4	5	9	7	9	0	0				5	8	7	5	2	0	0	0	借				8	1	5	6	3	9	0	0
12	20	汇35	11-20日汇总						8	0	1	1	0	0				6	7	3	3	7	0	0	0	借				1	5	0	2	8	0	0	0
12	31	汇36	21-31日汇总					4	0	4	8	0	5	0			4	7	7	3	7	1	3	6	0	贷			4	5	8	2	9	5	3	1	0
12	31		本月合计			2	5	9	4	4	7	0	5	0			6	0	3	4	6	0	3	6	0	贷			4	5	8	2	9	5	3	1	0
12	31		本年累计		3	6	4	7	2	5	8	0	3	7		3	7	5	2	1	3	6	9	8	0	贷			4	5	8	2	9	5	3	1	0

注："应交税费"科目核算企业按照税法等规定计算应缴纳的各种税费,本科目可按应交的税费项目进行明细核算,期末贷方余额反映企业尚未缴纳的税费,期末如为借方余额反映企业多缴或尚未抵扣的税费。应交增值税还应分别"进项税额"、"销项税额"、"出口退税"、"进项税额转出"、"已交税金"等设置专栏。

总 分 类 账 　　　　66

科目名称2231应付利息

2009年 月	日	凭证编号	摘要	借方											贷方											借或贷	余额										
				亿	千	百	十	万	千	百	十	元	角	分	亿	千	百	十	万	千	百	十	元	角	分		亿	千	百	十	万	千	百	十	元	角	分
01	01		上年结转																							平											θ
…	…																																			
11	30		本年累计															1	8	5	0	0	0	0	0	贷				1	8	5	0	0	0	0	0
12	31	汇36	21-31日汇总			1	7	8	0	0	0	0	0	0			1	5	9	5	0	0	0	0	0	平											θ
12	31		本月合计			1	7	8	0	0	0	0	0	0			1	5	9	5	0	0	0	0	0	平											θ
12	31		本年累计			1	7	8	0	0	0	0	0	0			1	7	8	0	0	0	0	0	0	平											θ

注："应付利息"科目核算企业按照合同约定应支付的利息,包括分期付息到期还本的长期借款、企业债券等应支付的利息,本科目可按存款人或债权人进行明细核算,期末贷方余额反映企业应付未付的利息。

总 分 类 账

67

科目名称　2232应付股利

2009年 月	日	凭证编号	摘要	借方 亿	千	百	十	万	千	百	十	元	角	分	贷方 亿	千	百	十	万	千	百	十	元	角	分	借或贷	余额 亿	千	百	十	万	千	百	十	元	角	分
01	01		上年结转																							贷				2	1	1	2	0	0	0	0
…	…																																				
11	30		本年累计					2	1	1	2	0	0	0	0												平								θ			
12	31	汇36	21-31日汇总															1	4	7	1	4	4	9	0	0	贷			1	4	7	1	4	4	9	0	0
12	31		本月合计															1	4	7	1	4	4	9	0	0	贷			1	4	7	1	4	4	9	0	0
12	31		本年累计					2	1	1	2	0	0	0	0			1	4	7	1	4	4	9	0	0	贷			1	4	7	1	4	4	9	0	0

　　注："应付股利"科目核算企业分配的现金股利或利润，本科目可按投资者进行明细核算，期末贷方余额反映企业应付未付的现金股利或利润。

总 分 类 账

68

科目名称　2241其他应付款

2009年 月	日	凭证编号	摘要	借方 亿	千	百	十	万	千	百	十	元	角	分	贷方 亿	千	百	十	万	千	百	十	元	角	分	借或贷	余额 亿	千	百	十	万	千	百	十	元	角	分
01	01		上年结转																							平								θ			
…	…																																				
11	30		本年累计			1	7	3	0	5	2	0	0	0			1	7	3	0	5	2	0	0	0	平								θ			
12	31	汇36	21-31日汇总				1	5	7	3	2	0	0	0				1	5	7	3	2	0	0	0	平								θ			
12	31		本月合计				1	5	7	3	2	0	0	0				1	5	7	3	2	0	0	0	平								θ			
12	31		本年累计			1	8	8	7	8	4	0	0	0			1	8	8	7	8	4	0	0	0	平								θ			

　　注："其他应付款"科目核算企业除应付票据、应付账款、预收账款、应付职工薪酬、应付利息、应付股利、应交税费、长期应付款等以外的其他各项应付、暂收的款项，本科目可按其他应付款的项目和对方单位（或个人）进行明细核算，期末贷方余额反映企业应付未付的其他应付款项。

总 分 类 账

70

科目名称　2501长期借款

2009年		凭证编号	摘要	借方										贷方										借或贷	余额									
月	日			亿	千	百	十	万	千	百	十	元	角	分	亿	千	百	十	万	千	百	十	元	角	分		亿	千	百	十	万	千	百	十	元	角	分
01	01		上年结转																							贷		2	0	0	0	0	0	0	0	0	0
12	31		本年累计																							贷		2	0	0	0	0	0	0	0	0	0

注："长期借款" 科目核算企业向银行或其他金融机构借入的期限在1年以上(不含1年) 的各项借款，本科目可按贷款单位和贷款种类，分别"本金"、"利息调整"等进行明细核算，期末贷方余额反映企业尚未偿还的长期借款。

总 分 类 账

71

科目名称　2901递延所得税负债

2009年		凭证编号	摘要	借方										贷方										借或贷	余额									
月	日			亿	千	百	十	万	千	百	十	元	角	分	亿	千	百	十	万	千	百	十	元	角	分		亿	千	百	十	万	千	百	十	元	角	分
12	31	汇36	21-31日汇总																	6	2	5	0	0	0	贷						6	2	5	0	0	0
12	31		本月合计																	6	2	5	0	0	0	贷						6	2	5	0	0	0
12	31		本年累计																	6	2	5	0	0	0	贷						6	2	5	0	0	0

注："递延所得税负债"科目核算企业确认的应纳税暂时性差异产生的所得税负债，可按应纳税暂时性差异的项目进行明细核算，期末贷方余额反映企业已确认的递延所得税负债。

科目名称　4001实收资本

2009年		凭证编号	摘要	借方										贷方										借或贷	余额									
月	日			亿	千	百	十	万	千	百	十	元	角	分	亿	千	百	十	万	千	百	十	元	角	分		亿	千	百	十	万	千	百	十	元	角	分
01	01		上年结转																							贷		5	0	0	0	0	0	0	0	0	0
...	...																																				
11	30		本年累计																	1	0	5	6	0	0	0	贷		5	0	1	0	5	6	0	0	0
12	31		本年累计																	1	0	5	6	0	0	0	贷		5	0	1	0	5	6	0	0	0

注："实收资本"科目核算企业接受投资者投入的实收资本，企业收到投资者出资超过其在注册资本或股本中所占份额的部分，作为资本溢价或股本溢价，在"资本公积"科目核算，期末贷方余额反映企业实收资本或股本总额。

科目名称4101盈余公积

2009年		凭证编号	摘要	借方										贷方										借或贷	余额									
月	日			亿	千	百	十	万	千	百	十	元	角	分	亿	千	百	十	万	千	百	十	元	角	分		亿	千	百	十	万	千	百	十	元	角	分
01	01		上年结转																							贷			1	0	5	6	0	0	0		
12	31	汇36	21-31日汇总																	7	3	5	7	2	4	5	0	贷			8	4	1	3	2	4	5	0
12	31		本月合计																	7	3	5	7	2	4	5	0	贷			8	4	1	3	2	4	5	0
12	31		本年累计																	7	3	5	7	2	4	5	0	贷			8	4	1	3	2	4	5	0

注："盈余公积"科目核算企业从净利润中提取的盈余公积，本科目应当分别"法定盈余公积"、"任意盈余公积"进行明细核算，期末贷方余额反映企业的盈余公积。

总　分　类　账　　　　　　　　　　　　74

科目名称　4103本年利润

2009年 月	日	凭证编号	摘要	借方 亿	千	百	十	万	千	百	十	元	角	分	贷方 亿	千	百	十	万	千	百	十	元	角	分	借或贷	余额 亿	千	百	十	万	千	百	十	元	角	分
12	31	汇36	21-31日汇总		7	0	4	7	1	0	6	8	0	0		7	0	4	7	1	0	6	8	0	0	平									θ		
12	31		本月合计		7	0	4	7	1	0	6	8	0	0		7	0	4	7	1	0	6	8	0	0	平									θ		
12	31		本年累计		7	0	4	7	1	0	6	8	0	0		7	0	4	7	1	0	6	8	0	0	平									θ		

注："本年利润"科目核算企业当期实现的净利润（或发生的净亏损），年度终了，应将本年收入和支出相抵后结出的本年实现的净利润，转入"利润分配"科目，结转后本科目应无余额。"本年利润"也采用"表结账不结"的方法，即在编制财务报表时按月核算本年利润，但不登记"本年利润"账户。

总　分　类　账　　　　　　　　　　　　75

科目名称　4104利润分配

2009年 月	日	凭证编号	摘要	借方 亿	千	百	十	万	千	百	十	元	角	分	贷方 亿	千	百	十	万	千	百	十	元	角	分	借或贷	余额 亿	千	百	十	万	千	百	十	元	角	分
01	01		上年结转																							贷				7	3	9	2	0	0	0	0
...	...																																			
11	30		本年累计				2	1	1	2	0	0	0	0				1	0	5	6	0	0	0	0	贷				6	3	3	6	0	0	0	0
12	31	汇36	21-31日汇总			4	4	1	4	3	4	7	0	0			9	5	6	4	4	1	8	5	0	贷			5	7	8	3	6	7	1	5	0
12	31		本月合计			4	4	1	4	3	4	7	0	0			9	5	6	4	4	1	8	5	0	贷			5	7	8	3	6	7	1	5	0
12	31		本年累计			4	6	2	5	5	4	7	0	0			9	6	7	0	0	1	8	5	0	贷			5	7	8	3	6	7	1	5	0

注："利润分配"科目核算企业利润的分配（或亏损的弥补）和历年分配（或弥补）后的余额，本科目应当分别"提取法定盈余公积"、"提取任意盈余公积"、"应付现金股利或利润"、"转作股本的股利"、"盈余公积补亏"和"未分配利润"等进行明细核算，年末余额反映企业的未分配利润（或未弥补亏损）。

总 分 类 账

科目名称 6001主营业务收入

月	日	凭证编号	摘要	借方亿	千	百	十	万	千	百	十	元	角	分	贷方亿	千	百	十	万	千	百	十	元	角	分	借或贷	余额亿	千	百	十	万	千	百	十	元	角	分
...	...																																				
11	30		本年累计													6	0	7	3	9	2	0	0	0	0	贷		6	0	7	3	9	2	0	0	0	0
12	10	汇34	1-10日汇总														3	4	5	6	0	0	0	0	0	贷		6	4	1	9	5	2	0	0	0	0
12	20	汇35	11-20日汇总														3	9	6	1	0	0	0	0	0	贷		6	8	1	5	6	2	0	0	0	0
12	31	汇36	21-31日汇总		6	8	4	3	8	6	8	0	0	0				2	8	2	4	8	0	0	0	平									θ		
12	31		本月合计		6	8	4	3	8	6	8	0	0	0			7	6	9	9	4	8	0	0	0	平									θ		
12	31		本年累计		6	8	4	3	8	6	8	0	0	0		6	8	4	3	8	6	8	0	0	0	平									θ		

注：“主营业务收入”科目核算企业确认的销售商品、提供劳务等主营业务的收入，本科目可按主营业务的种类进行明细核算，期末应将本科目的余额转入“本年利润”科目，结转后本科目应无余额。

总 分 类 账

科目名称 6051 其他业务收入

月	日	凭证编号	摘要	借方亿	千	百	十	万	千	百	十	元	角	分	贷方亿	千	百	十	万	千	百	十	元	角	分	借或贷	余额亿	千	百	十	万	千	百	十	元	角	分
...	...																																				
11	30		本年累计																2	4	0	0	0	0	0	贷					2	4	0	0	0	0	0
12	20	汇35	11-20日汇总																	3	0	0	0	0	0	贷					2	7	0	0	0	0	0
12	31	汇36	21-31日汇总					2	7	0	0	0	0	0											平								θ		
12	31		本月合计					2	7	0	0	0	0	0						3	0	0	0	0	0	平								θ		
12	31		本年累计					2	7	0	0	0	0	0					2	7	0	0	0	0	0	平								θ		

注：“其他业务收入”科目核算企业确认的除主营业务活动以外的其他经营活动实现的收入，包括出租固定资产、出租无形资产、出租包装物和商品、销售材料、用材料进行非货币性交换（非货币性资产交换具有商业实质且公允价值能够可靠计量）或债务重组等实现的收入。本科目可按其他业务收入种类进行明细核算，期末应将本科目余额转入“本年利润”科目，结转后本科目应无余额。

总 分 类 账

科目名称　__6101公允价值变动损益__

2009年		凭证编号	摘要	借方											贷方											借或贷	余额										
月	日			亿	千	百	十	万	千	百	十	元	角	分	亿	千	百	十	万	千	百	十	元	角	分		亿	千	百	十	万	千	百	十	元	角	分
12	31	汇36	21-31日汇总				2	5	0	0	0	0	0					2	5	0	0	0	0	0		平									θ		
12	31		本月合计				2	5	0	0	0	0	0					2	5	0	0	0	0	0		平									θ		
12	31		本年累计				2	5	0	0	0	0	0					2	5	0	0	0	0	0													

注：“公允价值变动损益”科目核算企业交易性金融资产、交易性金融负债，以及采用公允价值模式计量的投资性房地产等公允价值变动形成的应计入当期损益的利得或损失。本科目可按交易性金融资产、交易性金融负债、投资性房地产等进行明细核算，期末应将本科目余额转入“本年利润”科目，结转后本科目无余额。

80

总 分 类 账

科目名称　__6111投资收益__

2009年		凭证编号	摘要	借方											贷方											借或贷	余额										
月	日			亿	千	百	十	万	千	百	十	元	角	分	亿	千	百	十	万	千	百	十	元	角	分		亿	千	百	十	万	千	百	十	元	角	分
12	31	汇36	21-31日汇总			1	7	3	7	3	8	8	0	0			1	7	3	7	3	8	8	0	0	平									θ		
12	31		本月合计			1	7	3	7	3	8	8	0	0			1	7	3	7	3	8	8	0	0	平									θ		
12	31		本年累计			1	7	3	7	3	8	8	0	0			1	7	3	7	3	8	8	0	0	平									θ		

注：“投资收益”科目核算企业确认的投资收益或投资损失，本科目可按投资项目进行明细核，期末应将本科目余额转入“本年利润”科目，本科目结转后应无余额。

总 分 类 账

科目名称　6401主营业务成本

2009年		凭证编号	摘要	借方											贷方											借或贷	余额										
月	日			亿	千	百	十	万	千	百	十	元	角	分	亿	千	百	十	万	千	百	十	元	角	分		亿	千	百	十	万	千	百	十	元	角	分
…	…																																				
11	30		本年累计		2	4	6	1	7	3	0	4	4	0												借		2	4	6	1	7	3	0	4	4	0
12	31	汇36	21-31日汇总			3	1	6	9	4	8	9	7	5			2	7	7	8	6	7	9	4	1	平									θ		
12	31		本月合计			3	1	6	9	4	8	9	7	5			2	7	7	8	6	7	9	4	1	平									θ		
12	31		本年累计		2	7	7	8	6	7	9	4	1	5		2	7	7	8	6	7	9	4	1	5	平									θ		

注：“主营业务成本”科目核算企业确认销售商品、提供劳务等主营业务收入时应结转的成本，本科目可按主营业务的种类进行明细核算，期末应将本科目的余额转入“本年利润”科目，结转后本科目无余额。

总 分 类 账

科目名称　6403营业税金及附加

2009年		凭证编号	摘要	借方											贷方											借或贷	余额										
月	日			亿	千	百	十	万	千	百	十	元	角	分	亿	千	百	十	万	千	百	十	元	角	分		亿	千	百	十	万	千	百	十	元	角	分
…	…																																				
11	30		本年累计		2	0	8	3	6	7	1	2	2	0												借		2	0	8	3	6	7	1	2	2	0
12	31	汇36	21-31日汇总			2	6	6	5	8	1	9	1	3			2	3	5	0	2	5	3	1	3	平									θ		
12	31		本月合计			2	6	6	5	8	1	9	1	3			2	3	5	0	2	5	3	1	3	平									θ		
12	31		本年累计		2	3	5	0	2	5	3	1	3	3		2	3	5	0	2	5	3	1	3	3	平									θ		

注：“营业税金及附加”科目核算企业经营活动发生的营业税、消费税、城市维护建设税、资源税和教育费附加等相关税费。房产税、车船使用税、土地使用税、印花税在“管理费用”科目核算，但与投资性房地产相关的房产税、土地使用税在本科目核算。期末应将本科目余额转入“本年利润”科目，结转后本科目无余额。

总 分 类 账　　　　　　87

科目名称　6601销售费用

2009年		凭证编号	摘要	借方											贷方											借或贷	余额										
月	日			亿	千	百	十	万	千	百	十	元	角	分	亿	千	百	十	万	千	百	十	元	角	分		亿	千	百	十	万	千	百	十	元	角	分
…	…																																				
11	30		本年累计			2	2	5	5	2	5	4	0	0												借			2	2	5	5	2	5	4	0	0
12	31	汇36	21-31日汇总				1	4	1	6	3	2	4	0				2	3	9	6	8	8	6	4	0	平										θ	
12	31		本月合计				1	4	1	6	3	2	4	0				2	3	9	6	8	8	6	4	0	平										θ	
12	31		本年累计				2	3	9	6	8	8	6	4	0				2	3	9	6	8	8	6	4	0	平										θ	

注：“销售费用”科目核算企业销售商品和材料、提供劳务的过程中发生的各种费用，包括保险费、包装费、展览费和广告费、商品维修费、预计产品质量保证损失、运输费、装卸费等以及为销售本企业商品而专设的销售机构（含销售网点、售后服务网点等）的职工薪酬、业务费、折旧费等经营费用。本科目可按费用项目进行明细核算，期末应将本科目余额转入“本年利润”科目，结转后本科目无余额。

总 分 类 账　　　　　　89

科目名称　6602管理费用

2009年		凭证编号	摘要	借方											贷方											借或贷	余额										
月	日			亿	千	百	十	万	千	百	十	元	角	分	亿	千	百	十	万	千	百	十	元	角	分		亿	千	百	十	万	千	百	十	元	角	分
…	…																																				
11	30		本年累计			4	6	7	3	1	1	1	9	2												借			4	6	7	3	1	1	1	9	2
12	10	汇34	1-10日汇总				1	6	5	0	0	0	0	0												借			4	6	8	9	6	1	1	9	2
12	31	汇36	21-31日汇总				4	6	4	9	1	1	5	8			5	1	5	4	5	2	3	5	0	平										θ	
12	31		本月合计				4	8	1	4	1	1	5	8			5	1	5	4	5	2	3	5	0	平										θ	
12	31		本年累计				5	1	5	4	5	2	3	5	0		5	1	5	4	5	2	3	5	0	平										θ	

注：“管理费用”科目核算企业为组织和管理企业生产经营所发生的管理费用，包括企业在筹建期间内发生的开办费、董事会和行政管理部门在企业的经营管理中发生的或者应由企业统一负担的公司经费（包括行政管理部门职工工资及福利费、物料消耗、低值易耗品摊销、办公费和差旅费等）、工会经费、董事会费（包括董事会成员津贴、会议费和差旅费等）、聘请中介机构费、咨询费（含顾问费）、诉讼费、业务招待费、房产税、车船使用税、土地使用税、印花税、技术转让费、矿产资源补偿费、研究费用、排污费等。本科目可按费用项目进行明细核算，期末应将本科目的余额转入“本年利润”科目，结转后本科目无余额。

总 分 类 账

科目名称　6603财务费用

月	日	凭证编号	摘要	借方 亿	千	百	十	万	千	百	十	元	角	分	贷方 亿	千	百	十	万	千	百	十	元	角	分	借或贷	余额 亿	千	百	十	万	千	百	十	元	角	分
...	...																																				
11	30		本年累计				2	2	1	4	8	0	0	0												借				2	2	1	4	8	0	0	0
12	10	汇34	1-10日汇总						2	3	4	0	0	0						2	0	0	0	0	0	借				2	2	1	8	2	0	0	0
12	31	汇36	21-31日汇总			1	6	0	9	6	0	1	0	0			1	8	3	1	4	2	1	0	0	平											0
12	31		本月合计			1	6	1	1	9	4	1	0	0			1	8	3	3	4	2	1	0	0	平											0
12	31		本年累计			1	8	3	3	4	2	1	0	0			1	8	3	3	4	2	1	0	0	平											0

　　注："财务费用"科目核算企业为筹集生产经营所需资金等而发生的筹资费用，包括利息支出（减利息收入）、汇兑损益以及相关的手续费、企业发生的现金折扣或收到的现金折扣等。本科目可按费用项目进行明细核算，期末应将本科目余额转入"本年利润"科目，结转后本科目无余额。

总 分 类 账

科目名称　6701资产减值损失

月	日	凭证编号	摘要	借方 亿	千	百	十	万	千	百	十	元	角	分	贷方 亿	千	百	十	万	千	百	十	元	角	分	借或贷	余额 亿	千	百	十	万	千	百	十	元	角	分
12	31	汇36	21-31日汇总					5	0	4	4	0	3	4					5	0	4	4	0	3	4	平											0
12	31		本月合计					5	0	4	4	0	3	4					5	0	4	4	0	3	4	平											0
12	31		本年累计					5	0	4	4	0	3	4					5	0	4	4	0	3	4	平											0

　　注："资产减值损失"科目核算企业计提各项资产减值准备所形成的损失，本科目可按资产减值损失的项目进行明细核算，包括"坏账损失"、"存货跌价损失"、"持有至到期投资减值损失"、"长期股权投资减值损失"、"固定资产减值损失"、"无形资产减值损失"等明细科目，期末应将本科目余额转入"本年利润"科目，结转后本科目无余额。

95

总 分 类 账

科目名称　6711营业外支出

2009年		凭证编号	摘要	借方										贷方										借或贷	余额									
月	日			亿	千	百	十	万	千	百	十	元	角	分	亿	千	百	十	万	千	百	十	元	角	分		亿	千	百	十	万	千	百	十	元	角	分
12	20	汇35	11-20日汇总				1	5	5	9	2	0	0	0												借				1	5	5	9	2	0	0	0
12	31	汇36	21-31日汇总				2	1	7	2	7	0	8	7				3	7	3	1	9	0	8	7	平									0		
12	31		本月合计				3	7	3	1	9	0	8	7				3	7	3	1	9	0	8	7	平									0		
12	31		本年累计				3	7	3	1	9	0	8	7				3	7	3	1	9	0	8	7	平									0		

注："营业外支出"科目核算企业发生的各项营业外支出，包括非流动资产处置损失、非货币性资产交换损失、债务重组损失、公益性捐赠支出、非常损失、盘亏损失等。本科目可按支出项目进行明细核算，期末应将本科目余额转入"本年利润"科目，结转后本科目无余额。

总 分 类 账

96

科目名称　6801所得税费用

2009年		凭证编号	摘要	借方										贷方										借或贷	余额									
月	日			亿	千	百	十	万	千	百	十	元	角	分	亿	千	百	十	万	千	百	十	元	角	分		亿	千	百	十	万	千	百	十	元	角	分
12	31	汇36	21-31日汇总				2	0	2	7	1	2	6	7	1				2	0	2	7	1	2	6	7	1	平								0		
12	31		本月合计				2	0	2	7	1	2	6	7	1				2	0	2	7	1	2	6	7	1	平								0		
12	31		本年累计				2	0	2	7	1	2	6	7	1				2	0	2	7	1	2	6	7	1	平								0		

注：①"所得税费用"科目核算企业确认的应从当期利润总额中扣除的所得税费用，可按"当期所得税费用"、"递延所得税费用"进行明细核算，期末应将本科目的余额转入"本年利润"科目，结转后本科目无余额。

②每次申报预缴所得税时，所得税费用与其他损益类账户一样采用"表结账不结"的方法，即只在编制财务报表时按季核算利润并预缴企业所得税，但不结转损益和登记"所得税费用"账户。

四、开设登记明细分类账

明细分类账主要涉及三栏式、数量金额式和多栏式明细账。常用的三栏式明细账为乙式502，如"应收账款"、"应付账款"、"实收资本"等明细账。常用的数量金额式明细账为乙式504-2，如"材料采购"、"原材料"、"库存商品"、"周转材料"明细账。常用的多栏式明细账为乙式614-2，如"生产成本"、"制造费用"、"应交税费——应交增值税"明细账。其中，"应交税费——应交增值税"明细分类账模拟了真实的多栏式明细账页，排在一页显有些拥挤。由于"生产成本"、"制造费用"、"管理费用"和"本年利润"明细账明细项目更多，如果采用带有金额的多栏式明细账页更加拥挤，为此将金额网线予以删除，除此之外的结构与真实的多栏式明细账页相同。

其他货币资金明细分类账
银行汇票　　本账页数 4　本户页数 1　科目　

2009年 月	日	记账凭证号数	摘要	对方科目	页数	借方	贷方	借或贷	余额
01	01		上年结转					平	
12	01	银付1	申请银行汇票	银行存款		120000.00		借	120000.00
12	05	转6	确认A材料实际成本	材料采购			117350.00	借	2650.00
12	08	银收1	收银行汇票余额	银行存款			2650.00	平	0.00
12	31		本月合计			120000.00	120000.00	平	0.00
12	31		本年累计			120000.00	120000.00	平	0.00

其他货币资金明细分类账
银行本票　　本账页数 4　本户页数 1　科目　

2009年 月	日	记账凭证号数	摘要	对方科目	页数	借方	贷方	借或贷	余额
01	01		上年结转					平	
12	01	银付2	申请银行本票	银行存款		100000.00		借	100000.00
12	08	转8	确认B材料实际成本	材料采购			100000.00	平	0.00
12	31		本月合计			100000.00	100000.00	平	0.00
12	31		本年累计			100000.00	100000.00	平	0.00

其他货币资金明细分类账

存出投资款　科目　　本账页数 4　本户页数 1

2009年 月	日	记账凭证号数	摘要	对方科目	页数	借方	贷方	借或贷	余额
…	…								
11	30		本年累计			1 5 0 0 0 0 0 0		借	1 5 0 0 0 0 0 0
12	10	转12	取得交易性金融资产	交易性金融资产			1 0 5 6 3 0 0 0 0	借	4 4 3 7 0 0 0
12	31		本月合计				1 0 5 6 3 0 0 0 0	借	4 4 3 7 0 0 0
12	31		本年累计			1 5 0 0 0 0 0 0	1 0 5 6 3 0 0 0 0	借	4 4 3 7 0 0 0

其他货币资金明细分类账

外埠存款　科目　　本账页数 4　本户页数 1

2009年 月	日	记账凭证号数	摘要	对方科目	页数	借方	贷方	借或贷	余额
01	01		上年结转					平	2 0 0 0 0 0 0 0
12	01	银付3	申请采购专户	银行存款		2 0 0 0 0 0 0 0		借	2 0 0 0 0 0 0 0
12	04	转3	确认C材料实际成本	材料采购			1 7 1 9 9 0 0 0 0	借	2 8 0 1 0 0 0
12	09	银收2	收回采购户余款	银行存款			2 8 0 1 0 0 0 0	平	0 0 0
12	31		本月合计			2 0 0 0 0 0 0 0	2 0 0 0 0 0 0 0	平	0 0 0
12	31		本年累计			2 0 0 0 0 0 0 0	2 0 0 0 0 0 0 0	平	0 0 0

交易性金融资产明细分类账

科目 债券投资

本账页数	5
本户页数	1

2009年 月	日	记账凭证号数	摘要	对方科目	页数	借方 十亿千百十万千百十元角分	贷方 十亿千百十万千百十元角分	借或贷	余额 十亿千百十万千百十元角分
...	...								
11	30		本年累计			3 0 0 0 0 0 0 0 0		借	3 0 0 0 0 0 0 0 0
12	31	银收11	收债券本息	银行存款			3 0 0 0 0 0 0 0 0	平	0 0 0
12	31		本月合计				3 0 0 0 0 0 0 0 0	平	0 0 0
12	31		本年累计			3 0 0 0 0 0 0 0 0	3 0 0 0 0 0 0 0 0	平	0 0 0

交易性金融资产明细分类账

科目 债券投资 成本

本账页数	5
本户页数	1

2009年 月	日	记账凭证号数	摘要	对方科目	页数	借方 十亿千百十万千百十元角分	贷方 十亿千百十万千百十元角分	借或贷	余额 十亿千百十万千百十元角分
...	...								
11	30		本年累计			3 0 0 0 0 0 0 0 0		借	3 0 0 0 0 0 0 0 0
12	31	银收11	收债券本息	银行存款			3 0 0 0 0 0 0 0 0	平	0 0 0
12	31		本月合计				3 0 0 0 0 0 0 0 0	平	0 0 0
12	31		本年累计			3 0 0 0 0 0 0 0 0	3 0 0 0 0 0 0 0 0	平	0 0 0

交易性金融资产明细分类账

股票投资　　科目

本账页数　5　本户页数　1

2009年 月	日	记账凭证号数	摘要	对方科目	页数	借方 十亿千百十万千百十元角分	贷方 十亿千百十万千百十元角分	借或贷	余额 十亿千百十万千百十元角分
12	10	转12	取得交易性金融资产	其他货币资金		1 0 5 6 3 0 0		借	1 0 5 6 3 0 0
12	31	转40	确认公允价值变动	公允价值变动损益		2 5 0 0 0		借	1 3 0 6 3 0 0
12	31		本月合计			1 3 0 6 3 0 0		借	1 3 0 6 3 0 0
12	31		本年累计			1 3 0 6 3 0 0		借	1 3 0 6 3 0 0

交易性金融资产明细分类账

股票投资　科目　成本

本账页数　5　本户页数　1

2009年 月	日	记账凭证号数	摘要	对方科目	页数	借方 十亿千百十万千百十元角分	贷方 十亿千百十万千百十元角分	借或贷	余额 十亿千百十万千百十元角分
12	10	转12	取得交易性金融资产	其他货币资金		1 0 5 6 3 0 0		借	1 0 5 6 3 0 0
12	31		本月合计			1 0 5 6 3 0 0		借	1 0 5 6 3 0 0
12	31		本年累计			1 0 5 6 3 0 0		借	1 0 5 6 3 0 0

交易性金融资产明细分类账

	本账页数	5
	本户页数	1
科目	公允价值变动	
股票投资		

2009年 月	日	记账凭证号数	摘要	对方科目	页数	借方 十亿千百十万千百十元角分	贷方 十亿千百十万千百十元角分	借或贷	余额 十亿千百十万千百十元角分
12	31	转40	确认公允价值变动	公允价值变动损益		2 5 0 0 0 0 0		借	2 5 0 0 0 0 0
12	31		本月合计			2 5 0 0 0 0 0		借	2 5 0 0 0 0 0
12	31		本年累计			2 5 0 0 0 0 0		借	2 5 0 0 0 0 0

应收票据明细分类账

	本账页数	2
	本户页数	1
科目		
上海贸易公司		

2009年 月	日	记账凭证号数	摘要	对方科目	页数	借方 十亿千百十万千百十元角分	贷方 十亿千百十万千百十元角分	借或贷	余额 十亿千百十万千百十元角分
01	01		上年结转					平	0
...	...								
11	30		本年累计						
12	01	转1	确认化妆品销售收入	主营业务收入		1 0 0 0 0 0 0		借	1 0 0 0 0 0 0
12	26	银收9	取得贴现所得款项	银行存款			9 9 8 0 7 0	借	1 4 7 5 9 2 0
12	26	转28	确认贴现利息及贴现息	财务费用			1 9 3 0 0	借	1 3 7 6 1 1 3
12	31	转41	计提票据利息	财务费用		6 8 7 9 6 0		借	1 3 7 5 9 2 0
12	31		本月合计			1 3 8 2 7 9 6 0	1 0 0 0 0 0 0	借	1 3 8 2 7 9 9 6
12	31		本年累计			1 4 8 2 7 9 6 0	1 0 0 0 0 0 0	借	1 3 8 2 7 9 9 6

应收票据明细分类账

广州贸易公司　　科目　　　　本账页数　2　　本户页数　1

2009年 月	日	记账凭证号数	摘要	对方科目	页数	借方（十亿千百十万千百十元角分）	借或贷	贷方（十亿千百十万千百十元角分）	余额（十亿千百十万千百十元角分）
01	01		上年结转				平		θ 0 0
…	…								
11	30		本年累计				借		θ 0 0
12	10	银收3	收商业承兑票据款	银行存款		2 0 0 0 0 0 0 0	平		2 0 0 0 0 0 θ 0 0
12	31		本月合计				平	2 0 0 0 0 0 0 0	θ 0 0
12	31		本年累计				平	2 0 0 0 0 0 0 0	θ 0 0

应收账款明细分类账

北京贸易公司　　科目　　　　本账页数　12　　本户页数　4

2009年 月	日	记账凭证号数	摘要	对方科目	页数	借方（十亿千百十万千百十元角分）	借或贷	贷方（十亿千百十万千百十元角分）	余额（十亿千百十万千百十元角分）
01	01		上年结转				借		1 3 7 5 9 2 0 0
…	…								
11	30		本年累计				借		4 0 4 3 5 6 0 0
12	08	转10	确认化妆品销售收入	主营业务收入		4 0 2 9 4 4 0 0	借		6 2 0 0 0 6 0 0
12	16	转16	确认化妆品销售收入	主营业务收入		2 6 7 6 5 4 0 0	借		6 1 8 5 6 0 0
12	24	转23	折让冲减销售收入	主营业务收入		2 1 5 6 4 7 8 4 0	借	3 0 2 7 0 2 4 0 0	4 0 4 3 5 2 0 0
12	24	银收8	收到货款	银行存款			借	2 1 4 3 5 6 0 0	4 0 4 3 5 2 0 0
12	31		本月合计			4 8 1 9 3 6 0 0	借	2 1 4 3 5 6 0 0	4 0 4 3 5 2 0 0
12	31		本年累计			9 2 1 3 9 6 0 0	借	5 1 7 0 8 9 6 0 0	4 0 4 3 5 2 0 0

应收账款明细分类账

上海贸易公司 本账页数 12　本户页数 4　科目

2009年 月	日	记账凭证号数	摘要	对方科目	页数	借方	贷方	借或贷	余额
01	01		上年结转					借	10000.00
…	…								
11	30		本年累计			687960.00	7604416.00	借	275184.00
12	31		本年累计			687960.00	7604416.00	借	275184.00

应收账款明细分类账

广州贸易公司　本账页数 12　本户页数 4　科目

2009年 月	日	记账凭证号数	摘要	对方科目	页数	借方	贷方	借或贷	余额
01	01		上年结转					借	120000.00
…	…								
11	30		本年累计			4127760.92	275184.00	借	257592.00
12	15	转14	确认化妆品销售收入	主营业务收入		137592.00		借	395184.00
12	16	银收6	收重组债权款	银行存款			122000.00	借	273184.00
12	16	转15	确认重组债务损失	营业外支出			15592.00	借	257592.00
12	26	转29	冲减退回化妆品销售收入	主营业务收入		27518.40		借	230073.60
12	30	转32	确认买方享有现金折扣	财务费用			9408.00	借	229132.80
12	30	银收10	收到货款	银行存款			1091328.00	借	120000.00
12	31		本月合计			1100736.00	2476656.00	借	120000.00
12	31		本年累计			5228496.00	5228496.00	借	120000.00

甲公司 ___ 科目 ___

本账页数	2
本户页数	1

预付账款明细分类账

2009年 月 日	记账凭证 号数	摘要	对方科目	页数	借方 十亿千百十万千百十元角分	贷方 十亿千百十万千百十元角分	借或贷	余额 十亿千百十万千百十元角分
01 01		上年结转					平	θ 0 0
12 15	银付7	预付货款	银行存款		1 1 0 0 0 0 0 0		借	1 1 0 0 0 0 0 0
12 25	转26	确认D材料实际成本	材料采购			1 7 7 2 5 5 0	贷	6 7 2 7 5 5 0
12 31		本月合计				1 7 7 2 5 5 0	贷	6 7 2 7 5 5 0
12 31		本年累计				1 7 7 2 5 5 0	贷	6 7 2 7 5 5 0

乙公司 ___ 科目 ___

本账页数	2
本户页数	1

预付账款明细分类账

2009年 月 日	记账凭证 号数	摘要	对方科目	页数	借方 十亿千百十万千百十元角分	贷方 十亿千百十万千百十元角分	借或贷	余额 十亿千百十万千百十元角分
01 01		上年结转					平	θ 0 0
11 … 30	…	本年累计			1 0 0 0 0 0 0		借	1 0 0 0 0 0 0
12 24	转24	确认C材料实际成本	材料采购			5 7 9 1 5 0 0	贷	4 7 9 1 5 0 0
12 31		本月合计				5 7 9 1 5 0 0	贷	4 7 9 1 5 0 0
12 31		本年累计				5 7 9 1 5 0 0	贷	4 7 9 1 5 0 0

应收股利明细分类账

科目 跃美日化　　本账页数 1　本户页数 1

2009年 月	日	记账凭证号数	摘要	对方科目	页数	借方 十亿千百十万千百十元角分	贷方 十亿千百十万千百十元角分	借或贷	余额 十亿千百十万千百十元角分
01	01		上年结转					平	0
...	...								
11	30		本年累计			2 0 0 0 0 0 0	2 0 0 0 0 0 0 0	平	0
12	31		本年累计			2 0 0 0 0 0 0	2 0 0 0 0 0 0 0	平	0

应收利息明细分类账

科目 乙公司　　本账页数 1　本户页数 1

2009年 月	日	记账凭证号数	摘要	对方科目	页数	借方 十亿千百十万千百十元角分	贷方 十亿千百十万千百十元角分	借或贷	余额 十亿千百十万千百十元角分
01	01		上年结转					平	0
12	31	转39	核算债券利息	投资收益		9 0 0 0 0		借	9 0 0 0 0
12	31	银收11	收债券本息	银行存款			9 0 0 0 0	平	0
12	31	转55	计提债券利息并摊销溢价	投资收益		2 0 0 0 0		借	2 0 0 0 0
12	31	银收12	收到债券利息	银行存款			2 0 0 0 0	平	0
12	31		本月合计			2 0 9 0 0 0 0	2 0 9 0 0 0 0	平	0
12	31		本年累计			2 0 9 0 0 0 0	2 0 9 0 0 0 0	平	0

其他应收款明细分类账

本账页数 3　本户页数 1　科目 王芳

2009年 月	日	记账凭证号数	摘要	对方科目	页数	借方 十亿	千	百	十	万	千	百	十	元	角	分	贷方 十亿	千	百	十	万	千	百	十	元	角	分	借或贷	余额 十亿	千	百	十	万	千	百	十	元	角	分
12	01	现付1	预支差旅费	库存现金							2	0	0	0	0	0												借							2	0	0	0	0	0
12	04	转5	报销差旅费	管理费用																		1	5	0	0	0	0	借								5	0	0	0	0
12	04	现收1	收回差旅费余款	库存现金																			5	0	0	0	0	平											θ	
12	31	转46	确认毁损A材料损失	待处理财产损溢						2	0	0	0	0	0	0											借					2	0	0	0	0	0	0	
12	31	现收2	收到赔偿款	库存现金																	2	0	0	0	0	0	平											θ	
12	31		本月合计							2	2	0	0	0	0	0					2	2	0	0	0	0	0	平											θ	
12	31		本年累计							2	2	0	0	0	0	0					2	2	0	0	0	0	0	平											θ	

其他应收款明细分类账

本账页数 3　本户页数 1　平安保险公司 科目

2009年 月	日	记账凭证号数	摘要	对方科目	页数	借方 十亿	千	百	十	万	千	百	十	元	角	分	贷方 十亿	千	百	十	万	千	百	十	元	角	分	借或贷	余额 十亿	千	百	十	万	千	百	十	元	角	分
12	26	转30	确认保险赔款	固定资产清理						1	8	0	0	0	0	0											借					1	8	0	0	0	0	0	
12	31		本月合计							1	8	0	0	0	0	0											借					1	8	0	0	0	0	0	
12	31		本年累计							1	8	0	0	0	0	0											借					1	8	0	0	0	0	0	

其他应收款明细分类账

丁公司　科目 _____

本账页数 3　本户页数 1

2009年 月	日	记账凭证号数	摘要	对方科目	页数	借方 十亿 亿 千万 百万 十万 万 千 百 十 元 角 分	贷方 十亿 亿 千万 百万 十万 万 千 百 十 元 角 分	借或贷	余额 十亿 亿 千万 百万 十万 万 千 百 十 元 角 分
01	01		上年结转					平	0
12	08	转8	确认B材料实际成本	其他货币资金		1 7 8 6 6 0 0		借	1 7 8 6 6 0 0
12	31		本月合计			1 7 8 6 6 0 0		借	1 7 8 6 6 0 0
12	31		本年累计			1 7 8 6 6 0 0		借	1 7 8 6 6 0 0

坏账准备明细分类账

北京贸易公司　科目 _____

本账页数 3　本户页数 1

2009年 月	日	记账凭证号数	摘要	对方科目	页数	借方 十亿 亿 千万 百万 十万 万 千 百 十 元 角 分	贷方 十亿 亿 千万 百万 十万 万 千 百 十 元 角 分	借或贷	余额 十亿 亿 千万 百万 十万 万 千 百 十 元 角 分
01	01		上年结转					平	0
12	31	转42	计提坏账准备	资产减值损失			4 0 4 3 5 2 0	贷	4 0 4 3 5 2 0
12	31		本月合计				4 0 4 3 5 2 0	贷	4 0 4 3 5 2 0
12	31		本年累计				4 0 4 3 5 2 0	贷	4 0 4 3 5 2 0

坏账准备明细分类账

上海贸易公司　科目 _____　本账页数 3　本户页数 1

2009年 月	日	记账凭证号数	摘要	对方科目	页数	借方（十亿千百十万千百十元角分）	贷方（十亿千百十万千百十元角分）	借或贷	余额（十亿千百十万千百十元角分）
01	01		上年结转					贷	1 0 0 0 0 0 0
12	31	转42	计提坏账准备	资产减值损失			7 2 4 8 1 6	贷	2 7 5 1 8 4
12	31		本月合计				7 2 4 8 1 6	贷	2 7 5 1 8 4
12	31		本年累计				7 2 4 8 1 6	贷	2 7 5 1 8 4

坏账准备明细分类账

广州贸易公司　科目 _____　本账页数 3　本户页数 1

2009年 月	日	记账凭证号数	摘要	对方科目	页数	借方（十亿千百十万千百十元角分）	贷方（十亿千百十万千百十元角分）	借或贷	余额（十亿千百十万千百十元角分）
01	01		上年结转					贷	1 2 0 0 0 0 0
12	31		本年累计					贷	1 2 0 0 0 0 0

材料采购明细分类账

本账页数 12　本户页数 3　名称 A材料
最高存量　　最低存量　　规格　　单位 千克

2009年 月	日	记账凭证编号	摘要	账页	借方 数量	借方 单价	借方 金额	贷方 数量	贷方 单价	贷方 金额	结存 数量	结存 单价	结存 金额
01	01	01	上年结转								0		0
…													
11	30		本年累计		63 500		6 080 760.00	63 500		6 080 760.00	0		0
12	05	转6	确认A材料实际成本		1 000	95.50	95 500.00				1 000	95.50	95 500.00
12	05	转7	确认A材料计划成本及差异					1 000	95.50	95 500.00	0		0
12	12	银付6	确认A材料实际成本		500		47 279.00				500		47 279.00
12	12	转13	确认A材料计划成本及差异					500		47 279.00	0		0
12	31		本月合计		1 500		142 779.00	1 500		142 779.00	0		0
12	31		本年累计		65 000		6 223 539.00	65 000		6 223 539.00	0		0

材料采购明细分类账

本账页数 12　本户页数 3　名称 B材料
最高存量　　最低存量　　规格　　单位 千克

2009年 月	日	记账凭证编号	摘要	账页	借方 数量	借方 单价	借方 金额	贷方 数量	贷方 单价	贷方 金额	结存 数量	结存 单价	结存 金额
01	01	01	上年结转								0		0
…													
11	30		本年累计		28 500		5 181 300.00	28 500		5 181 300.00	0		0
12	08	转8	确认B材料实际成本		400	175.50	70 200.00				400	175.50	70 200.00
12	08	转9	确认B材料计划成本及差异					400	175.50	70 200.00	0		0
12	31		本月合计		400		70 200.00	400		70 200.00	0		0
12	31		本年累计		28 900		5 251 500.00	28 900		5 251 500.00	0		0

最高存量 ____　最低存量 ____

材料采购明细分类账

本账页数 12　本户页数 3　名称 C材料　规格 ____　单位 千克

2009年 月	日	记账凭证号数	摘要	账页	借方数量	借方单价	借方金额	贷方数量	贷方单价	贷方金额	结存数量	结存单价	结存金额
01	01	01	上年结转								0	0	0.00
…	…												
11	30		本年累计		81 000	0	2 000 700.00					0	0	0.00
12	04	转3	确认C材料实际成本		6 000	24.50	147 000.00				6 000	24.50	147 000.00
12	04	转4	确认C材料计划成本及差异					6 000	24.50	147 000.00		0	0.00
12	24	转24	确认C材料实际成本		2 000	24.75	49 500.00				2 000	24.75	49 500.00
12	24	转25	确认C材料计划成本及差异					2 000	24.75	49 500.00		0	0.00
12	31		本月合计		8 000		196 500.00	8 000		196 500.00		0	0.00
12	31		本年累计		89 000		2 197 200.00	89 000		2 197 200.00		0	0.00

最高存量 ____　最低存量 ____

材料采购明细分类账

本账页数 12　本户页数 3　名称 D材料　规格 ____　单位 千克

2009年 月	日	记账凭证号数	摘要	账页	借方数量	借方单价	借方金额	贷方数量	贷方单价	贷方金额	结存数量	结存单价	结存金额
01	01	01	上年结转								0	0	0.00
…	…												
11	30		本年累计		26 300	0	1 308 425.00					0	0	0.00
12	25	转26	确认D材料实际成本		300	50.50	15 150.00				300	50.50	15 150.00
12	25	转27	确认D材料计划成本及差异					300	50.50	15 150.00		0	0.00
12	31		本月合计		300		15 150.00	300		15 150.00		0	0.00
12	31		本年累计		26 600		1 323 575.00	26 600		1 323 575.00		0	0.00

原材料明细分类账

最高存量 _____ 最低存量 _____ 编号 _____ 名称 A材料 规格 _____ 单位 千克 本账页数 16 本户页数 4

2009年 月	日	记账凭证号数	摘要	账页	借方 数量	借方 单价	借方 金额（千百十万千百十元角分）	贷方 数量	贷方 单价	贷方 金额（千百十万千百十元角分）	结存 数量	结存 单价	结存 金额（千百十万千百十元角分）
01	01		上年结转								3 500	95	332500.00
...	...												
11	30		本年累计		63 500	95	6032500.00	57 000	95	5415000.00	10 000	95	950000.00
12	01	转2	生产领用原材料					10 000	95	950000.00			0
12	05	转7	确认A材料计划成本及差异		990	95	94050.00				990	95	94050.00
12	13	转13	确认A材料计划成本及差异		500	95	47500.00				1 490	95	141550.00
12	22	转20	毁损A材料					200	95	19000.00	1 290	95	122550.00
12	31		本月合计		1 490	95	141550.00	10 200	95	969000.00	1 290	95	122550.00
12	31		本年累计		64 990	95	6174050.00	67 200	95	6384000.00	1 290	95	122550.00

原材料明细分类账

最高存量 _____ 最低存量 _____ 编号 _____ 名称 B材料 规格 _____ 单位 千克 本账页数 16 本户页数 4

2009年 月	日	记账凭证号数	摘要	账页	借方 数量	借方 单价	借方 金额（千百十万千百十元角分）	贷方 数量	贷方 单价	贷方 金额（千百十万千百十元角分）	结存 数量	结存 单价	结存 金额（千百十万千百十元角分）
01	01		上年结转								5 000	180	900000.00
...	...												
11	30		本年累计		28 500	180	5130000.00	28 500	180	5130000.00	5 000	180	900000.00
12	01	转2	生产领用原材料					5 000	180	900000.00			0
12	08	转9	确认B材料计划成本及差异		400	180	72000.00				400	180	72000.00
12	31	转43	月末暂估B材料计划成本		30	180	5400.00				430	180	77400.00
12	31		本月合计		430	180	77400.00	5 000	180	900000.00	430	180	77400.00
12	31		本年累计		28 930	180	5207400.00	33 500	180	6030000.00	430	180	77400.00

原材料明细分类账

最高存量 ＿＿＿　最低存量 ＿＿＿　编号 ＿＿＿　规格 ＿＿＿

名称 C材料　单位 千克　本账页数 16　本户页数 4

2009年 月	日	记账凭证 字	号	摘要	账页	借方 数量	单价	借方 金额	贷方 数量	单价	贷方 金额	结存 数量	单价	结存 金额
01	01			上年结转								10 000	25	250000
...	...													
11	30			本年累计		81 000	25	2025000	81 000	25	2025000			
12	01	转	2	生产领用原材料					10 000	25	250000	0	25	0
12	04	转	4	确认C材料计划成本及差异		6 000	25	150000				6 000	25	150000
12	24	转	25	确认C材料计划成本及差异		2 000	25	50000	2 000	25	50000	8 000	25	200000
12	31			本月合计		8 000	25	200000	10 000	25	250000	8 000	25	200000
12	31			本年累计		89 000	25	2225000	91 000	25	2275000	8 000	25	200000

原材料明细分类账

最高存量 ＿＿＿　最低存量 ＿＿＿　编号 ＿＿＿　规格 ＿＿＿

名称 D材料　单位 千克　本账页数 16　本户页数 4

2009年 月	日	记账凭证 字	号	摘要	账页	借方 数量	单价	借方 金额	贷方 数量	单价	贷方 金额	结存 数量	单价	结存 金额
01	01			上年结转								7 000	50	350000
...	...													
11	30			本年累计		26 300	50	1315000	26 300	50	1315000	7 000	50	350000
12	02	转	2	生产领用原材料					3 250	50	162500	3 750	50	187500
12	25	转	27	确认D材料计划成本及差异		300	50	15000				4 050	50	202500
12	31			本月合计		300	50	15000	3 250	50	162500	4 050	50	202500
12	31			本年累计		26 600	50	1330000	29 550	50	1477500	4 050	50	202500

材料成本差异明细分类账

本账页数 16　本户页数 4　科目 A材料

2009年 月	日	记账凭证号数	摘要	对方科目	页数	借方	贷方	借或贷	余额
01	01		上年结转					借	7 0 0 0 0
...	...								
11	30		本年累计			4 8 2 6 0 0	4 7 6 6 0 0	借	7 6 0 0 0
12	05	转7	确认A材料计划成本及差异	材料采购		1 4 5 0 0 0		贷	9 0 5 0 0
12	12	转13	确认A材料计划成本及差异	材料采购		2 2 1 0 0 0		借	8 8 2 9 0 0
12	31	转44	分摊A材料成本差异	生产成本			7 6 9 5 0	借	1 1 3 4 0
12	31	转45	毁损A材料分摊成本差异	待处理财产损溢			1 5 3 9 0	贷	9 8 0 1 0
12	31		本月合计			1 2 2 9 0 0	7 8 4 8 9 0	借	9 8 0 1 0
12	31		本年累计			4 9 4 8 9 0 0	5 5 5 0 8 9 0	借	9 8 0 1 0

材料成本差异明细分类账

本账页数 16　本户页数 4　科目 B材料

2009年 月	日	记账凭证号数	摘要	对方科目	页数	借方	贷方	借或贷	余额
01	01		上年结转					借	8 5 0 0 0
...	...								
11	30		本年累计			5 1 3 0 0 0	5 0 8 0 0 0	借	9 0 0 0 0
12	08	转9	确认B材料计划成本及差异	材料采购		1 8 0 0 0 0		借	7 2 0 0 0
12	31	转44	分摊B材料成本差异	生产成本			6 6 6 0 0	借	5 4 0 0 0
12	31		本月合计			1 8 0 0 0 0	6 6 6 0 0	借	5 4 0 0 0
12	31		本年累计			4 9 5 0 0 0	5 7 4 6 0 0	借	5 4 0 0 0

材料成本差异明细分类账

科目 ___C材料___

本账页数	16
本户页数	4

2009年 月/日	记账凭证号数	摘要	对方科目	页数	借方	贷方	借或贷	余额
01/01		上年结转					贷	2 00
…	…	…						
11/30		本年累计			24300 00	23300 00	贷	3 00
12/04	转4	确认C材料计划成本及差异	材料采购		300 00		贷	6 00
12/24	转25	确认C材料计划成本及差异	材料采购		500 00		贷	65 00
12/31	转44	分摊材料成本差异	生产成本			3600 00	贷	29 00
12/31		本月合计			3500 00	3600 00	贷	29 00
12/31		本年累计			27800 00	26900 00	贷	29 00

注：2009年1月至11月份，C材料累计形成−24 300元材料成本差异，C材料累计分摊−23 300元材料成本差异，在贷方用红字反映。

材料成本差异明细分类账

科目 ___D材料___

本账页数	16
本户页数	4

2009年 月/日	记账凭证号数	摘要	对方科目	页数	借方	贷方	借或贷	余额
01/01		上年结转					贷	1 00
…	…	…						
11/30		本年累计			6575 00	5825 00	贷	175 00
12/25	转27	确认D材料计划成本及差异	材料采购		150 00		贷	16 00
12/31	转44	分摊材料成本差异	生产成本			715 00	贷	88 50
12/31		本月合计			150 00	715 00	贷	88 50
12/31		本年累计			6425 00	6540 00	贷	88 50

注：2009年1月至11月份，D材料累计形成−6 575元材料成本差异，D材料累计分摊−5 825元材料成本差异，在借方用红字反映。

生产成本明细分类账

化妆品　科目

本账页数	6
本户页数	6

2009年 月	日	记账凭证号数	摘要	借方	贷方	借或贷	余额	原材料	分摊材料成本差异	包装物	职工薪酬	制造费用
01	01	01	上年结转			平	0.00	0.00	0.00	0.00	0.00	0.00
...												
11	30		本年累计	24 661 999.60	24 661 999.60	平	0.00	13 885 000.00	69 335.00	3 834 800.00	5 149 760.00	1 723 104.60
12	01	转 2	生产领用原材料	2 262 500.00		借	2 262 500.00	2 262 500.00				
12	08	转 11	生产领用包装物	479 350.00		借	2 741 850.00			479 350.00		
12	31	转 37	核算职工薪酬	468 160.00		借	3 210 010.00				468 160.00	
12	31	转 44	分摊材料成本差异	10 040.00		借	3 220 050.00		10 040.00			
12	31	转 48	订正12月30日转字34号凭证	41 277.60		借	3 261 327.60				41 277.60	
12	31	转 50	结转制造费用	170 427.80		借	3 431 755.40					170 427.80
12	31	转 51	结转产品生产成本及差异		3 431 755.40	平	0.00					
12	31		本月合计	3 431 755.40	3 431 755.40	平	0.00	2 262 500.00	10 040.00	479 350.00	509 437.60	170 427.80
12	31		本年累计	28 093 755.00	28 093 755.00	平	0.00	16 147 500.00	79 375.00	4 314 150.00	5 659 197.60	1 893 532.40

（借）方金额分析

制造费用明细分类账

化妆品　科目

本账页数	6
本户页数	6

2009年 月	日	记账凭证号数	摘要	借方	贷方	借或贷	余额	(借)方金额分析 职工薪酬	固定资产折旧	无形资产摊销	低值易耗品摊销
01	01		上年结转			平	0.00	0.00	0.00	0.00	0.00
...	...										
11	30		本年累计	1 723 104.60	1 723 104.60	平	0.00	579 348.00	957 930.60	183 326.00	2 500.00
12	19	转18	摊销低值易耗品	250.00		借	250.00				250.00
12	31	转35	计提固定资产折旧	87 084.60		借	87 334.60		87 084.60		
12	31	转36	摊销无形资产	16 666.00		借	104 000.60			16 666.00	
12	31	转37	核算职工薪酬	52 668.00		借	156 668.60	52 668.00			
12	31	转4834	订正12月30日转字4834号凭证	13 759.20		借	170 427.80	13 759.20			
12	31	转50	结转制造费用		170 427.80	平	0.00				
12	31		本月合计	170 427.80	170 427.80	平	0.00	66 427.20	87 084.60	16 666.00	250.00
12	31		本年累计	1 893 532.40	1 893 532.40	平	0.00	645 775.20	1 045 015.20	199 992.00	2 750.00

库存商品明细分类账

最高存量 _____
最低存量 _____
编号 _____ 规格 _____

本账页数 3　本户页数 3
名称 化妆品　单位 箱

2009年 月	日	凭证号数	摘要	账页	借方 数量	借方 单价	借方 金额	贷方 数量	贷方 单价	贷方 金额	结存 数量	结存 单价	结存 金额
01	01		上年结转								3 600	950	3 420 000 00
…	…												
11	30		本年累计		25 860	950	24 567 000 00	25 820	950	24 529 000 00	3 640	950	3 458 000 00
12	31	转51	结转产品生产成本及差异		3 600	950	3 420 000 00				7 240	950	6 878 000 00
12	31	转52	结转产品销售成本					3 325	950	3 158 750 00	3 915	950	3 719 250 00
12	31		本月合计		3 600	950	3 420 000 00	3 325	950	3 158 750 00	3 915	950	3 719 250 00
12	31		本年累计		29 460	950	27 987 000 00	29 145	950	27 687 750 00	3 915	950	3 719 250 00

注：库存商品平日销售时只登记数量，不登记金额，待月末汇总产品出库汇总表后统一结转产品销售成本。编制产品出库情况。

产品成本差异明细分类账

科目　化妆品

本账页数　3　本户页数　3

2009年 月	日	记账凭证号数	摘要	对方科目	页数	借方 十亿千百十万千百十元角分	贷方 十亿千百十万千百十元角分	借或贷	余额 十亿千百十万千百十元角分
01	01		上年结转					借	5 1 3 0 0 0
...	...								
11	30		本年累计			9 4 9 9 9 9 6 0	8 8 3 0 4 4 0	借	1 1 8 2 5 2 0
12	31	转51	结转产品生产成本及差异	生产成本		1 1 7 5 5 4 0		借	2 3 5 8 0 6 0
12	31	转53	分摊产品成本差异	主营业务成本			1 0 7 3 9 7 5	借	1 2 8 4 0 8 5
12	31		本月合计			1 1 7 5 5 4 0	1 0 7 3 9 7 5	借	1 2 8 4 0 8 5
12	31		本年累计			1 0 6 7 5 5 0 0	9 9 0 4 4 1 5	借	1 2 8 4 0 8 5

周转材料明细分类账

科目　包装物

本账页数　28　本户页数　6

2009年 月	日	记账凭证号数	摘要	对方科目	页数	借方 十亿千百十万千百十元角分	贷方 十亿千百十万千百十元角分	借或贷	余额 十亿千百十万千百十元角分
01	01		上年结转					借	2 8 0 0 0 0
...	...								
11	30		本年累计			3 7 2 1 9 0 0 0	3 4 4 6 9 0 0 0	借	5 5 5 0 0
12	08	转11	生产领用包装物	生产成本			4 3 2 5 0 0	借	5 1 1 7 5 0
12	08	转11	生产领用包装物	生产成本			4 3 2 5 0 0	借	7 9 2 5 0
12	08	转11	生产领用包装物	生产成本			3 6 0 9 5 0	借	7 5 6 5 0 0
12	31		本月合计				4 7 9 3 5 0	借	7 5 6 5 0 0
12	31		本年累计			3 7 2 1 9 0 0 0	3 9 2 2 1 9 0 0 0	借	7 5 6 5 0 0

周转材料明细分类账

最高存量 ____ 最低存量 ____　　编号 ____　规格 ____　名称 包装物（化妆品小包装盒）　单位 个　　本账页数 28　本户页数 3

2009年		记账凭证号数	摘要	账页	借方			贷方			结存		
月	日				数量	单价	金额	数量	单价	金额	数量	单价	金额
01	01		上年结转								50 000	0.50	25 000 00
…	…												
11	30		本年累计		672 000	0.50	336 000 00	622 000	0.50	311 000 00	100 000	0.50	50 000 00
12	08	转11	生产领用包装物					86 500	0.50	43 250 00	13 500	0.50	6 750 00
12	31		本月合计					86 500	0.50	43 250 00	13 500	0.50	6 750 00
12	31		本年累计		672 000	0.50	336 000 00	708 500	0.50	354 250 00	13 500	0.50	6 750 00

周转材料明细分类账

最高存量 ____ 最低存量 ____　　编号 ____　规格 ____　名称 包装物（化妆品小包装瓶）　单位 个　　本账页数 28　本户页数 3

2009年		记账凭证号数	摘要	账页	借方			贷方			结存		
月	日				数量	单价	金额	数量	单价	金额	数量	单价	金额
01	01		上年结转								50 000	5	250 000 00
…	…												
11	30		本年累计		672 000	5	3 360 000 00	622 000	5	3 110 000 00	100 000	5	500 000 00
12	08	转11	生产领用包装物					86 500	5	432 500 00	13 500	5	67 500 00
12	31		本月合计					86 500	5	432 500 00	13 500	5	67 500 00
12	31		本年累计		672 000	5	3 360 000 00	708 500	5	3 542 500 00	13 500	5	67 500 00

最高存量 ＿＿＿＿　　最低存量 ＿＿＿＿

本账页数 28　　本户页数 3

周转材料明细分类账

规格 ＿＿＿　名称 包装物（化妆品包装箱）　单位 个　编号 ＿＿＿

2009年		记账凭证号数	摘要	账页	借方 数量	单价	借方金额 千百十万千百十元角分	贷方 数量	单价	贷方金额 千百十万千百十元角分	结存 数量	单价	结存金额 千百十万千百十元角分
月	日												
01	01		上年结转								5 000	1	5 0 0 0 0 0
…	…	…											
11	30		本年累计		25 900	1	2 5 9 0 0 0 0				5 000	1	5 0 0 0 0 0
12	08	转11	生产领用包装物					3 600	1	3 6 0 0 0 0	1 400	1	1 4 0 0 0 0
12	31		本月合计					3 600	1	3 6 0 0 0 0	1 400	1	1 4 0 0 0 0
12	31		本年累计		25 900	1	2 5 9 0 0 0 0	29 500	1	2 9 5 0 0 0 0	1 400	1	1 4 0 0 0 0

225

周转材料明细分类账

本账页数	28
本户页数	4

科目　低值易耗品——周转材料

2009年 月	日	记账凭证号数	摘要	对方科目	页数	借方	贷方	借或贷	余额
01	01		上年结转					借	
...	...								
11	30		本年累计			750000.00	75000.00	借	50000.00
12	19	转17	领用低值易耗品	周转材料			5000.00	借	45000.00
12	19	转17	领用低值易耗品	周转材料		5000.00		借	50000.00
12	19	转18	摊销低值易耗品	制造费用			2500.00	借	47500.00
12	31		本月合计			5000.00	7500.00	借	47500.00
12	31		本年累计			800000.00	82500.00	借	47500.00

周转材料明细分类账

最高存量 _____ 最低存量 _____

编号 _____ 规格 _____ 单位 _____ 套 _____ 名称 _____

本账页数 28　本户页数 3　低值易耗品（在库）

2009年 月	日	记账凭证号数	摘要	账页	借方 数量	单价	借方金额 千 百 十 万 千 百 十 元 角 分	贷方 数量	单价	贷方金额 千 百 十 万 千 百 十 元 角 分	结存 数量	单价	结存金额 千 百 十 万 千 百 十 元 角 分
01	01		上年结转										
…	…	…											
11	30		本年累计		5	500	2 5 0 0 0 0				10	500	5 0 0 0 0
12	19	转17	领用低值易耗品					1	500	5 0 0 0	9	500	4 5 0 0 0
12	31		本月合计		1	500	5 0 0 0	1	500	5 0 0 0	9	500	4 5 0 0 0
12	31		本年累计		6	500	2 5 0 0 0 0	1	500	3 0 0 0	9	500	4 5 0 0 0

周转材料明细分类账

最高存量 _____ 最低存量 _____

编号 _____ 规格 _____ 单位 _____ 套 _____ 名称 _____

本账页数 28　本户页数 3　低值易耗品（在用）

2009年 月	日	记账凭证号数	摘要	账页	借方 数量	单价	借方金额 千 百 十 万 千 百 十 元 角 分	贷方 数量	单价	贷方金额 千 百 十 万 千 百 十 元 角 分	结存 数量	单价	结存金额 千 百 十 万 千 百 十 元 角 分
01	01		上年结转								0		0
…	…	…									0		0
11	30		本年累计		5	500	2 5 0 0 0 0				1	500	5 0 0 0 0
12	19	转17	领用低值易耗品		1	500	5 0 0 0				1	500	5 0 0 0 0
12	31		本月合计		1	500	5 0 0 0				1	500	5 0 0 0 0
12	31		本年累计		6	500	3 0 0 0	5	500	2 5 0 0 0	1	500	5 0 0 0 0

周转材料明细分类账

本账页数	28
本户页数	3

最高存量 _____
最低存量 _____

编号 _____ 规格 _____ 单位 _____ 套 _____ 名称 低值易耗品（摊销）

2009年 月	日	记账凭证号数	摘要	账页	借方 数量	借方 单价	借方 金额	贷方 数量	贷方 单价	贷方 金额	结存 数量	结存 单价	结存 金额
01	01		上年结转				0				0		0
…	…												
11	30		本年累计		5	500	2500.00				5	500	2500.00
12	19	转18	摊销低值易耗品					1		250.00	1		250.00
12	31		本月合计					1		250.00	1		250.00
12	31		本年累计		5	500	2500.00	6		2750.00	1		250.00

228

存货跌价准备明细分类账

A材料 ___ 科目

本账页数	1
本户页数	1

2009年 月	日	记账凭证号数	摘要	对方科目	页数	借方 (十亿千百十万千百十元角分)	贷方 (十亿千百十万千百十元角分)	借或贷	余额 (十亿千百十万千百十元角分)
01	01		上年结转					贷	3 0 0 0 0
12	31	转54	冲减存货跌价准备	资产减值损失			3 0 0 0 0 0	平	θ
12	31		本月合计				3 0 0 0 0 0	平	θ
12	31		本年累计				3 0 0 0 0 0	平	θ

持有至到期投资明细分类账

乙公司 ___ 科目

本账页数	3
本户页数	1

2009年 月	日	记账凭证号数	摘要	对方科目	页数	借方 (十亿千百十万千百十元角分)	贷方 (十亿千百十万千百十元角分)	借或贷	余额 (十亿千百十万千百十元角分)
01	01		上年结转					借	4 1 4 7 2 0 0 0
12	31	转55	计提债券利息并摊销溢价	应收利息			3 4 1 1 2 0 0	借	4 1 1 3 0 8 0 0
12	31		本月合计				3 4 1 1 2 0 0	借	4 1 1 3 0 8 0 0
12	31		本年累计				3 4 1 1 2 0 0	借	4 1 1 3 0 8 0 0

229

财务会计综合实训

持有至到期投资明细分类账

乙公司　　科目　面值　　　本账页数 3　本户页数 1

2009年 月	日	记账凭证号数	摘要	对方科目	页数	借方 十亿千百十万千百十元角分	贷方 十亿千百十万千百十元角分	借或贷	余额 十亿千百十万千百十元角分
01	01		上年结转					借	4 0 0 0 0 0 0 0
12	31		本年累计					借	4 0 0 0 0 0 0 0

持有至到期投资明细分类账

乙公司　　科目　利息调整　　本账页数 3　本户页数 1

2009年 月	日	记账凭证号数	摘要	对方科目	页数	借方 十亿千百十万千百十元角分	贷方 十亿千百十万千百十元角分	借或贷	余额 十亿千百十万千百十元角分
01	01		上年结转					借	1 4 7 2 0 0 0 0
12	31	转55	计提债券利息并摊销溢价	应收利息			3 4 1 1 2 0 . 0	借	1 1 3 0 8 8 0 0
12	31		本月合计				3 4 1 1 2 0 0	借	1 1 3 0 8 8 0 0
12	31		本年累计				3 4 1 1 2 0 0	借	1 1 3 0 8 8 0 0

230

长期股权投资明细分类账

跃美日化　　科目 _____

本账页数　3　　本户页数　1

2009年 月	日	记账凭证号数	摘要	对方科目	页数	借方	贷方	借或贷	余额
01	01	01	上年结转					借	160000.00
…	…								
11	30		本年累计				2000.00	借	158000.00
12	31	转56	确认长期股权投资收益	投资收益		15625.00		借	173625.00
12	31		本月合计			15625.00	2000.00	借	173625.00
12	31		本年累计			15625.00		借	173625.00

长期股权投资明细分类账

跃美日化　　科目 _____ 成本

本账页数　3　　本户页数　1

2009年 月	日	记账凭证号数	摘要	对方科目	页数	借方	贷方	借或贷	余额
01	01	01	上年结转					借	150000.00
12	31		本年累计					借	150000.00

长期股权投资明细分类账

科目　损益调整／跃美日化　　本账页数　3　本户页数　1

2009年 月 日	记账凭证 号数	摘要	对方科目	页数	借方 十亿千百十万千百十元角分	贷方 十亿千百十万千百十元角分	借或贷	余额 十亿千百十万千百十元角分
01 01		上年结转					借	1 0 0 0 0 0 0 0 0 0
… …								
11 30		本年累计				2 0 0 0 0 0 0 0	借	8 0 0 0 0 0 0 0 0 0
12 31	转56	确认长期股权投资收益	投资收益		1 5 6 2 5 0 0 0		借	2 3 6 2 5 0 0 0 0 0
12 31		本月合计			1 5 6 2 5 0 0 0		借	2 3 6 2 5 0 0 0 0 0
12 31		本年累计			1 5 6 2 5 0 0 0	2 0 0 0 0 0 0 0	借	2 3 6 2 5 0 0 0 0 0

固定资产明细分类账

科目　办公楼　　本账页数　7　本户页数　1

2009年 月 日	记账凭证 号数	摘要	对方科目	页数	借方 十亿千百十万千百十元角分	贷方 十亿千百十万千百十元角分	借或贷	余额 十亿千百十万千百十元角分
01 01		上年结转			7 0 0 0 0 0 0 0		借	7 0 0 0 0 0 0 0 0 0
12 31		本年累计					借	7 0 0 0 0 0 0 0 0 0

固定资产明细分类账

科目 生产车间厂房　　　　本账页数 7　本户页数 1

2009年 月	日	记账凭证号数	摘要	对方科目	页数	借方 十亿千百十万千百十元角分	贷方 十亿千百十万千百十元角分	借或贷	余额 十亿千百十万千百十元角分
01	01		上年结转					借	1 0 0 0 0 0 0 0 0
12	31		本年累计					借	1 0 0 0 0 0 0 0 0

固定资产明细分类账

科目 生产车间生产线　　　　本账页数 7　本户页数 1

2009年 月	日	记账凭证号数	摘要	对方科目	页数	借方 十亿千百十万千百十元角分	贷方 十亿千百十万千百十元角分	借或贷	余额 十亿千百十万千百十元角分
01	01		上年结转					借	6 0 0 0 0 0 0 0
12	31		本年累计					借	6 0 0 0 0 0 0 0

固定资产明细分类账

仓库　　　科目　　　

本账页数	7
本户页数	1

2009年 月	日	记账凭证号数	摘要	对方科目	页数	借方	贷方	借或贷	余额
01	01		上年结转					借	100000.00
12	31		本年累计					借	100000.00

固定资产明细分类账

运输汽车　　　科目　　　

本账页数	7
本户页数	1

2009年 月	日	记账凭证号数	摘要	对方科目	页数	借方	贷方	借或贷	余额
01	01		上年结转					借	500000.00
12	22	转22	报废汽车净值转清理	固定资产清理			250000.00	借	250000.00
12	30	转33	非货币性资产交换	主营业务收入		275184.00		借	525184.00
12	31		本月合计			275184.00	250000.00	借	525184.00
12	31		本年累计			275184.00	250000.00	借	525184.00

固定资产明细分类账

科目 小轿车　　本账页数 7　本户页数 1

2009年		记账凭证号数	摘要	对方科目	页数	借方											贷方											借或贷	余额										
月	日					十	亿	千	百	十	万	千	百	十	元	角	分	十	亿	千	百	十	万	千	百	十	元	角	分		十	亿	千	百	十	万	千	百	十	元	角	分
01	01		上年结转							6	0	0	0	0	0	0														借					6	0	0	0	0	0	0
12	31		本年累计																											借					6	0	0	0	0	0	0

固定资产明细分类账

科目 电脑　　本账页数 7　本户页数 1

2009年		记账凭证号数	摘要	对方科目	页数	借方											贷方											借或贷	余额										
月	日					十	亿	千	百	十	万	千	百	十	元	角	分	十	亿	千	百	十	万	千	百	十	元	角	分		十	亿	千	百	十	万	千	百	十	元	角	分
01	01		上年结转								8	0	0	0	0	0														借						8	0	0	0	0	0
12	31		本年累计																											借						8	0	0	0	0	0

235

累计折旧明细分类账

本账页数 14　本户页数 2　科目　办公楼

2009年 月	日	记账凭证号数	摘要	对方科目	页数	借方 十亿	千	百	十	万	千	百	十	元	角	分	贷方 十亿	千	百	十	万	千	百	十	元	角	分	借或贷	余额 十亿	千	百	十	万	千	百	十	元	角	分
01	01		上年结转																									贷				3	0	4	8	1	6	0	5
...																																						
11	30																			3	0	4	8	1	6	0	5	贷				6	0	9	6	3	2	1	0
12	31	转35	计提固定资产折旧	管理费用																	2	7	7	1	0	5	5	贷				6	3	7	3	4	2	6	5
12	31		本月合计																		2	7	7	1	0	5	5	贷				6	3	7	3	4	2	6	5
12	31		本年累计																	3	3	2	5	2	6	6	0	贷				6	3	7	3	4	2	6	5

累计折旧明细分类账

本账页数 14　本户页数 2　科目　生产车间厂房

2009年 月	日	记账凭证号数	摘要	对方科目	页数	借方 十亿	千	百	十	万	千	百	十	元	角	分	贷方 十亿	千	百	十	万	千	百	十	元	角	分	借或贷	余额 十亿	千	百	十	万	千	百	十	元	角	分
01	01		上年结转																									贷				4	3	5	4	5	1	5	0
...																																						
11	30		本年累计																		4	3	5	4	5	1	5	0	贷				8	7	0	9	0	3	0	0
12	31	转35	计提固定资产折旧	制造费用																		3	9	5	8	6	5	0	贷				9	1	0	4	8	9	5	0
12	31		本月合计																			3	9	5	8	6	5	0	贷				9	1	0	4	8	9	5	0
12	31		本年累计																	4	7	5	0	3	8	0	0	贷				9	1	0	4	8	9	5	0

累计折旧明细分类账

本账页数	14
本户页数	2

科目：生产车间生产线

2009年 月	日	记账凭证号数	摘要	对方科目	页数	借方 十	亿	千	百	十	万	千	百	十	元	角	分	贷方 十	亿	千	百	十	万	千	百	十	元	角	分	借或贷	余额 十	亿	千	百	十	万	千	百	十	元	角	分
01	01	01	上年结转																											贷					5	2	2	4	7	9	1	0
...		...																																								
11	30		本年累计																				5	2	2	4	7	9	1	0	贷				1	0	4	4	9	5	8	2	0
12	31	转35	计提固定资产折旧	制造费用																					4	7	4	9	8	1	0	贷				1	0	9	2	4	5	6	3	0
12	31		本月合计																						4	7	4	9	8	1	0	贷				1	0	9	2	4	5	6	3	0
12	31		本年累计																				5	6	9	9	7	7	2	0	贷				1	0	9	2	4	5	6	3	0

累计折旧明细分类账

本账页数	14
本户页数	2

科目：仓库

2009年 月	日	记账凭证号数	摘要	对方科目	页数	借方 十	亿	千	百	十	万	千	百	十	元	角	分	贷方 十	亿	千	百	十	万	千	百	十	元	角	分	借或贷	余额 十	亿	千	百	十	万	千	百	十	元	角	分
01	01	01	上年结转																											贷						4	3	5	4	5	1	5
...		...																																								
11	30		本年累计																					4	3	5	4	5	1	5	贷					8	7	0	9	0	3	0
12	31	转35	计提固定资产折旧	管理费用																					3	9	5	8	6	5	0	贷					9	1	0	4	8	9	5
12	31		本月合计																						3	9	5	8	6	5	0	贷					9	1	0	4	8	9	5
12	31		本年累计																					4	7	5	0	3	8	0	贷					9	1	0	4	8	9	5

累计折旧明细分类账

本账页数 14　本户页数 2　科目 运输汽车

2009年 月	日	记账凭证号数	摘要	对方科目	页数	借方 十亿	亿	千	百	十	万	千	百	十	元	角	分	贷方 十亿	亿	千	百	十	万	千	百	十	元	角	分	借或贷	余额 十亿	亿	千	百	十	万	千	百	十	元	角	分
01	01		上年结转																											贷						4	3	5	3	9	9	8
	…	…																																							
11	30		本年累计																				4	3	5	3	9	9	8	贷						8	7	0	7	9	9	6
12	22	转21	计提报废汽车折旧	管理费用																				1	9	7	9	0	9	贷						8	9	0	5	9	0	5
12	22	转22	报废汽车净值转清理	固定资产							4	5	5	1	9	0	7													贷						4	3	5	3	9	9	8
12	31	转35	计提固定资产折旧	管理费用																				1	9	7	9	0	9	贷						4	5	5	1	9	0	7
12	31		本月合计								4	5	5	1	9	0	7							3	9	5	8	1	8	贷						4	5	5	1	9	0	7
12	31		本年累计								4	5	5	1	9	0	7						4	7	4	9	8	1	6	贷						4	5	5	1	9	0	7

累计折旧明细分类账

本账页数 14　本户页数 2　科目 小轿车

2009年 月	日	记账凭证号数	摘要	对方科目	页数	借方 十亿	亿	千	百	十	万	千	百	十	元	角	分	贷方 十亿	亿	千	百	十	万	千	百	十	元	角	分	借或贷	余额 十亿	亿	千	百	十	万	千	百	十	元	角	分
01	01		上年结转																											贷						5	2	2	4	7	9	1
	…	…																																							
11	30		本年累计																				5	2	2	4	7	9	1	贷				1	0	4	4	9	5	8	2
12	31	转35	计提固定资产折旧	管理费用																				4	7	4	9	8	1	贷				1	0	9	2	4	5	6	3
12	31		本月合计																					4	7	4	9	8	1	贷				1	0	9	2	4	5	6	3
12	31		本年累计																				5	6	9	9	7	7	2	贷				1	0	9	2	4	5	6	3

累计折旧明细账

科目　电脑　　　本账页数 14　本户页数 2

2009年 月	日	记账凭证号数	摘要	对方科目	页数	借方 十亿千百十万千百十元角分											贷方 十亿千百十万千百十元角分											借或贷	余额 十亿千百十万千百十元角分										
01	01		上年结转																								贷				4	3	0	6	7	4	6
…	…																																				
11	30		本年累计																		1	3	9	3	3	5	9	贷				5	7	0	0	1	0	5
12	31	转35	计提固定资产折旧	管理费用																	1	2	6	6	6	6	9	贷				5	8	2	6	7	7	4
12	31		本月合计																		1	2	6	6	6	6	9	贷				5	8	2	6	7	7	4
12	31		本年累计																		1	5	2	0	0	2	8	贷				5	8	2	6	7	7	4

固定资产减值准备明细分类账

科目　运输汽车　　　本账页数 2　本户页数 1

2009年 月	日	记账凭证号数	摘要	对方科目	页数	借方 十亿千百十万千百十元角分											贷方 十亿千百十万千百十元角分											借或贷	余额 十亿千百十万千百十元角分										
12	31	转57	计提固定资产减值准备	资产减值损失																		9	4	9	8	9	3	贷					9	4	9	8	9	3
12	31		本月合计																			9	4	9	8	9	3	贷					9	4	9	8	9	3
12	31		本年累计																			9	4	9	8	9	3	贷					9	4	9	8	9	3

固定资产减值准备明细分类账

本账页数	2
本户页数	1

科目 ____ 小轿车

2009年 月	日	记账凭证号数	摘要	对方科目	页数	借方	贷方	借或贷	余额
12	31	转57	计提固定资产减值准备	资产减值损失			10754.37	贷	10754.37
12	31		本月合计				10754.37	贷	10754.37
12	31		本年累计				10754.37	贷	10754.37

固定资产清理明细分类账

本账页数	1
本户页数	1

科目 ____ 运输汽车

2009年 月	日	记账凭证号数	摘要	对方科目	页数	借方	贷方	借或贷	余额
12	22	转22	报废汽车净值转清理	固定资产		204480.93		借	204480.93
12	22	银付8	支付清理费	银行存款		1200.00		借	205680.93
12	22	银收7	收残值收入	银行存款			8410.06	借	197270.87
12	26	转30	确认保险赔款	其他应收款			180000.00	借	17270.87
12	26	转31	确认报废汽车损失	营业外支出			17270.87	平	0
12	31		本月合计			205680.93	205680.93	平	0
12	31		本年累计			205680.93	205680.93	平	0

无形资产明细分类账

本账页数	3
本户页数	1

科目　专利权

2009年 月	日	记账凭证号数	摘要	对方科目	页数	借方 十亿千百十万千百十元角分	贷方 十亿千百十万千百十元角分	借或贷	余额 十亿千百十万千百十元角分
01	01		上年结转					借	2 0 0 0 0 0 0 0 0 0
12	31		本年累计					借	2 0 0 0 0 0 0 0 0 0

无形资产明细分类账

本账页数	3
本户页数	1

科目　化妆品注册商标1

2009年 月	日	记账凭证号数	摘要	对方科目	页数	借方 十亿千百十万千百十元角分	贷方 十亿千百十万千百十元角分	借或贷	余额 十亿千百十万千百十元角分
01	01		上年结转					借	3 5 0 0 0 0 0 0
12	31		本年累计					借	3 5 0 0 0 0 0 0

无形资产明细分类账

科目 化妆品注册商标2

本账页数 3　本户页数 1

2009年		记账凭证号数	摘要	对方科目	页数	借方 十亿千百十万千百十元角分	贷方 十亿千百十万千百十元角分	借或贷	余额 十亿千百十万千百十元角分
月	日								
01	01		上年结转					借	5 0 0 0 0 0 0 0
12	31		本年累计					借	5 0 0 0 0 0 0 0

累计摊销明细分类账

科目 专利权

本账页数 6　本户页数 2

2009年		记账凭证号数	摘要	对方科目	页数	借方 十亿千百十万千百十元角分	贷方 十亿千百十万千百十元角分	借或贷	余额 十亿千百十万千百十元角分
月	日								
01	01	01	上年结转					贷	1 9 9 9 9 2 0 0
...		...							
11	30		本年累计				1 8 3 3 3 2 6 0 0	贷	3 8 3 3 1 8 0 0
12	31	转36	摊销无形资产	制造费用			1 6 6 6 6 0 0	贷	3 9 9 9 8 4 0 0
12	31		本月合计				1 6 6 6 6 0 0	贷	3 9 9 9 8 4 0 0
12	31		本年累计				1 9 9 9 9 2 0 0	贷	3 9 9 9 8 4 0 0

累计摊销明细分类账

科目：化妆品注册商标1　　本账页数 6　本户页数 2

月	日	记账凭证号数	摘要	对方科目	页数	借方十亿	千	百	十	万	千	百	十	元	角	分	贷方十亿	千	百	十	万	千	百	十	元	角	分	借或贷	余额十亿	千	百	十	万	千	百	十	元	角	分
01	01		上年结转																									贷			3	5			0	0	0	4
...	...																																					
11	30		本年累计																																			
12	31	转36	摊销无形资产	管理费用																			3	2	0	8	7	贷			6	7			0	9	0	1
12	31		本月合计																					2	9	1	7	贷			7	0			0	0	0	8
12	31		本年累计										3	5	0	0	4							3	5	0	0	4	贷			7	0			0	0	0	8

累计摊销明细分类账

科目：化妆品注册商标2　　本账页数 6　本户页数 2

月	日	记账凭证号数	摘要	对方科目	页数	借方十亿	千	百	十	万	千	百	十	元	角	分	贷方十亿	千	百	十	万	千	百	十	元	角	分	借或贷	余额十亿	千	百	十	万	千	百	十	元	角	分
01	01		上年结转																									贷			5	0			0	0	0	4
...	...																																					
11	30		本年累计																																			
12	31	转36	摊销无形资产	管理费用																			4	5	8	3	7	贷			9	5			8	4	0	1
12	31		本月合计																					4	1	6	7	贷			1	0	0	0	0	0	0	8
12	31		本年累计										5	0	0	0	4							5	0	0	0	4	贷			1	0	0	0	0	0	0	8

2009年

243

递延所得税资产明细分类账

本账页数 3　本户页数 1　科目 应收账款

2009年 月	日	记账凭证号数	摘要	对方科目	页数	借方 十亿千百十万千百十元角分	贷方 十亿千百十万千百十元角分	借或贷	余额 十亿千百十万千百十元角分
01	01		上年结转					借	2 7 5 0 0 0
12	31	转62	确认递延所得税资产和负债	所得税费用		4 1 4 8 3 8		借	6 8 9 8 3 8
12	31		本月合计			4 1 4 8 3 8		借	6 8 9 8 3 8
12	31		本年累计			4 1 4 8 3 8		借	6 8 9 8 3 8

递延所得税资产明细分类账

本账页数 3　本户页数 1　科目 存货

2009年 月	日	记账凭证号数	摘要	对方科目	页数	借方 十亿千百十万千百十元角分	贷方 十亿千百十万千百十元角分	借或贷	余额 十亿千百十万千百十元角分
01	01		上年结转					借	7 5 0 0 0
12	31	转62	确认递延所得税资产和负债	所得税费用		7 5 0 0 0 0		平	0
12	31		本月合计			7 5 0 0 0 0		平	0
12	31		本年累计			7 5 0 0 0 0		平	0

递延所得税资产明细分类账

本账页数 3　本户页数 1　科目　固定资产

2009年 月	日	记账凭证号数	摘要	对方科目	页数	借方 十亿	千	百	十	万	千	百	十	元	角	分	贷方 十亿	千	百	十	万	千	百	十	元	角	分	借或贷	余额 十亿	千	百	十	万	千	百	十	元	角	分
12	31	转62	确认递延所得税资产和负债	所得税费用							5	0	6	3	3	2																							
12	31		本月合计								5	0	6	3	3	2												借						5	0	6	3	3	2
12	31		本年累计								5	0	6	3	3	2												借						5	0	6	3	3	2

待处理财产损溢明细分类账

本账页数 1　本户页数 1　科目　待处理流动资产损溢

2009年 月	日	记账凭证号数	摘要	对方科目	页数	借方 十亿	千	百	十	万	千	百	十	元	角	分	贷方 十亿	千	百	十	万	千	百	十	元	角	分	借或贷	余额 十亿	千	百	十	万	千	百	十	元	角	分
01	01		上年结转																									平										
12	22	转20	毁损A材料	原材料						1	9	0	0	0	0	0												借					1	9	0	0	0	0	0
12	31	转45	毁损A材料分摊成本差异	材料成本差异								1	5	3	9	0												借					1	9	1	5	3	9	0
12	31	转46	确认毁损A材料损失	管理费用																	1	9	1	5	3	9	0	平											
12	31		本月合计							1	9	1	5	3	9	0					1	9	1	5	3	9	0	平								0			
12	31		本年累计							1	9	1	5	3	9	0					1	9	1	5	3	9	0	平								0			

本账页数 2　本户页数 1　科目 _____

短期借款明细分类账　　工商银行

2009年 月	日	记账凭证号数	摘要	对方科目	页数	借方 十亿千百十万千百十元角分	贷方 十亿千百十万千百十元角分	借或贷	余额 十亿千百十万千百十元角分
01	01		上年结转					平	
…	…								
11	30		本年累计				5 0 0 0 0 0 0 00	贷	5 0 0 0 0 0 0 00
12	31	银付12	偿还短期借款本息	银行存款		5 0 0 0 0 0 0 00		平	
12	31		本月合计			5 0 0 0 0 0 0 00	5 0 0 0 0 0 0 00	平	
12	31		本年累计			5 0 0 0 0 0 0 00	5 0 0 0 0 0 0 00	平	

本账页数 2　本户页数 1　科目 _____

短期借款明细分类账　　建设银行

2009年 月	日	记账凭证号数	摘要	对方科目	页数	借方 十亿千百十万千百十元角分	贷方 十亿千百十万千百十元角分	借或贷	余额 十亿千百十万千百十元角分
01	01		上年结转					平	
…	…								
11	30		本年累计				1 0 0 0 0 0 0 0 00	贷	1 0 0 0 0 0 0 0 00
12	31	银付13	偿还短期借款本息	银行存款		1 0 0 0 0 0 0 0 00		平	
12	31		本月合计			1 0 0 0 0 0 0 0 00	1 0 0 0 0 0 0 0 00	平	
12	31		本年累计			1 0 0 0 0 0 0 0 00	1 0 0 0 0 0 0 0 00	平	

应付票据明细分类账

丙公司　科目＿＿＿＿＿

本账页数	1
本户页数	1

2009年 月	日	记账凭证号数	摘要	对方科目	页数	借方	贷方	借或贷	余额
01	01		上年结转					平	0
...									
11	30		本年累计				117000 00	贷	117000 00
12	09	银付5	付银行承兑汇票款	银行存款		117000 00		平	0
12	31		本月合计			117000 00	117000 00	平	0
12	31		本年累计			117000 00	117000 00	平	0

应付账款明细分类账

丙公司　科目＿＿＿＿＿

本账页数	2
本户页数	1

2009年 月	日	记账凭证号数	摘要	对方科目	页数	借方	贷方	借或贷	余额
01	01		上年结转					贷	105300 00
...									
11	30		本年累计			446800 00	458500 00	贷	117000 00
12	22	转19	确认抵债产品收入	主营业务收入		20638 80		贷	96361 20
12	31		本月合计			20638 80		贷	96361 20
12	31		本年累计			467438 80	458500 00	贷	96361 20

247

应付账款明细分类账

本账页数 2　本户页数 1　科目：暂估应付账款

2009年 月	日	记账凭证号数	摘要	对方科目	页数	借方（十亿千百十万千百十元角分）	贷方（十亿千百十万千百十元角分）	借或贷	余额（十亿千百十万千百十元角分）
01	01		上年结转					平	θ 0 0
12	31	转43	月末暂估B材料计划成本	原材料			5 4 0 0 0 0 0 0	贷	5 4 0 0 0 0 0
12	31		本月合计				5 4 0 0 0 0 0 0	贷	5 4 0 0 0 0 0
12	31		本年累计				5 4 0 0 0 0 0 0	贷	5 4 0 0 0 0 0

应付职工薪酬明细分类账

本账页数 40　本户页数 3　科目：工资

2009年 月	日	记账凭证号数	摘要	对方科目	页数	借方（十亿千百十万千百十元角分）	贷方（十亿千百十万千百十元角分）	借或贷	余额（十亿千百十万千百十元角分）
01	01		上年结转					平	θ 0 0
…	…								
11	30		本年累计			7 5 2 4 0 0 0 0	7 5 2 4 0 0 0 0	平	θ 0 0
12	31	转37	核算职工薪酬	生产成本			6 8 4 0 0 0 0	贷	6 8 4 0 0 0 0
12	31	转38	代扣职工社会保险费等	其他应付款		1 8 6 8 1 0 0 0		贷	4 9 7 1 9 0 0 0
12	31	银付11	发放工资并代缴社会保险费等	银行存款		4 9 7 1 9 0 0 0	6 8 4 0 0 0 0	平	
12	31		本月合计			6 8 4 0 0 0 0 0		平	
12	31		本年累计			8 2 0 8 0 0 0 0	8 2 0 8 0 0 0 0	平	

应付职工薪酬明细分类账

本账页数 40　　本户页数 3　　科目　职工福利

2009年 月 日	记账凭证号数	摘要	对方科目	页数	借方	贷方	借或贷	余额
01 01		上年结转					贷	2052 00
…								
11 30		本年累计					贷	8892 00
12 18	现付3	发放职工福利费	库存现金		6840 00		贷	8392 00
12 30	转34	用化妆品作职工福利	主营业务收入		5000 00	7524 00	贷	7016 80 0
12 31	转37	核算职工薪酬	生产成本		1375 00		贷	7700 80 0
12 31	转47	注销12月30日转字34号凭证	主营业务收入		1375 92 0	6840 00	贷	9076 00
12 31		本月合计			5000 00	6840 00	贷	9076 00
12 31		本年累计			1184 00	8208 00	贷	9076 00

应付职工薪酬明细分类账

本账页数 40　　本户页数 9　　科目　社会保险费

2009年 月 日	记账凭证号数	摘要	对方科目	页数	借方	贷方	借或贷	余额
01 01		上年结转					平	θ
…								
11 30		本年累计					平	θ
12 31	转37	核算职工薪酬	生产成本		1489 75 20 0	1489 75 20 0	贷	6840 00
12 31	转37	核算职工薪酬	生产成本		4100 40	6840 40	贷	1094 40
12 31	转37	核算职工薪酬	生产成本		1368 00	4136 80	贷	2312 00
12 31	转37	核算职工薪酬	生产成本		6840 72 0	6840 00	贷	2996 00
12 31	转37	核算职工薪酬	生产成本		5472 00	5472 00	贷	1354 30
12 31	银付11	发放工资并代缴社会保险费等	银行存款				贷	6703 20
12 31	银付11	发放工资并代缴社会保险费等	银行存款				贷	2559 20
12 31	银付11	发放工资并代缴社会保险费等	银行存款				贷	1231 10
12 31	银付11	发放工资并代缴社会保险费等	银行存款				贷	5472 00
12 31		本月合计			1625 43 40	1354 34 20	平	θ
12 31		本年累计			1625 18 40	1625 18 40	平	θ

应付职工薪酬明细分类账

社会保险费

本账页数	40
本户页数	3
科目	养老保险费

2009年 月	日	记账凭证号数	摘要	对方科目	页数	借方	贷方	借或贷	余额
01	01		上年结转					平	0
…	…								
11	30		本年累计			7 5 2 4 0 0 0 0	7 5 2 4 0 0 0 0	平	0 0
12	31	转37	核算职工薪酬	生产成本			6 8 4 0 0 0 0	贷	6 8 4 0
12	31	银付11	发放工资并代缴社会保险费等	银行存款		6 8 4 0 0 0 0		平	0 0
12	31		本月合计			6 8 4 0 0 0 0	6 8 4 0 0 0 0	平	0 0
12	31		本年累计			8 2 0 8 0 0 0 0	8 2 0 8 0 0 0 0	平	0 0

应付职工薪酬明细分类账

社会保险费

本账页数	40
本户页数	3
科目	医疗保险费

2009年 月	日	记账凭证号数	摘要	对方科目	页数	借方	贷方	借或贷	余额
01	01		上年结转					平	0
…	…								
11	30		本年累计			4 5 1 4 4 0 0 0 0	4 5 1 4 4 0 0 0 0	平	0
12	31	转37	核算职工薪酬	生产成本			4 1 0 4 0 0 0 0	贷	4 1 0 4
12	31	银付11	发放工资并代缴社会保险费等	银行存款		4 1 0 4 0 0 0 0		平	0
12	31		本月合计			4 1 0 4 0 0 0 0	4 1 0 4 0 0 0 0	平	0
12	31		本年累计			4 9 2 4 8 0 0 0 0	4 9 2 4 8 0 0 0 0	平	0

应付职工薪酬明细分类账

科目 社会保险费 失业保险费 本账页数 40 本户页数 3

2009年 月	日	记账凭证号数	摘要	对方科目	页数	借方 十亿	千	百	十	万	千	百	十	元	角	分	贷方 十亿	千	百	十	万	千	百	十	元	角	分	借或贷	余额 十亿	千	百	十	万	千	百	十	元	角	分
01	01	01	上年结转																									平									0		
...	...																																						
11	30		本年累计						1	5	0	4	8	0	0	0				1	5	0	4	8	0	0	0	平									0		
12	31	转37	核算职工薪酬	生产成本																	1	3	6	8	0	0	0	贷					1	3	6	8	0	0	0
12	31	付11	发放工资并代缴社会保险费等	银行存款						1	3	6	8	0	0	0												平									0		
12	31		本月合计							1	3	6	8	0	0	0					1	3	6	8	0	0	0	平									0		
12	31		本年累计						1	6	4	1	6	0	0	0				1	6	4	1	6	0	0	0	平									0		

应付职工薪酬明细分类账

科目 社会保险费 生育保险费 本账页数 40 本户页数 3

2009年 月	日	记账凭证号数	摘要	对方科目	页数	借方 十亿	千	百	十	万	千	百	十	元	角	分	贷方 十亿	千	百	十	万	千	百	十	元	角	分	借或贷	余额 十亿	千	百	十	万	千	百	十	元	角	分
01	01	01	上年结转																									平									0		
...	...																																						
11	30		本年累计							7	5	2	4	0	0	0					7	5	2	4	0	0	0	平									0		
12	31	转37	核算职工薪酬	生产成本																		6	8	4	0	0	0	贷						6	8	4	0	0	0
12	31	付11	发放工资并代缴社会保险费等	银行存款							6	8	4	0	0	0												平									0		
12	31		本月合计								6	8	4	0	0	0						6	8	4	0	0	0	平									0		
12	31		本年累计							8	2	0	8	0	0	0					8	2	0	8	0	0	0	平									0		

251

应付职工薪酬明细分类账

科目 社会保险费 工伤保险费   本账页数 40   本户页数 3

2009年		记账凭证号数	摘要	对方科目	页数	借方 十亿千百十万千百十元角分	贷方 十亿千百十万千百十元角分	借或贷	余额 十亿千百十万千百十元角分
月	日								
01	01		上年结转					平	
...	...								
11	30		本年累计						
12	31	转37	核算职工薪酬	生产成本		6 0 1 9 2 0 0	6 0 1 9 2 0 0	贷	5 4 7 2 0 0
12	31	银付11	发放工资并代缴社会保险费等	银行存款		5 4 7 2 0 0	5 4 7 2 0 0	平	
12	31		本月合计			5 4 7 2 0 0	5 4 7 2 0 0	平	
12	31		本年累计			6 5 6 6 4 0 0	6 5 6 6 4 0 0	平	

应付职工薪酬明细分类账

科目 住房公积金   本账页数 40   本户页数 3

2009年		记账凭证号数	摘要	对方科目	页数	借方 十亿千百十万千百十元角分	贷方 十亿千百十万千百十元角分	借或贷	余额 十亿千百十万千百十元角分
月	日								
01	01		上年结转					平	
...	...								
11	30		本年累计						
12	31	转37	核算职工薪酬	生产成本		9 0 2 8 8 0 0	9 0 2 8 8 0 0	贷	8 2 0 8 0 0 0
12	31	银付11	发放工资并代缴社会保险费等	银行存款		8 2 0 8 0 0 0	8 2 0 8 0 0 0	平	
12	31		本月合计			8 2 0 8 0 0	8 2 0 8 0 0	平	
12	31		本年累计			9 8 4 9 6 0 0	9 8 4 9 6 0 0	平	

应付职工薪酬明细分类账

本账页数 40　　本户页数 3　　科目　工会经费

2009年 月	日	记账凭证号数	摘要	对方科目	页数	借方（十亿千百十万千百十元角分）	贷方（十亿千百十万千百十元角分）	借或贷	余额（十亿千百十万千百十元角分）
01	01		上年结转					贷	3 2 7 2 0 0
…	…								
11	30		本年累计				1 5 0 4 8 0 0	贷	1 3 3 2 0 0
12	30	银付9	支付工会经费	银行存款		5 0 0 0 0 0		贷	8 3 2 0 0
12	31	转37	核算职工薪酬	生产成本			1 3 6 8 0 0	贷	9 6 8 8 0 0
12	31		本月合计			5 0 0 0 0 0	1 3 6 8 0 0	贷	9 6 8 8 0 0
12	31		本年累计			1 0 0 0 0 0 0	1 6 4 1 6 0 0	贷	9 6 8 8 0 0

应付职工薪酬明细分类账

本账页数 40　　本户页数 3　　科目　职工教育经费

2009年 月	日	记账凭证号数	摘要	对方科目	页数	借方（十亿千百十万千百十元角分）	贷方（十亿千百十万千百十元角分）	借或贷	余额（十亿千百十万千百十元角分）
01	01		上年结转					贷	2 9 8 0 0 0
…	…								
11	30		本年累计				1 8 8 1 0 0 0	贷	2 0 9 7 0 0
12	30	现付4	报销职工教育经费	库存现金		3 5 0 0 0 0		贷	1 7 4 7 0 0
12	31	转37	核算职工薪酬	生产成本			1 7 1 0 0 0	贷	1 9 1 8 0 0
12	31		本月合计			3 5 0 0 0 0	1 7 1 0 0 0	贷	1 9 1 8 0 0
12	31		本年累计			4 3 2 0 0 0	2 0 5 2 0 0	贷	1 9 1 8 0 0

应付职工薪酬明细分类账

本账页数 40
本户页数 1
科目 非货币性福利

2009年		记账凭证号数	摘要	对方科目	页数	借方 十亿千百十万千百十元角分	贷方 十亿千百十万千百十元角分	借或贷	余额 十亿千百十万千百十元角分
月	日								
12	31	转48	订正12月30日转字34号凭证	生产成本			1 3 7 5 9 2 0 0	贷	1 3 7 5 9 2 0 0
12	31	转49	订正12月30日转字34号凭证	主营业务收入		1 3 7 5 9 2 0 0		平	0
12	31		本月合计			1 3 7 5 9 2 0 0	1 3 7 5 9 2 0 0	平	0
12	31		本年累计			1 3 7 5 9 2 0 0	1 3 7 5 9 2 0 0	平	0

254

本账页数	27
本户页数	16

应交税费——应交增值税明细分类账

2009年		记账凭证号数	摘要	借方	贷方	借或贷	余额	(借)方金额分析		(贷)方金额分析	
月	日							进项税额	已交税金	销项税额	进项税额转出
01	01	……									
11	30					贷					
12	01	转1	确认化妆品销售收入			贷					
12	04	转3	确认C材料实际成本			贷					
12	05	转6	确认A材料实际成本			贷					
12	08	转8	确认B材料实际成本			贷					
12	08	转10	确认化妆品销售收入			贷					
12	08	银付4	汇缴流转税款			贷					
12	12	银付6	确认A材料实际成本			贷					
12	12	转14	确认化妆品销售收入			贷					
12	15	银收5	确认化妆品销售收入			贷					
12	15	转16	确认化妆品销售收入			贷					
12	16	转19	确认抵债产品销售收入			贷					
12	22	转23	确认化妆品销售收入			贷					
12	24		折让冲减销售收入			贷					
12	24	转24	确认C材料实际成本			贷					
12	25	转26	确认D材料实际成本			贷					
12	26	转29	冲减退回化妆品销售收入			贷					
12	30	转33	非货币性资产交换			贷					
12	30	转34	用化妆品作职工福利			贷					
12	31	转46	确认毁损材料损失			贷					
12	31	银付47	注销12月30日转字34号凭证			贷					
12	31	转49	订正12月30日转字34号凭证			贷					
12	31		本月合计			贷					
12	31		本年累计			贷					

注：12月份应交增值税税额＝当期销项税额－当期进项税额－期初留抵的进项税额＝（199 920+387 600+199 920+160 106+313 344+29 988+1 958.4－39 984+39 984+19 992－19 992＋19 992）－（24 990＋16 235＋11 934＋8 011＋8 415＋2 575.5－3 256.16）－0＝1 308 911.6－（72 160.5－3 256.16）－0＝1 240 007.26（元）。

255

应交税费明细分类账

本账页数	27
本户页数	2

科目 应交消费税

2009年		记账凭证号数	摘要	对方科目	页数	借方 十亿千百十万千百十元角分	贷方 十亿千百十万千百十元角分	借或贷	余额 十亿千百十万千百十元角分
月	日								
01	01		上年结转					贷	2 2 7 7 7 2 0 0
…									
11	30	银付4	汇缴流转税税款	银行存款		1 8 3 1 4 8 0 0	1 8 2 2 1 7 6 0 0	贷	1 6 6 8 0 0 0 0
12	08	转59	核算流转税款	营业税金及附加		1 6 6 8 0 0 0 0		平	0
12	31		本月合计			1 6 6 8 0 0 0 0	2 3 0 9 8 4 0 0	贷	2 3 0 9 8 4 0 0
12	31		本年累计			2 0 4 9 9 4 8 0 0	2 0 5 3 1 6 0 0	贷	2 3 0 9 8 4 0 0

应交税费明细分类账

本账页数	27
本户页数	2

科目 应交营业税

2009年		记账凭证号数	摘要	对方科目	页数	借方 十亿千百十万千百十元角分	贷方 十亿千百十万千百十元角分	借或贷	余额 十亿千百十万千百十元角分
月	日								
01	01		上年结转					平	0
…									
11	30		本年累计			7 2 0 0 0 0	7 2 0 0 0 0	平	0
12	31	转59	核算流转税款	营业税金及附加			9 0 0 0 0	贷	9 0 0 0 0
12	31		本月合计			7 2 0 0 0 0	8 1 0 0 0 0	贷	9 0 0 0 0
12	31		本年累计				9 0 0 0 0	贷	9 0 0 0 0

应交税费明细分类账

本账页数	27
本户页数	2

科目　应交城市维护建设税

2009年 月	日	记账凭证号数	摘要	对方科目	页数	借方 十亿	千	百	十	万	千	百	十	元	角	分	贷方 十亿	千	百	十	万	千	百	十	元	角	分	借或贷	余额 十亿	千	百	十	万	千	百	十	元	角	分
01	01	01	上年结转																									贷				2	1	6	6	2	1	0	0
…																																							
11	30		本年累计																1	8	2	5	4	2	6	5	4	贷				1	5	8	6	3	4	0	0
12	08	银付4	汇缴流转税款	银行存款				1	8	8	3	4	1	3	5	4												平								0			
12	31	转59	核算流转税款	营业税金及附加					1	5	8	6	3	4	0	0				2	4	8	5	5	2	5	9	贷				2	4	8	5	5	2	5	9
12	31		本月合计						1	5	8	6	3	4	0	0				2	4	8	5	5	2	5	9	贷				2	4	8	5	5	2	5	9
12	31		本年累计					2	0	4	2	0	4	7	5	4			2	0	7	3	9	7	9	1	3	贷				2	4	8	5	5	2	5	9

应交税费明细分类账

本账页数	27
本户页数	2

科目　应交教育费附加

2009年 月	日	记账凭证号数	摘要	对方科目	页数	借方 十亿	千	百	十	万	千	百	十	元	角	分	贷方 十亿	千	百	十	万	千	百	十	元	角	分	借或贷	余额 十亿	千	百	十	万	千	百	十	元	角	分
01	01	01	上年结转																									贷					9	2	8	3	7	5	7
…																																							
11	30		本年累计																7	8	2	3	5	6	6	4	贷					6	7	9	8	6	0	0
12	08	银付4	汇缴流转税款	银行存款					8	0	7	1	7	7	2	3												平								0			
12	31	转59	核算流转税款	营业税金及附加						6	7	9	8	6	0	0				1	0	6	5	2	2	5	4	贷				1	0	6	5	2	2	5	4
12	31		本月合计							6	7	9	8	6	0	0				1	0	6	5	2	2	5	4	贷				1	0	6	5	2	2	5	4
12	31		本年累计						8	7	5	1	6	3	2	3				8	8	8	4	8	2	2	3	贷				1	0	6	5	2	2	5	4

应交税费明细分类账

科目　应交所得税　　本账页数 27　本户页数 1

2009年 月	日	记账凭证号数	摘要	对方科目	页数	借方 十亿千百十万千百十元角分	贷方 十亿千百十万千百十元角分	借或贷	余额 十亿千百十万千百十元角分
01	01		上年结转					贷	1 3 0 1 1 9 4 0
…	…								
11	30		本年累计			1 4 8 0 1 1 9 4 0		借	1 3 5 0 0 0 0 0 0
12	31	转61	核算当期所得税	所得税费用			2 0 2 7 1 2 6 7 1	贷	6 7 7 1 2 6 7 1
12	31		本月合计				2 0 2 7 1 2 6 7 1	贷	6 7 7 1 2 6 7 1
12	31		本年累计			1 4 8 0 1 1 9 4 0	2 0 2 7 1 2 6 7 1	贷	6 7 7 1 2 6 7 1

应交税费明细分类账

科目　应交个人所得税　　本账页数 27　本户页数 2

2009年 月	日	记账凭证号数	摘要	对方科目	页数	借方 十亿千百十万千百十元角分	贷方 十亿千百十万千百十元角分	借或贷	余额 十亿千百十万千百十元角分
01	01		上年结转					平	0
…	…								
11	30		本年累计			3 2 4 3 9 0 0 0	3 2 4 3 9 0 0 0	平	0
12	31	转38	代扣职工社会保险费等	应付职工薪酬			2 9 4 9 0 0 0	贷	2 9 4 9 0 0 0
12	31	银付11	发放工资并代缴社会保险费等	银行存款		2 9 4 9 0 0 0		平	0
12	31		本月合计			2 9 4 9 0 0 0	2 9 4 9 0 0 0	平	0
12	31		本年累计			3 5 3 8 8 0 0 0	3 5 3 8 8 0 0 0	平	0

应付利息明细分类账

工商银行　科目　　　本账页数　2　本户页数　1

2009年 月	日	记账凭证号数	摘要	对方科目	页数	借方 十亿千百十万千百十元角分	贷方 十亿千百十万千百十元角分	借或贷	余额 十亿千百十万千百十元角分
01	01		上年结转					平	0
…	…								
11	30		本年累计				1 7 5 0 0 0 0 0	贷	1 7 5 0 0 0 0 0
12	31	转58	计提短期借款利息	财务费用			3 5 0 0 0 0 0	贷	2 1 0 0 0 0 0 0
12	31	银付12	偿还短期借款本息	银行存款		2 1 0 0 0 0 0 0		平	0
12	31		本月合计			2 1 0 0 0 0 0 0	3 5 0 0 0 0 0	平	0
12	31		本年累计			2 1 0 0 0 0 0 0	2 1 0 0 0 0 0 0	平	0

应付利息明细分类账

建设银行　科目　　　本账页数　2　本户页数　1

2009年 月	日	记账凭证号数	摘要	对方科目	页数	借方 十亿千百十万千百十元角分	贷方 十亿千百十万千百十元角分	借或贷	余额 十亿千百十万千百十元角分
01	01		上年结转					平	0
…	…								
11	30		本年累计				1 0 0 0 0 0 0 0	贷	1 0 0 0 0 0 0 0
12	31	银付13	偿还短期借款本息	银行存款		1 0 0 0 0 0 0 0		平	0
12	31	转60	计提长期借款利息	财务费用			1 5 6 0 0 0 0 0	贷	1 5 6 0 0 0 0 0
12	31	银付14	偿还长期借款利息	银行存款		1 5 6 0 0 0 0 0		平	0
12	31		本月合计			1 5 7 0 0 0 0 0	1 5 6 0 0 0 0 0	平	0
12	31		本年累计			1 5 7 0 0 0 0 0	1 5 7 0 0 0 0 0	平	0

本账页数 5 本户页数 1 科目 _____

应付股利明细分类账

北京日化

2009年 月	日	记账凭证号数	摘要	对方科目	页数	借方 十亿	千	百	十	万	千	百	十	元	角	分	贷方 十亿	千	百	十	万	千	百	十	元	角	分	借或贷	余额 十亿	千	百	十	万	千	百	十	元	角	分
01	01		上年结转																									贷					8	4	4	8	0	0	0
…	…																																						
11	30		本年累计							8	4	4	8	0	0	0												平									θ		
12	31	转66	进行利润分配	利润分配																	5	8	8	5	7	9	6	0	贷					5	8	8	5	7	9	6	0
12	31		本月合计																			5	8	8	5	7	9	6	0	贷					5	8	8	5	7	9	6	0
12	31		本年累计							8	4	4	8	0	0	0					5	8	8	5	7	9	6	0	贷					5	8	8	5	7	9	6	0

本账页数 5 本户页数 1 科目 _____

应付股利明细分类账

上海日化

2009年 月	日	记账凭证号数	摘要	对方科目	页数	借方 十亿	千	百	十	万	千	百	十	元	角	分	贷方 十亿	千	百	十	万	千	百	十	元	角	分	借或贷	余额 十亿	千	百	十	万	千	百	十	元	角	分
01	01		上年结转																									贷					6	3	3	6	0	0	0
…	…																																						
11	30		本年累计							6	3	3	6	0	0	0												平									θ		
12	31	转66	进行利润分配	利润分配																	4	4	1	4	3	4	7	0	贷					4	4	1	4	3	4	7	0
12	31		本月合计																			4	4	1	4	3	4	7	0	贷					4	4	1	4	3	4	7	0
12	31		本年累计							6	3	3	6	0	0	0					4	4	1	4	3	4	7	0	贷					4	4	1	4	3	4	7	0

应付股利明细分类账

本账页数　5　　本户页数　1　　科目　李晓晓

2009年 月	日	记账凭证编号	摘要	对方科目	页数	借方 十亿	千	百	十	万	千	百	十	元	角	分	贷方 十亿	千	百	十	万	千	百	十	元	角	分	借或贷	余额 十亿	千	百	十	万	千	百	十	元	角	分
01	01		上年结转																									贷			4	2	2				4	0	0
...	...																																					
11	30										4	2	2	4	0	0												平									0		
12	31	转66	进行利润分配	利润分配																2	9	4	2	8	9	8	0	贷				2	9	4	2	8	9	8	0
12	31		本月合计																	2	9	4	2	8	9	8	0	贷				2	9	4	2	8	9	8	0
12	31		本年累计								4	2	2	4	0	0				2	9	4	2	8	9	8	0	贷				2	9	4	2	8	9	8	0

应付股利明细分类账

本账页数　5　　本户页数　1　　科目　张文涛

2009年 月	日	记账凭证编号	摘要	对方科目	页数	借方 十亿	千	百	十	万	千	百	十	元	角	分	贷方 十亿	千	百	十	万	千	百	十	元	角	分	借或贷	余额 十亿	千	百	十	万	千	百	十	元	角	分
01	01		上年结转																									贷				1	0	5	6	0	0
...	...																																					
11	30										1	0	5	6	0	0												平									0		
12	31	转66	进行利润分配	利润分配																	7	3	5	7	2	4	5	贷					7	3	5	7	2	4	5
12	31		本月合计																		7	3	5	7	2	4	5	贷					7	3	5	7	2	4	5
12	31		本年累计								1	0	5	6	0	0					7	3	5	7	2	4	5	贷					7	3	5	7	2	4	5

应付股利明细分类账

本账页数 5　本户页数 1
科目　王海力

2009年 月	日	记账凭证号数	摘要	对方科目	页数	借方	贷方	借或贷	余额
01	01		上年结转					贷	1 056 00
…	…								
11	30		本年累计			1 056 00		平	
12	31	转66	进行利润分配	利润分配			73 572 45	贷	73 572 45
12	31		本月合计				73 572 45	贷	73 572 45
12	31		本年累计				73 572 45	贷	73 572 45

其他应付款明细分类账

本账页数 20　本户页数 8
科目　社会保险费

2009年 月	日	记账凭证号数	摘要	对方科目	页数	借方	贷方	借或贷	余额
01	01		上年结转					平	
…	…								
11	30		本年累计			82 764 00	82 764 00	平	
12	31	转38	代扣职工社会保险费等	应付职工薪酬			5 472 00	贷	5 472 00
12	31	转38	代扣职工社会保险费等	应付职工薪酬			1 368 00	贷	6 840 00
12	31	转38	代扣职工社会保险费等	应付职工薪酬			684 00	贷	7 524 00
12	31	银付11	发放工资并代缴社会保险费等	银行存款		5 472 00		贷	2 052 00
12	31	银付11	发放工资并代缴社会保险费等	银行存款		1 368 00		贷	684 00
12	31	银付11	发放工资并代缴社会保险费等	银行存款		684 00		平	
12	31		本月合计			7 524 00	7 524 00	平	
12	31		本年累计			90 288 00	90 288 00	平	

其他应付款明细分类账

本账页数 20　本户页数 3　科目 养老保险费　社会保险费

2009年 月	日	记账凭证号数	对方科目	摘要	页数	借方（十亿千百十万千百十元角分）	贷方（十亿千百十万千百十元角分）	借或贷	余额（十亿千百十万千百十元角分）
01	01			上年结转				平	θ
...	...								
11	30			本年累计		6 0 1 9 2 0 0 0		平	θ
12	31	转38	应付职工薪酬	代扣职工社会保险费等			5 4 7 2 0 0 0	贷	5 4 7 2 0 0
12	31	银付11	银行存款	发放工资并代缴社会保险费等		5 4 7 2 0 0 0		平	θ
12	31			本月合计		5 4 7 2 0 0 0	5 4 7 2 0 0 0	平	θ
12	31			本年累计		6 5 6 6 4 0 0 0	6 5 6 6 4 0 0 0	平	θ

其他应付款明细分类账

本账页数 20　本户页数 3　科目 医疗保险费　社会保险费

2009年 月	日	记账凭证号数	对方科目	摘要	页数	借方（十亿千百十万千百十元角分）	贷方（十亿千百十万千百十元角分）	借或贷	余额（十亿千百十万千百十元角分）
01	01			上年结转				平	θ
...	...								
11	30			本年累计		1 5 0 4 8 0 0 0		平	θ
12	31	转38	应付职工薪酬	代扣职工社会保险费等			1 3 6 8 0 0 0	贷	1 3 6 8 0 0
12	31	银付11	银行存款	发放工资并代缴社会保险费等		1 3 6 8 0 0 0		平	θ
12	31			本月合计		1 3 6 8 0 0 0	1 3 6 8 0 0 0	平	θ
12	31			本年累计		1 6 4 1 6 0 0 0	1 6 4 1 6 0 0 0	平	θ

其他应付款明细分类账

科目	社会保险费		本账页数	20
		失业保险费	本户页数	3

2009年		记账凭证号数	摘要	对方科目	页数	借方 十亿千百十万千百十元角分	贷方 十亿千百十万千百十元角分	借或贷	余额 十亿千百十万千百十元角分
月	日								
01	01		上年结转					平	
...	...								
11	30		本年累计			7 5 2 4 0 0 0			
12	31	转38	代扣职工社会保险费等	应付职工薪酬			6 8 4 0 0 0	贷	6 8 4 0 0 0
12	31	银付11	发放工资并代缴社会保险费等	银行存款		6 8 4 0 0 0		平	
12	31		本月合计			6 8 4 0 0 0	6 8 4 0 0 0	平	
12	31		本年累计			8 2 0 8 0 0 0	8 2 0 8 0 0 0	平	

其他应付款明细分类账

科目	住房公积金	本账页数	20
		本户页数	3

2009年		记账凭证号数	摘要	对方科目	页数	借方 十亿千百十万千百十元角分	贷方 十亿千百十万千百十元角分	借或贷	余额 十亿千百十万千百十元角分
月	日								
01	01		上年结转					平	
...	...								
11	30		本年累计			9 0 2 8 8 0 0			
12	31	转38	代扣职工社会保险费等	应付职工薪酬			8 2 0 8 0 0 0	贷	8 2 0 8 0 0 0
12	31	银付11	发放工资并代缴社会保险费等	银行存款		8 2 0 8 0 0 0		平	
12	31		本月合计			8 2 0 8 0 0 0	8 2 0 8 0 0 0	平	
12	31		本年累计			9 8 4 9 6 0 0	9 8 4 9 6 0 0	平	

长期借款明细分类账

科目 建设银行　　本账页数 1　本户页数 1

2009年		记账凭证号数	摘要	对方科目	页数	借方											贷方											借或贷	余额										
月	日					十亿	千	百	十	万	千	百	十	元	角	分	十亿	千	百	十	万	千	百	十	元	角	分		十亿	千	百	十	万	千	百	十	元	角	分
01	01		上年结转																									贷			2	0	0	0	0	0	0	0	0
12	31		本年累计																									贷			2	0	0	0	0	0	0	0	0

递延所得税负债明细分类账

科目 交易性金融资产　　本账页数 1　本户页数 1

2009年		记账凭证号数	摘要	对方科目	页数	借方											贷方											借或贷	余额										
月	日					十亿	千	百	十	万	千	百	十	元	角	分	十亿	千	百	十	万	千	百	十	元	角	分		十亿	千	百	十	万	千	百	十	元	角	分
12	31	转62	确认递延所得税资产和负债	递延所得税资产																	6	2	5	0	0	0	贷					6	2	5	0	0	0
11	30		本月合计																			6	2	5	0	0	贷						6	2	5	0	0
12	31		本年累计																			6	2	5	0	0	贷						6	2	5	0	0

实收资本明细分类账

本账页数 5　本户页数 1　科目 _____　北京日化

2009年		记账凭证号数	摘要	对方科目	页数	借方												贷方												借或贷	余额											
月	日					十亿	亿	千	百	十	万	千	百	十	元	角	分	十亿	亿	千	百	十	万	千	百	十	元	角	分		十亿	亿	千	百	十	万	千	百	十	元	角	分
01	01		上年结转																											贷				2	0	0	0	0	0	0	0	0
…	…																																								
11	30		本年累计																						4	2	2	4	0	0	贷				2	0	0	4	2	2	4	0	0
12	31		本年累计																						4	2	2	4	0	0	贷				2	0	0	4	2	2	4	0	0

实收资本明细分类账

本账页数 5　本户页数 1　科目 _____　上海日化

2009年		记账凭证号数	摘要	对方科目	页数	借方												贷方												借或贷	余额											
月	日					十亿	亿	千	百	十	万	千	百	十	元	角	分	十亿	亿	千	百	十	万	千	百	十	元	角	分		十亿	亿	千	百	十	万	千	百	十	元	角	分
01	01		上年结转																											贷				1	5	0	0	0	0	0	0	0
…	…																																								
11	30		本年累计																						3	1	6	8	0	0	贷				1	5	0	3	1	6	8	0	0
12	31		本年累计																						3	1	6	8	0	0	贷				1	5	0	3	1	6	8	0	0

实收资本明细分类账

李晓晓

本账页数	5
本户页数	1

科目

2009年		记账凭证号数	摘要	对方科目	页数	借方 十亿千百十万千百十元角分	贷方 十亿千百十万千百十元角分	借或贷	余额 十亿千百十万千百十元角分
月	日								
01	01		上年结转					贷	1 0 0 0 0 0 0
…	…								
11	30		本年累计					2 1 1 2 0 0 0	贷	1 0 2 1 1 2 0 0 0
12	31		本年累计					2 1 1 2 0 0 0	贷	1 0 2 1 1 2 0 0 0

实收资本明细分类账

张文涛

本账页数	5
本户页数	1

科目

2009年		记账凭证号数	摘要	对方科目	页数	借方 十亿千百十万千百十元角分	贷方 十亿千百十万千百十元角分	借或贷	余额 十亿千百十万千百十元角分
月	日								
01	01		上年结转					贷	2 5 0 0 0 0 0
…	…								
11	30		本年累计					5 2 8 0 0 0	贷	2 5 0 5 2 8 0 0 0
12	31		本年累计					5 2 8 0 0 0	贷	2 5 0 5 2 8 0 0 0

实收资本明细分类账

王海力

本账页数	5
本户页数	1

科目

2009年 月	日	记账凭证号数	摘要	对方科目	页数	借方 十亿千百十万千百十元角分	贷方 十亿千百十万千百十元角分	借或贷	余额 十亿千百十万千百十元角分
01	01		上年结转					贷	2 5 0 0 0 0 0 0
…									
11	30		本年累计				5 2 8 0 0 0	贷	2 5 0 5 2 8 0 0
12	31		本年累计				5 2 8 0 0 0	贷	2 5 0 5 2 8 0 0

盈余公积明细分类账

法定盈余公积

本账页数	1
本户页数	1

科目

2009年 月	日	记账凭证号数	摘要	对方科目	页数	借方 十亿千百十万千百十元角分	贷方 十亿千百十万千百十元角分	借或贷	余额 十亿千百十万千百十元角分
01	01		上年结转					贷	1 0 5 6 0 0 0 0
12	31	转66	进行利润分配	利润分配			7 3 5 7 2 4 5 0	贷	8 4 1 3 2 4 5 0
12	31		本月合计				7 3 5 7 2 4 5	贷	8 4 1 3 2 4 5 0
12	31		本年累计				7 3 5 7 2 4 5	贷	8 4 1 3 2 4 5 0

本年利润明细分类账

本账页数	1
本户页数	1

科目

2009年 月	日	凭证号数	对方科目	摘要	借方	贷方	借或贷	余额	(借)方金额分析			
									主营业务成本	营业税金及附加	销售费用	管理费用
12	31	转63	主营业务收入	结平收益类账户		70 471 068.00	贷	70 471 068.00				
12	31	转64	主营业务成本	结平成本费用类账户	63 113 823.00		贷	7 357 245.00	27 786 794.15	23 502 531.33	2 396 886.40	5 154 523.50
12	31	转65	利润分配	结平本年利润账户	7 357 245.00		平	0.00				
12	31			本月合计	70 471 068.00	70 471 068.00	平	0.00	27 786 794.15	23 502 531.33	2 396 886.40	5 154 523.50
12	31			本年累计	70 471 068.00	70 471 068.00	平	0.00	27 786 794.15	23 502 531.33	2 396 886.40	5 154 523.50

续

2009年 月	日	(借)方金额分析				(贷)方金额分析			
		资产减值损失	财务费用	营业外支出	所得税费用	主营业务收入	其他业务收入	公允价值变动损益	投资收益
12	31					68 438 680.00	270 000.00	25 000.00	1 737 388.00
12	31	50 440.34	1 824 541.40	373 190.87	2 024 915.01				
12	31								
12	31	50 440.34	1 824 541.40	373 190.87	2 024 915.01	68 438 680.00	270 000.00	25 000.00	1 737 388.00
12	31	50 440.34	1 824 541.40	373 190.87	2 024 915.01	68 438 680.00	270 000.00	25 000.00	1 737 388.00

利润分配明细分类账

科目　提取法定盈余公积　本账页数 4　本户页数 1

2009年 月	日	记账凭证号数	摘要	对方科目	页数	借方 十亿	千	百	十	万	千	百	十	元	角	分	贷方 十亿	千	百	十	万	千	百	十	元	角	分	借或贷	余额 十亿	千	百	十	万	千	百	十	元	角	分
12	31	转66	进行利润分配	盈余公积					7	3	5	7	2	4	5	0												借				7	3	5	7	2	4	5	0
12	31	转67	结平利润分配其他明细账																	7	3	5	7	2	4	5	0	平											
12	31		本月合计						7	3	5	7	2	4	5	0				7	3	5	7	2	4	5	0	平											
12	31		本年累计						7	3	5	7	2	4	5	0				7	3	5	7	2	4	5	0	平											

利润分配明细分类账

科目　应付现金股利或利润　本账页数 4　本户页数 1

2009年 月	日	记账凭证号数	摘要	对方科目	页数	借方 十亿	千	百	十	万	千	百	十	元	角	分	贷方 十亿	千	百	十	万	千	百	十	元	角	分	借或贷	余额 十亿	千	百	十	万	千	百	十	元	角	分
12	31	转66	进行利润分配	应付股利				1	4	7	1	4	4	9	0	0												借			1	4	7	1	4	4	9	0	0
12	31	转67	结平利润分配其他明细账																1	4	7	1	4	4	9	0	0	平											
12	31		本月合计					1	4	7	1	4	4	9	0	0			1	4	7	1	4	4	9	0	0	平											
12	31		本年累计					1	4	7	1	4	4	9	0	0			1	4	7	1	4	4	9	0	0	平											

利润分配明细分类账

科目　转作股本的股利

本账页数	4
本户页数	1

2009年 月	日	记账凭证号数	摘要	对方科目	页数	借方 十亿千百十万千百十元角分	贷方 十亿千百十万千百十元角分	借或贷	余额 十亿千百十万千百十元角分
…									
11	30		本年累计			1 0 5 6 0 0 0 0 0	1 0 5 6 0 0 0 0 0	平	0
12	31		本年累计			1 0 5 6 0 0 0 0 0	1 0 5 6 0 0 0 0 0	平	0

利润分配明细分类账

科目　未分配利润

本账页数	4
本户页数	1

2009年 月	日	记账凭证号数	摘要	对方科目	页数	借方 十亿千百十万千百十元角分	贷方 十亿千百十万千百十元角分	借或贷	余额 十亿千百十万千百十元角分
01	01		上年结转					贷	6 3 3 6 0 0
…									
11	30		本年累计			1 0 5 6 0 0 0 0		贷	6 3 3 6 0 0
12	31	转65	结平本年利润账户	本年利润		2 2 0 7 1 7 3 5 0	7 3 5 7 2 4 5 0	贷	7 9 9 0 8 4 5 0
12	31	转67	结平利润分配其他明细账户	利润分配				贷	5 7 8 3 6 7 1 5 0
12	31		本月合计			2 2 0 7 1 7 3 5 0	7 3 5 7 2 4 5 0	贷	5 7 8 3 6 7 1 5 0
12	31		本年累计			2 3 1 2 7 7 3 5 0	7 3 5 7 2 4 5 0	贷	5 7 8 3 6 7 1 5 0

主营业务收入明细分类账

	本账页数	12
	本户页数	12

科目　销售化妆品

2009年 月	日	记账凭证号数	摘要	对方科目	页数	借方	贷方	借或贷	余额
…									
11	30		本年累计				607,392.00	贷	607,392.00
12	01	转1	确认化妆品销售收入	应收票据			11,760.00	贷	619,152.00
12	08	转10	确认化妆品销售收入	应收账款			22,800.00	贷	641,952.00
12	15	转14	确认化妆品销售收入	应收账款			11,760.00	贷	653,712.00
12	15	银收5	确认化妆品销售收入	银行存款			9,418.00	贷	663,130.00
12	16	转16	确认化妆品销售收入	应收账款			18,432.00	贷	681,562.00
12	22	转19	确认抵债产品收入	应收账款			1,764.00	贷	683,326.00
12	24	转23	折让冲减销售收入	应收账款			（红字）11,520.00	贷	671,806.00
12	26	转29	冲减退回化妆品销售收入	应付账款			（红字）23,520.00	贷	648,286.00
12	30	转33	非货币性资产交换	固定资产			23,520.00	贷	671,806.00
12	30	转34	用化妆品作职工福利	应付职工薪酬			11,760.00	贷	683,566.00
12	31	转47	注销12月30日转字34号凭证	应付职工薪酬			（红字）11,760.00	贷	671,806.00
12	31	转49	订正12月30日转字34号凭证	应付职工薪酬			11,760.00	贷	684,386.00
12	31	转63	结平收益类账户	本年利润		684,386.00		平	0
12	31		本月合计			684,386.00	76,994.00	平	0
12	31		本年累计			684,386.00	684,386.00	平	0

其他业务收入明细分类账

本账页数 2　本户页数 2
科目：提供运输劳务

2009年 月	日	记账凭证号数	摘要	对方科目	页数	借方 十亿千百十万千百十元角分	贷方 十亿千百十万千百十元角分	借或贷	余额 十亿千百十万千百十元角分
11	30	...	本年累计					贷	2 4 0 0 0 0 0 0
12	12	银收4	确认运输劳务收入	银行存款			3 0 0 0 0 0 0 0	贷	2 7 0 0 0 0 0 0
12	31	转63	结平收益类账户	本年利润		2 7 0 0 0 0 0 0		平	θ
12	31		本月合计			2 7 0 0 0 0 0 0	3 0 0 0 0 0 0 0	平	θ
12	31		本年累计			2 7 0 0 0 0 0 0	2 7 0 0 0 0 0 0	平	θ

注：因运输汽车的折旧费全额记入"管理费用"科目，且兼营运输劳务的成本也不能准确地确定，则提供运输劳务收入未匹配成本。

公允价值变动损益明细分类账

本账页数 1　本户页数 1
科目：交易性金融资产

2009年 月	日	记账凭证号数	摘要	对方科目	页数	借方 十亿千百十万千百十元角分	贷方 十亿千百十万千百十元角分	借或贷	余额 十亿千百十万千百十元角分
12	31	转40	确认公允价值变动	交易性金融资产			2 5 0 0 0 0 0 0	贷	2 5 0 0 0 0 0 0
12	31	转63	结平收益类账户	本年利润		2 5 0 0 0 0 0 0		平	θ
12	31		本月合计			2 5 0 0 0 0 0 0	2 5 0 0 0 0 0 0	平	θ
12	31		本年累计			2 5 0 0 0 0 0 0	2 5 0 0 0 0 0 0	平	θ

投资收益明细分类账

科目 债券利息　　本账页数 2　本户页数 1

2009年 月	日	记账凭证号数	摘要	对方科目	页数	借方 十亿	千	百	十	万	千	百	十	元	角	分	贷方 十亿	千	百	十	万	千	百	十	元	角	分	借或贷	余额 十亿	千	百	十	万	千	百	十	元	角	分
12	31	转39	核算债券利息	应收利息															9	0					0	0	0	贷			9	0					0	0	0
12	31	转55	计提债券利息并摊销溢价	应收利息																	1	6	5	8	8	0	0	贷					1	7	4	8	8	0	0
12	31	转63	结平收益类账户	本年利润						1	7	4	8	8	0	0												平										0	
12	31		本月合计							1	7	4	8	8	0	0					1	7	4	8	8	0	0	平										0	
12	31		本年累计							1	7	4	8	8	0	0					1	7	4	8	8	0	0	平										0	

投资收益明细分类账

科目 对联营企业的投资收益　　本账页数 2　本户页数 1

2009年 月	日	记账凭证号数	摘要	对方科目	页数	借方 十亿	千	百	十	万	千	百	十	元	角	分	贷方 十亿	千	百	十	万	千	百	十	元	角	分	借或贷	余额 十亿	千	百	十	万	千	百	十	元	角	分
12	31	转56	确认长期股权投资收益	长期股权投资															1	5	6	2	5	0	0	0	0	贷			1	5	6	2	5	0	0	0	0
12	31	转63	结平收益类账户	本年利润				1	5	6	2	5	0	0	0	0												平										0	
12	31		本月合计					1	5	6	2	5	0	0	0	0			1	5	6	2	5	0	0	0	0	平										0	
12	31		本年累计					1	5	6	2	5	0	0	0	0			1	5	6	2	5	0	0	0	0	平										0	

主营业务成本明细分类账

本账页数 3　本户页数 3　科目　销售化妆品

2009年 月	日	记账凭证号数	摘要	对方科目	页数	借方	贷方	借或贷	余额
…	…								
11	30		本年累计			2461730440		借	2461730440
12	31	转52	结转产品销售成本	库存商品		315875000		借	2777605440
12	31	转53	分摊产品成本差异	产品成本差异		1073975		借	2778679415
12	31	转64	结平成本费用类账户	本年利润			2778679415	平	0
12	31		本月合计			316948975	2778679415	平	0
12	31		本年累计			2778679415	2778679415	平	0

（借方、贷方、余额金额栏位：十亿 千 百 十 万 千 百 十 元 角 分）

营业税金及附加明细分类账

本账页数 15　本户页数 3　科目　营业税

2009年 月	日	记账凭证号数	摘要	对方科目	页数	借方	贷方	借或贷	余额
…	…								
11	30		本年累计			720000		借	720000
12	31	转59	核算流转税款	应交税费		90000		借	810000
12	31	转64	结平成本费用类账户	本年利润			810000	平	0
12	31		本月合计			90000	810000	平	0
12	31		本期累计			810000	810000	平	0

（借方、贷方、余额金额栏位：十亿 千 百 十 万 千 百 十 元 角 分）

营业税金及附加明细分类账

科目：消费税　　本账页数 15　本户页数 4

记账凭证号数	2009年 月	日	摘要	对方科目	页数	借方	贷方	借或贷	余额
…	11	30	本年累计			1 822 176.00		借	1 822 176.00
转59	12	31	核算流转税费	应交税费		2 309 844.00		借	2 053 160.40
转64	12	31	结平成本费用类账户	本年利润			2 053 160.40	平	0
	12	31	本月合计			2 309 844.00	2 053 160.40	平	0
	12	31	本期累计			2 053 160.40	2 053 160.40	平	0

营业税金及附加明细分类账

科目：城市维护建设税　　本账页数 15　本户页数 4

记账凭证号数	2009年 月	日	摘要	对方科目	页数	借方	贷方	借或贷	余额
…	11	30	本年累计			1 825 426.54		借	1 825 426.54
转59	12	31	核算流转税费	应交税费		248 552.59		借	2 073 979.13
转64	12	31	结平成本费用类账户	本年利润			2 073 979.13	平	0
	12	31	本月合计			248 552.59	2 073 979.13	平	0
	12	31	本期累计			2 073 979.13	2 073 979.13	平	0

营业税金及附加明细分类账

	本账页数	15
	本户页数	4

科目 教育费附加

2009年 月	日	记账凭证号数	摘要	对方科目	页数	借方 (十亿千百十万千百十元角分)	贷方 (十亿千百十万千百十元角分)	借或贷	余额 (十亿千百十万千百十元角分)
...	...								
11	30		本年累计			78232566		借	78232566
12	31	转59	核算转税款	应交税费		10652254		借	88884820
12	31	转64	结平成本费用类账户	本年利润			88884820	平	θ
12	31		本月合计			10652254	88884820	平	θ
12	31		本期累计			88884820	88884820	平	θ

销售费用明细分类账

	本账页数	4
	本户页数	1

科目 广告费

2009年 月	日	记账凭证号数	摘要	对方科目	页数	借方 (十亿千百十万千百十元角分)	贷方 (十亿千百十万千百十元角分)	借或贷	余额 (十亿千百十万千百十元角分)
...	...								
11	30		本年累计			10000000		借	10000000
12	31	转64	结平成本费用类账户	本年利润			10000000	平	θ
12	31		本月合计				10000000	平	θ
12	31		本年累计			10000000	10000000	平	θ

销售费用明细分类账

本账页数 4　本户页数 3　　科目 职工薪酬

2009年 月	日	记账凭证 号数	摘要	对方科目	页数	借方 十	亿	千	百	十	万	千	百	十	元	角	分	贷方 十	亿	千	百	十	万	千	百	十	元	角	分	借或贷	余额 十	亿	千	百	十	万	千	百	十	元	角	分
…	…																																									
11	30		本年累计	应付职工薪酬						1	2	5	5	2	5	4	0													借					1	2	5	5	2	5	4	0
12	31	转37	核算职工薪酬	应付职工薪酬							1	1	4	1	1	4	0													借					1	3	6	9	3	6	8	0
12	31	转48	订正12月30日转字34号凭证	应付职工薪酬								2	7	5	1	8	4													借					1	3	9	6	8	8	6	4
12	31	转64	结平成本费用类账户	本年利润																		1	3	9	6	8	8	6	4	平										0	0	0
12	31		本月合计								1	4	1	6	3	2	4					1	3	9	6	8	8	6	4	平										0	0	0
12	31		本年累计							1	3	9	6	8	8	6	4					1	3	9	6	8	8	6	4	平										0	0	0

本账页数	12
本户页数	12

科目

管理费用明细分类账

2009年 月	日	记账凭证号数	摘要	对方科目	借方	贷方	借或贷	余额	（借）方金额分析					
									职工薪酬	业务招待费	差旅费	折旧费	无形资产摊销	盘亏损失
...	...													
11	30		本年累计		4 673 111.92		借	4 673 111.92	4 023 250.00	185 000.00	6 000.00	458 082.68	779.24	
12	04	转5	报销差旅费	其他应收款	1 500.00		借	4 674 611.92			1 500.00			
12	09	现付2	报销业务招待费	库存现金	15 000.00		借	4 689 611.92		15 000.00				
12	22	转21	计提报废汽车折旧	累计折旧	1 979.09		借	4 691 591.01				1 979.09		
12	31	转35	计提固定资产折旧	累计折旧	39 664.79		借	4 731 255.80				39 664.79		
12	31	转36	摊销无形资产	累计摊销	70.84		借	4 731 326.64					70.84	
12	31	转37	核算职工薪酬	应付职工薪酬	365 750.00		借	5 097 076.64	365 750.00					
12	31	转46	确认盘损 A	待处理财产损溢	2 410.06		借	5 099 486.70						2 410.06
12	31	转48	订正12月30日转字34号凭证结平成本	应付职工薪酬	55 036.80		借	5 154 523.50	55 036.80					
12	31	转64	费用转入类账户	本年利润		5 154 523.50	平	0.00						
12	31		本月合计		481 411.58	5 154 523.50	平	0.00	420 786.80	15 000.00	1 500.00	41 643.88	70.84	2 410.06
12	31		本年累计		5 154 523.50	5 154 523.50	平	0.00	4 444 036.80	200 000.00	7 500.00	499 726.56	850.08	2 410.06

财务费用明细分类账

本账页数 6　本户页数 2　科目 利息支出

2009年 月	日	记账凭证号数	摘要	对方科目	页数	借方（十亿千百十万千百十元角分）	贷方（十亿千百十万千百十元角分）	借或贷	余额（十亿千百十万千百十元角分）
11	30	…	本年累计					借	1 8 5 0 0 0
12	31	转58	计提短期借款利息	应付利息		3 5 0 0 0		借	2 2 0 0 0
12	31	银付13	偿还短期借款本息	银行存款		5 0 0 0		借	2 2 5 0 0
12	31	转60	计提长期借款利息	应付利息		1 5 6 0 0 0		借	1 7 8 5 0 0
12	31	转64	结平成本费用类账户	本年利润			1 7 8 5 0 0	平	0
12	31		本月合计			1 6 0 0 0 0	1 7 8 5 0 0	平	0
12	31		本年累计			1 7 8 5 0 0	1 7 8 5 0 0	平	0

财务费用明细分类账

本账页数 6　本户页数 2　科目 票据利息

2009年 月	日	记账凭证号数	摘要	对方科目	页数	借方（十亿千百十万千百十元角分）	贷方（十亿千百十万千百十元角分）	借或贷	余额（十亿千百十万千百十元角分）
12	09	银付5	付银行承兑汇票款	银行存款		2 3 4 0 0		借	2 3 4 0 0
12	10	银收5	收商业承兑汇票款	银行存款			2 0 0 0 0	借	3 4 0 0
12	26	转28	确认票据利息及贴现息	应收票据		1 9 3 0 0		借	5 3 3 0 0
12	31	转41	计提票据利息	应收票据			6 8 7 9 6 0	贷	6 3 4 6 0
12	31	转64	结平成本费用类账户	本年利润			6 3 4 6 6 0	平	0
12	31		本月合计			2 5 3 3 0 0	2 5 3 3 0 0	平	0
12	31		本年累计			2 5 3 3 0 0	2 5 3 3 0 0	平	0

财务费用明细分类账

本账页数	6
本户页数	2

科目 现金折扣

2009年 月	日	记账凭证号数	摘要	对方科目	页数	借方 十亿	千	百	十	万	千	百	十	元	角	分	贷方 十亿	千	百	十	万	千	百	十	元	角	分	借或贷	余额 十亿	千	百	十	万	千	百	十	元	角	分
…	…		本年累计								3	6	4	8	0	0												借						3	6	4	8	0	0
11	30																																						
12	30	转32	确认买方享有现金折扣	应收账款							9	4	0	8	0	0												借						4	5	8	8	0	0
12	31	转64	结平成本费用类账户	本年利润																		4	5	8	8	0	0	平										0
12	31		本月合计								9	4	0	8	0	0							4	5	8	8	0	0	平										0
12	31		本年累计								4	5	8	8	0	0							4	5	8	8	0	0	平										0

资产减值损失明细分类账

本账页数	3
本户页数	1

科目 坏账损失

2009年 月	日	记账凭证号数	摘要	对方科目	页数	借方 十亿	千	百	十	万	千	百	十	元	角	分	贷方 十亿	千	百	十	万	千	百	十	元	角	分	借或贷	余额 十亿	千	百	十	万	千	百	十	元	角	分
12	31	转42	计提坏账准备	坏账准备						3	3	1	8	7	0	4												借					3	3	1	8	7	0	4
12	31	转64	结平成本费用类账户	本年利润																		3	3	1	8	7	0	4	平										0
12	31		本月合计							3	3	1	8	7	0	4						3	3	1	8	7	0	4	平										0
12	31		本年累计							3	3	1	8	7	0	4						3	3	1	8	7	0	4	平										0

资产减值损失明细分类账

本账页数 3　本户页数 1

科目：存货跌价损失

2009年 月	日	记账凭证号数	摘要	对方科目	页数	借方	贷方	借或贷	余额
12	31	转54	冲减存货跌价准备	存货跌价准备		3 0 0 0 0 0 0 0 0		贷	3 0 0 0 0 0 0 0 0
12	31	转64	结平成本费用类账户	本年利润			3 0 0 0 0 0 0 0 0	平	0
12	31		本月合计			3 0 0 0 0 0 0 0 0	3 0 0 0 0 0 0 0 0	平	0
12	31		本年累计			3 0 0 0 0 0 0 0 0	3 0 0 0 0 0 0 0 0	平	0

资产减值损失明细分类账

本账页数 3　本户页数 1

科目：固定资产减值损失

2009年 月	日	记账凭证号数	摘要	对方科目	页数	借方	贷方	借或贷	余额
12	31	转57	计提固定资产减值准备	固定资产减值准备		2 0 2 5 3 3 0		借	2 0 2 5 3 3 0
12	31	转64	结平成本费用类账户	本年利润			2 0 2 5 3 3 0	平	0
12	31		本月合计			2 0 2 5 3 3 0	2 0 2 5 3 3 0	平	0
12	31		本年累计			2 0 2 5 3 3 0	2 0 2 5 3 3 0	平	0

营业外支出明细分类账

科目　非流动资产处置损失　　本账页数 3　本户页数 1

2009年 月	日	记账凭证号数	摘要	对方科目	页数	借方 十亿	千	百	十	万	千	百	十	元	角	分	贷方 十亿	千	百	十	万	千	百	十	元	角	分	借或贷	余额 十亿	千	百	十	万	千	百	十	元	角	分
12	26	转31	确认报废汽车损失	固定资产清理						1	7	2	7	0	8	7												借					1	7	2	7	0	8	7
12	31	转64	结平成本费用类账户	本年利润																	1	7	2	7	0	8	7	平									θ	θ	θ
12	31		本月合计							1	7	2	7	0	8	7					1	7	2	7	0	8	7	平									θ	θ	θ
12	31		本年累计							1	7	2	7	0	8	7					1	7	2	7	0	8	7	平									θ	θ	θ

营业外支出明细分类账

科目　债务重组损失　　本账页数 3　本户页数 1

2009年 月	日	记账凭证号数	摘要	对方科目	页数	借方 十亿	千	百	十	万	千	百	十	元	角	分	贷方 十亿	千	百	十	万	千	百	十	元	角	分	借或贷	余额 十亿	千	百	十	万	千	百	十	元	角	分
12	16	转15	确认债务重组损失	应收账款					1	5	5	9	2	0	0	0												借				1	5	5	9	2	0	0	0
12	31	转64	结平成本费用类账户	本年利润																1	5	5	9	2	0	0	0	平									θ	θ	θ
12	31		本月合计						1	5	5	9	2	0	0	0				1	5	5	9	2	0	0	0	平									θ	θ	θ
12	31		本年累计						1	5	5	9	2	0	0	0				1	5	5	9	2	0	0	0	平									θ	θ	θ

本账页数 3　本户页数 1　科目 罚款支出

营业外支出明细分类账

2009年 月	日	记账凭证号数	摘要	对方科目	页数	借方	贷方	借或贷	余额
12	30	银付10	支付罚款	银行存款		2000.00		借	2000.00
12	31	转64	结平成本费用类账户	本年利润			2000.00	平	0
12	31		本月合计			2000.00	2000.00	平	0
12	31		本年累计			2000.00	2000.00	平	0

本账页数 2　本户页数 1　科目 当期所得税费用

所得税费用明细分类账

2009年 月	日	记账凭证号数	摘要	对方科目	页数	借方	贷方	借或贷	余额
12	31	转61	核算当期所得税	应交税费		2027126.71		借	2027126.71
12	31	转64	结平成本费用类账户	本年利润			2027126.71	平	0
12	31		本月合计			2027126.71	2027126.71	平	0
12	31		本年累计			2027126.71	2027126.71	平	0

所得税费用明细分类账

递延所得税费用 科目

本账页数	2
本户页数	1

2009年		记账凭证号数	摘要	对方科目	页数	借方											贷方											借或贷	余额										
月	日					十	亿	千	百	十	万	千	百	十	元	角	分	十	亿	千	百	十	万	千	百	十	元	角	分		十	亿	千	百	十	万	千	百	十	元	角	分
12	31	转62	确认递延所得税资产和负债	递延所得税资产																		2	2	1	1	7	0	贷						2	2	1	1	7	0
12	31	转64	结平成本费用类账户	本年利润								2	2	1	1	7	0												平											0
12	31		本月合计																										平											0
12	31		本年累计																										平											0

第二节 编制会计科目余额表

根据上述会计账户资料，编制 2009 年 12 月 31 日的会计科目余额表，如表 6-1 所示。

表 6-1　　　　　　　　　　会计科目余额表

编制单位：北京晓晓化妆品有限公司　　　　2009 年 12 月 31 日　　　　　　　　金额单位：元

科 目 名 称	借 方 余 额	科 目 名 称	贷 方 余 额
库存现金	45 170.00	短期借款	0.00
银行存款	27 999 225.69	工商银行	0.00
建设银行	27 999 225.69	建设银行	0.00
其他货币资金	44 370.00	应付票据	0.00
银行汇票	0.00	丙公司	0.00
银行本票	0.00	应付账款	969 012.00
存出投资款	44 370.00	丙公司	963 612.00
外埠存款	0.00	暂估应付账款	5 400.00
交易性金融资产	130 630.00	应付职工薪酬	1 196 280.00
债券投资	0.00	工资	0.00
成本	0.00	职工福利	907 600.00
股票投资	130 630.00	社会保险费	0.00
成本	105 630.00	养老保险费	0.00
公允价值变动	25 000.00	医疗保险费	0.00
应收票据	1 382 799.60	失业保险费	0.00
上海贸易公司	1 382 799.60	生育保险费	0.00
广州贸易公司	0.00	工伤保险费	0.00
应收账款	5 518 704.00	住房公积金	0.00
北京贸易公司	4 043 520.00	工会经费	96 880.00
上海贸易公司	275 184.00	职工教育经费	191 800.00
广州贸易公司	1 200 000.00	非货币性福利	0.00
预付账款	−54 640.50	应交税费	4 582 953.10
甲公司	−6 725.50	应交增值税	1 240 007.26
乙公司	−47 915.00	应交消费税	2 309 844.00
应收股利	0.00	应交营业税	900.00
跃美日化	0.00	应交城市维护建设税	248 552.59
应收利息	0.00	应交教育费附加	106 522.54
乙公司	0.00	应交所得税	677 126.71
其他应收款	197 866.00	应交个人所得税	0.00
王芳	0.00	应付利息	0.00
平安保险公司	180 000.00	工商银行	0.00
丁公司	17 866.00	建设银行	0.00

续表

科 目 名 称	借 方 余 额	科 目 名 称	贷 方 余 额
坏账准备	−55 187.04	应付股利	1 471 449.00
北京贸易公司	−40 435.20	北京日化	588 579.60
上海贸易公司	−2 751.84	上海日化	441 434.70
广州贸易公司	−12 000.00	李晓晓	294 289.80
材料采购	0.00	张文涛	73 572.45
A 材料	0.00	王海力	73 572.45
B 材料	0.00	其他应付款	0.00
C 材料	0.00	社会保险费	0.00
D 材料	0.00	养老保险费	0.00
原材料	602 450.00	医疗保险费	0.00
A 材料	122 550.00	失业保险费	0.00
B 材料	77 400.00	住房公积金	0.00
C 材料	200 000.00	长期借款	20 000 000.00
D 材料	202 500.00	建设银行	20 000 000.00
材料成本差异	−2 264.90	递延所得税负债	6 250.00
A 材料	980.10	交易性金融资产	6 250.00
B 材料	540.00	实收资本	50 105 600.00
C 材料	−2 900.00	北京日化	20 042 240.00
D 材料	−885.00	上海日化	15 031 680.00
生产成本	0.00	李晓晓	10 021 120.00
制造费用	0.00	张文涛	2 505 280.00
库存商品	3 719 250.00	王海力	2 505 280.00
化妆品	3 719 250.00	盈余公积	841 324.50
产品成本差异	12 840.85	法定盈余公积	841 324.50
化妆品	12 840.85	本年利润	0.00
周转材料	80 400.00	利润分配	5 783 671.50
包装物	75 650.00	提取法定盈余公积	0.00
化妆品小包装盒	6 750.00	应付现金股利或利润	0.00
化妆品小包装瓶	67 500.00	转作股本的股利	0.00
化妆品包装箱	1 400.00	未分配利润	5 783 671.50
低值易耗品	4 750.00		
在库	4 500.00		
在用	500.00		
摊销	−250.00		
存货跌价准备	0.00		

科 目 名 称	借 方 余 额	科 目 名 称	贷 方 余 额
A材料	0.00		
持有至到期投资	4 113 088.00		
乙公司	4 113 088.00		
面值	4 000 000.00		
利息调整	113 088.00		
长期股权投资	17 362 500.00		
跃美日化	17 362 500.00		
成本	15 000 000.00		
损益调整	2 362 500.00		
固定资产	25 205 184.00		
办公楼	7 000 000.00		
生产车间厂房	10 000 000.00		
生产车间生产线	6 000 000.00		
仓库	1 000 000.00		
运输汽车	525 184.00		
小轿车	600 000.00		
电脑	80 000.00		
累计折旧	−2 944 369.84		
办公楼	−637 342.65		
生产车间厂房	−910 489.50		
生产车间生产线	−1 092 456.30		
仓库	−91 048.95		
运输汽车	−45 519.07		
小轿车	−109 245.63		
电脑	−58 267.74		
固定资产减值准备	−20 253.30		
运输汽车	−9 498.93		
小轿车	−10 754.37		
固定资产清理	0.00		
运输汽车	0.00		
无形资产	2 008 500.00		
专利权	2 000 000.00		
化妆品注册商标1	3 500.00		
化妆品注册商标2	5 000.00		
累计摊销	−401 684.16		
专利权	−399 984.00		
化妆品注册商标1	−700.08		
化妆品注册商标2	−1 000.08		

续表

科目名称	借方余额	科目名称	贷方余额
递延所得税资产	11 961.70		
应收账款	6 898.38		
存货	0.00		
固定资产	5 063.32		
待处理财产损溢	0.00		
待处理流动资产损溢	0.00		
合　计	84 956 540.10	合　计	84 956 540.10

7 第七章
CHAPTER 编制财务报表模块

第一节　编制12月份财务报表

一、编制 12 月份资产负债表

根据表 6-1 编制 2009 年 12 月份的资产负债表，如表 7-1 所示。其中：

（1）"货币资金"项目期末余额="库存现金"科目余额+"银行存款"科目余额+"其他货币资金"科目余额=45 170+27 999 225.69+44 370=28 088 765.69（元）。

（2）"应收账款"项目期末余额="应收账款"明细科目借方余额+"预收账款"明细科目借方余额–"坏账准备"科目贷方余额=（4 043 520+275 184+1 200 000）+0–（40 435.2+2 751.84+12 000）=5 518 704–0–55 187.04=5 463 516.96（元）。

（3）"预收款项"项目期末余额="应收账款"明细科目贷方余额+"预收账款"明细科目贷方余额=0+0=0（元）。

（4）"预付款项"项目期末余额="预付账款"明细科目借方余额+"应付账款"明细科目借方余额=0+0=0（元）。

（5）"应付款项"项目期末余额="预付账款"明细科目贷方余额+"应付账款"明细科目贷方余额=（6 725.5+47 915）+（963 612+5 400）=54 640.5+969 012=1 023 652.5（元）。

（6）"存货"项目期末余额="材料采购"科目余额+"原材料"科目余额+"材料成本差异"科目余额+"生产成本"科目余额+"制造费用"科目余额+"库存商品"科目余额+"产品成本差异"科目余额+"周转材料"科目余额–"存货跌价准备"科目余额=0+602 450–2 264.9+0+0+3 719 250+12 840.85+80 400–0=4 412 675.95（元）。

（7）"固定资产"项目期末余额="固定资产"科目余额–"累计折旧"科目余额–"固定资产减值准备"科目余额=25 205 184–2 944 369.84–20 253.3=22 240 560.86（元）。

（8）"无形资产"项目期末余额="无形资产"科目余额–"累计摊销"科目余额=2 008 500–401 684.16=1 606 815.84（元）。

（9）"未分配利润"项目期初余额 9 008 937.48 元，根据表 7-6 中本期金额栏"未分配利润"项目本期期初余额 9 008 937.48 元填列。

（10）"未分配利润"项目期末余额 5 783 671.50 元，根据表 7-6 中本期金额栏"未分配利润"项目本期期末余额 5 783 671.50 元填列。

表 7-1 　　　　　　　　　　　　　资产负债表

编制单位：北京晓晓化妆品有限公司　　2009 年 12 月 31 日

会企 01 表
金额单位：元

资　产	期末余额	期初余额	负债和所有者权益（或股东权益）	期末余额	期初余额
流动资产：			流动负债：		
货币资金	28 088 765.69	33 870 266.03	短期借款	0.00	6 000 000.00
交易性金融资产	130 630.00	300 000.00	交易性金融负债		
应收票据	1 382 799.60	300 000.00	应付票据	0.00	117 000.00
应收账款	5 463 516.96	4 205 024.00	应付账款	1 023 652.50	1 170 000.00
预付款项	0.00	10 000.00	预收账款	0.00	0.00
应收利息	0.00	0.00	应付职工薪酬	1 196 280.00	1 232 100.00
应收股利	0.00	0.00	应交税费	4 582 953.10	1 142 820.00
其他应收款	197 866.00		应付利息	0.00	185 000.00
存货	4 412 675.95	6 488 675.20	应付股利	1 471 449.00	0.00
一年内到期的非流动资产			其他应付款	0.00	0.00
其他流动资产			一年内到期的非流动负债		
流动资产合计	39 676 254.20	45 173 965.23	其他流动负债		
非流动资产：			流动负债合计	8 274 334.60	9 846 920.00
可供出售金融资产			非流动负债：		
持有至到期投资	4 113 088.00	4 147 200.00	长期借款	20 000 000.00	20 000 000.00
长期应收款			应付债券		
长期股权投资	17 362 500.00	15 800 000.00	长期应付款		
投资性房地产			专项应付款		
固定资产	22 240 560.86	22 318 839.57	预计负债		
在建工程			递延所得税负债	6 250.00	0.00
工程物资			其他非流动负债		
固定资产清理	0.00	0.00	非流动负债合计	20 006 250.00	20 000 000.00
生产性生物资产			负债合计	28 280 584.60	29 846 920.00

续表

资　产	期末余额	期初余额	负债和所有者权益（或股东权益）	期末余额	期初余额
无形资产	1 606 815.84	1 623 552.68	所有者权益（或股东权益）：		
开发支出			实收资本（或股本）	50 105 600.00	50 105 600.00
商誉			资本公积		
长期待摊费用			减：库存股		
递延所得税资产	11 961.70	3 500.00	盈余公积	841 324.50	105 600.00
其他非流动资产			未分配利润	5 783 671.50	9 008 937.48
非流动资产合计	45 334 926.40	43 893 092.25	所有者权益（或股东权益）合计	56 730 596.00	59 220 137.48
资产总计	85 011 180.60	89 067 057.48	负债和所有者权益（或股东权益）总计	85 011 180.60	89 067 057.48

二、编制 12 月份利润表

根据上述资料，编制 2009 年 12 月份的利润表，如表 7-2 所示。

其中："营业收入"项目本期金额="主营业务收入"科目本期金额+"其他业务收入"科目本期金额=7 699 480+30 000=7 729 480（元）。

表 7-2 　　　　　　　　　　　　　　利　润　表

会企 02 表

编制单位：北京晓晓化妆品有限公司　　　　　　2009 年 12 月　　　　　　金额单位：元

项　目	本　期　金　额	本年累计金额
一、营业收入	7 729 480.00	68 708 680.00
减：营业成本	3 169 489.75	27 786 794.15
营业税金及附加	2 665 819.13	23 502 531.33
销售费用	141 632.40	2 396 886.40
管理费用	481 411.58	5 154 523.50
财务费用	1 603 061.40	1 824 541.40
资产减值损失	50 440.34	50 440.34
加：公允价值变动收益（损失以"-"号填列）	25 000.00	25 000.00
投资收益（损失以"-"号填列）	1 737 388.00	1 737 388.00
其中：对联营企业和合营企业的投资收益	1 562 500.00	1 562 500.00
二、营业利润（亏损以"-"号填列）	1 380 013.40	9 755 350.88
加：营业外收入		
减：营业外支出	373 190.87	373 190.87

续表

项 目	本 期 金 额	本年累计金额
其中：非流动资产处置损失	17 270.87	17 270.87
三、利润总额（亏损总额以"–"号填列）	1 006 822.53	9 382 160.01
减：所得税费用	2 024 915.01	2 024 915.01
四、净利润（净亏损以"–"号填列）	–1 018 092.48	7 357 245.00
五、每股收益		
（一）基本每股收益		
（二）稀释每股收益		
（三）其他综合收益		
（四）综合收益总额		

三、编制 12 月份现金流量表

（一）工作底稿法编制现金流量表主表

根据上述资料，编制 2009 年 12 月份现金流量表主表的具体程序如下：

第一步，编制现金流量表工作底稿，如表 7–3 所示。将资产负债表的期初数和期末数过入工作底稿的期初数栏和期末数栏，将利润表的本期数过入工作底稿的本期数栏。

表 7–3　　　　　　　　现金流量表工作底稿　　　　　　金额单位：元

项 目	期 初 数	调整分录 借 方	调整分录 贷 方	期末数 或本期数
一、资产负债表项目	期初数			期末数
借方项目：				
货币资金	33 870 266.03		（22）5 781 500.34	28 088 765.69
交易性金融资产	300 000.00	（8）25 000.00 （12）105 630.00	（9）300 000.00	130 630.00
应收票据	300 000.00	（1）1 082 799.60		1 382 799.60
应收账款	4 205 024.00	（1）1 258 492.96		5 463 516.96
预付款项	10 000.00		（2）10 000.00	0.00
应收利息	0.00			0.00
应收股利	0.00			0.00
其他应收款		（10）180 000.00 （13）17 866.00		197 866.00
存货	6 488 675.20		（2）2 075 999.25	4 412 675.95
持有至到期投资	4 147 200.00		（9）34 112.00	4 113 088.00
长期股权投资	15 800 000.00	（9）1 562 500.00		17 362 500.00
固定资产	22 318 839.57	（10）45 519.07 （14–①）275 184.00	（7）20 253.30 （10）250 000.00 （14–②）128 728.48	22 240 560.86
无形资产	1 623 552.68		（15）16 736.84	1 606 815.84
递延所得税资产	3 500.00	（11）8 461.70		11 961.70

项 目	期 初 数	调 整 分 录 借 方	调 整 分 录 贷 方	期 末 数 或本期数
借方项目合计	89 067 057.48	4 561 453.33	8 617 330.21	85 011 180.60
贷方项目：				
短期借款	6 000 000.00	（16）6 000 000.00		0.00
应付票据	117 000.00	（2）117 000.00		0.00
应付账款	1 170 000.00	（1）206 388.00	（2）60 040.50	1 023 652.50
预收账款	0.00			0.00
应付职工薪酬	1 232 100.00	（17）1 174 104.00	（2）575 864.80 （4）141 632.40 （5）420 786.80	1 196 280.00
应交税费	1 142 820.00	（2）72 160.50（进） （18）2 492 820.00 （增、消、城、教）	（1）1 308 911.60（销） （3）2 665 819.13 （营、消、城、教） （5）3 256.16（进转） （11）2 027 126.71（所）	4 582 953.10
应付利息	185 000.00	（6）185 000.00		0.00
应付股利	0.00		（19）1 471 449.00	1 471 449.00
其他应付款	0.00			0.00
长期借款	20 000 000.00			20 000 000.00
递延所得税负债	0.00		（11）6 250.00	6 250.00
实收资本（或股本）	50 105 600.00			50 105 600.00
盈余公积	105 600.00		（21）735 724.50	841 324.50
未分配利润	9 008 937.48	（19）1 471 449.00 （20）1 018 092.48 （21）735 724.50		5 783 671.50
贷方项目合计	89 067 057.48	13 472 738.48	9 416 861.60	85 011 180.60
调整分录借、贷合计	—	18 034 191.81	18 034 191.81	—
二、利润表项目	—			本期数
营业收入			（1）7 729 480.00	7 729 480.00
营业成本		（2）3 169 489.75		3 169 489.75
营业税金及附加		（3）2 665 819.13		2 665 819.13
销售费用		（4）141 632.40		141 632.40
管理费用		（5）481 411.58		481 411.58
财务费用		（6）1 603 061.40		1 603 061.40
资产减值损失		（7）50 440.34		50 440.34
公允价值变动损益			（8）25 000.00	25 000.00
投资收益			（9）1 737 388.00	1 737 388.00
营业外支出		（10）373 190.87		373 190.87
所得税费用		（11）2 024 915.01		2 024 915.01
净利润			（20）1 018 092.48	-1 018 092.48
调整分录借、贷合计		10 509 960.48	10 509 960.48	—
三、现金流量表项目	—			本期数
（一）经营活动产生的现金流量				

续表

项 目	期 初 数	调整分录 借方	调整分录 贷方	期末数 或本期数
销售商品、提供劳务收到的现金		(1) 6 490 711.04	(6) 721.40 (7) 33 187.04 (10) 155 920.00 (14-①) 275 184.00 (17) 137 592.00	5 888 106.60
收到其他与经营活动有关的现金		(5) 20 000.00		20 000.00
经营活动现金流入小计				5 908 106.60
购买商品、接受劳务支付的现金		(7) 3 000.00 (14-②) 87 084.60 (15) 16 666.00	(2) 636 745.70 (5) 19 153.90 (6) 2 340.00 (13) 17 866.00	569 355.00
支付给职工以及为职工支付的现金			(17) 1 036 512.00	1 036 512.00
支付的各项税费			(18) 2 492 820.00	2 492 820.00
支付的其他与经营活动有关的现金		(14-②) 41 643.88 (15) 70.84	(5) 58 214.72 (10) 200 000.00	216 500.00
经营活动现金流出小计				4 315 187.00
经营活动产生现金流量净额				1 592 919.60
（二）投资活动产生的现金流量				
收回投资收到的现金		(9) 300 000.00		300 000.00
取得投资收益收到的现金		(9) 209 000.00		209 000.00
处置固定资产收回的现金净额		(10) 7 210.06		7 210.06
投资活动现金流入小计				516 210.06
投资支付的现金			(12) 105 630.00	105 630.00
投资活动现金流出小计				105 630.00
投资活动产生现金流量净额				410 580.06
（三）筹资活动产生的现金流量				
偿还债务支付的现金			(16) 6 000 000.00	6 000 000.00
偿付利息支付的现金			(6) 1 785 000.00	1 785 000.00
筹资活动现金流出小计				7 785 000.00
筹资活动产生现金流量净额				-7 785 000.00
（四）现金及现金等价物净增加额		(22) 5 781 500.34		-5 781 500.34
调整分录借、贷合计	—	12 956 886.76	12 956 886.76	—
调整分录借、贷总计	—	41 501 039.05	41 501 039.05	—

第二步，根据资产负债表、利润表及相关业务编制调整分录。编制调整分录时，要以利润表项目为基础，从"营业收入"项目开始，结合资产负债表项目对当期业务逐一进行分析。

（1）分析调整营业收入

借：经营活动产生的现金流量——销售商品、提供劳务

收到的现金 6 490 711.04

应收票据（1 382 799.6–300 000） 1 082 799.60

应收账款（5 463 516.96–4 205 024） 1 258 492.96

应付账款 206 388.00

贷：营业收入 7 729 480.00

应交税费——应交增值税（销项税额）　　　　　　　　　　1 308 911.60

注：利润表中的"营业收入"是按权责发生制反映的，应转换为现金收付实现制。为此，应调整应收账款和应收票据的增减变动。应收票据增加 1 082 799.6 元、应收账款增加 1 258 492.96 元，均应减少经营活动产生的现金流量。因用产品抵债而确认的主营业务收入、增值税销项税额合计 206 388 元不应记入"经营活动产生的现金流量——销售商品、提供劳务收到的现金"项目。应交增值税销项税额应当和营业收入匹配，所收到的现金应在"经营活动产生的现金流量——销售商品、提供劳务收到的现金"项目中反映。

（2）分析调整营业成本

借：营业成本　　　　　　　　　　　　　　　　　　　　　　3 169 489.75

　　应付票据（0-117 000）　　　　　　　　　　　　　　　　117 000.00

　　应交税费——应交增值税（进项税额）　　　　　　　　　　72 160.50

　　贷：经营活动产生的现金流量——购买商品支付的现金　　　636 745.70

　　　　预付账款（0-10 000）　　　　　　　　　　　　　　　10 000.00

　　　　存货（4 412 675.95-6 488 675.2）　　　　　　　　　2 075 999.25

　　　　应付账款（1 023 652.5+206 388-1 170 000）　　　　　60 040.50

　　　　应付职工薪酬（468 160+41 277.6+52 668+13 759.2）　575 864.80

注：应付票据减少 117 000 元，表明本期用于购买存货的现金支出增加 117 000 元；存货减少 2 075 999.25 元，表明本期耗用的存货中有 2 075 999.25 元是原先库存的，即购买商品支付现金减少 2 075 999.25 元。因用产品抵偿应付账款使得应付账款减少的 206 388 元，不应记入"经营活动产生的现金流量——购买商品支付的现金"项目。应负担的增值税进项税额 72 160.50 元，应当包含在"经营活动产生的现金流量——购买商品支付的现金"项目之中。

（3）分析调整营业税金及附加

借：营业税金及附加　　　　　　　　　　　　　　　　　　　2 665 819.13

　　贷：应交税费——应交营业税　　　　　　　　　　　　　　900.00

　　　　　　　　　——应交消费税　　　　　　　　　　　　2 309 844.00

　　　　　　　　　——应交城市维护建设税　　　　　　　　248 552.59

　　　　　　　　　——应交教育费附加　　　　　　　　　　106 522.54

（4）分析调整销售费用

借：销售费用　　　　　　　　　　　　　　　　　　　　　　141 632.40

　　贷：应付职工薪酬（114 114+27 518.4）　　　　　　　　　141 632.40

（5）分析调整管理费用

借：经营活动产生的现金流量——收到其他与经营活动有关的现金　20 000.00

　　管理费用　　　　　　　　　　　　　　　　　　　　　　481 411.58

　　贷：经营活动产生的现金流量——购买商品支付的现金　　　19 153.90

　　　　　　　　　　　　　　　——支付的其他与经营活动有关的现金　58 214.72

　　　　应付职工薪酬（365 750+55 036.8）　　　　　　　　　420 786.80

　　　　应交税费——应交增值税（进项税额转出）　　　　　　3 256.16

注：本期增加的管理费用中有付现费用与非付现费用，此笔分录先将扣除应付职工薪酬与盘亏 A 材料损失部分的管理费用记入"经营活动产生的现金流量——支付的其他与经营活动有关的现金"项目中，至于不涉及现金支出的项目，再分别进行调整；另外，有 19 153.9 元为盘亏 A 材料的损失，由于调整存货时没有

记入"经营活动产生的现金流量——购买商品支付的现金",所以要补充记入"经营活动产生的现金流量——购买商品支付的现金"项目内。

（6）分析调整财务费用

借：财务费用   1 603 061.40

  应付利息（0-185 000）   185 000.00

  贷：经营活动产生的现金流量——销售商品、提供劳务收到的现金 721.40

         ——购买商品支付的现金 2 340.00

  筹资活动产生的现金流量——偿付利息支付的现金 1 785 000.00

注：本期增加的财务费用中，有-8 686.6元是应收票据利息，由于在调整应收票据时没有记入"经营活动产生的现金流量——销售商品、提供劳务收到的现金"项目，所以要补充记入"经营活动产生的现金流量——销售商品、提供劳务收到的现金"项目内；有9 408元是购货方享有的现金折扣，由于在调整应收账款时全额记入"经营活动产生的现金流量——销售商品、提供劳务收到的现金"项目，所以要从"经营活动产生的现金流量——销售商品、提供劳务收到的现金"项目内剔除，两者合计，应减少"经营活动产生的现金流量——销售商品、提供劳务收到的现金"项目金额为721.4元。有2 340元是应付票据利息，由于在调整应付票据时没有记入"经营活动产生的现金流量——购买商品支付的现金"项目，所以要补充记入"经营活动产生的现金流量——购买商品支付的现金"项目内。

（7）分析调整资产减值损失

借：经营活动产生的现金流量——购买商品支付的现金 3 000.00

  资产减值损失   50 440.34

  贷：经营活动产生的现金流量——销售商品、提供劳务收到的现金 33 187.04

    固定资产——固定资产减值准备 20 253.30

注：本期增加的资产减值损失中，有-3000元为冲减的存货跌价准备即增加存货3 000元，由于在调整存货时已全额记入"经营活动产生的现金流量——购买商品支付的现金"项目，所以要从"经营活动产生的现金流量——购买商品支付的现金"项目内剔除；有33 187.04元为计提的坏账准备，由于在调整应收账款时已全额记入"经营活动产生的现金流量——销售商品、提供劳务收到的现金"项目，所以要从"经营活动产生的现金流量——销售商品、提供劳务收到的现金"项目内剔除。

（8）分析调整公允价值变动损益

借：交易性金融资产（130 630-105 630） 25 000.00

  贷：公允价值变动损益   25 000.00

（9）分析调整投资收益

借：投资活动产生的现金流量——收回投资收到的现金 300 000.00

       ——取得投资收益收到的现金 209 000.00

  长期股权投资（17 362 500-15 800 000） 1 562 500.00

  贷：投资收益   1 737 388.00

    交易性金融资产（0-300 000） 300 000.00

    持有至到期投资（4 113 088-4 147 200） 34 112.00

（10）分析调整营业外支出

借：投资活动产生的现金流量——处置固定资产收回的现金净额 7 210.06

  营业外支出   373 190.87

其他应收款　　　　　　　　　　　　　　　　　　180 000.00

　　固定资产——累计折旧　　　　　　　　　　　　45 519.07

贷：经营活动产生的现金流量——销售商品、提供劳务收到的现金　　155 920.00

　　　　　　　　——支付的其他与经营活动有关的现金　200 000.00

　　固定资产——原价　　　　　　　　　　　　　　250 000.00

注：本期增加的营业外支出中，有 155 920 元为债务重组损失，由于在调整应收账款时已全额记入"经营活动产生的现金流量——销售商品、提供劳务收到的现金"项目，所以要从"经营活动产生的现金流量——销售商品、提供劳务收到的现金"项目内剔除。

（11）分析调整所得税费用

借：所得税费用　　　　　　　　　　　　　　　　2 024 915.01

　　递延所得税资产（11 961.7–3 500）　　　　　　8 461.70

贷：应交税费——应交所得税　　　　　　　　　　2 027 126.71

　　递延所得税负债（6250–0）　　　　　　　　　6 250.00

（12）分析调整交易性金融资产

借：交易性金融资产　　　　　　　　　　　　　　105 630.00

贷：投资活动产生的现金流量——投资支付的现金　105 630.00

（13）分析调整其他应收款

借：其他应收款　　　　　　　　　　　　　　　　17 866.00

贷：经营活动产生的现金流量——购买商品支付的现金　17 866.00

（14）分析调整固定资产

①分析调整固定资产原价：

借：固定资产——原价　　　　　　　　　　　　　275 184.00

贷：经营活动产生的现金流量——销售商品、提供劳务收到的现金　275 184.00

注：通过非货币性资产交换取得一辆运输汽车 275 184 元，由于在调整营业收入时已全额记入"经营活动产生的现金流量——销售商品、提供劳务收到的现金"项目，所以要从"经营活动产生的现金流量——销售商品、提供劳务收到的现金"项目内剔除。

②分析调整固定资产累计折旧：

借：经营活动产生的现金流量——购买商品支付的现金　　　　87 084.60

　　　　　　　　——支付的其他与经营活动有关的现金　41 643.88

贷：固定资产——累计折旧　　　　　　　　　　　128 728.48

注：本期计提的折旧 128 728.48 元中，计入制造费用 87 084.60 元，计入管理费用 41 643.88 元（39 664.79+1 979.09）。计入制造费用的折旧，已经结转到存货成本中，在调整存货时已全额记入"经营活动产生的现金流量——购买商品支付的现金"项目，因折旧为非付现费用，应作补充调整；计入管理费用的折旧，由于已全额记入"经营活动产生的现金流量——支付的其他与经营活动有关的现金"项目，因折旧为非付现费用，应作补充调整。

（15）分析调整无形资产累计摊销

借：经营活动产生的现金流量——购买商品支付的现金　　　　16 666.00

　　　　　　　　——支付的其他与经营活动有关的现金　70.84

贷：无形资产——累计摊销　　　　　　　　　　　16 736.84

注：无形资产摊销时计入制造费用和管理费用，所以应作补充调整，理由同第（14-②）笔分录。

（16）分析调整短期借款

借：短期借款 　　　　　　　　　　　　　　　　　　　　　　6 000 000.00

　　贷：筹资活动产生的现金流量——偿还债务支付的现金　　6 000 000.00

（17）分析调整应付职工薪酬

借：应付职工薪酬(684 000+50 000+135 432+82 080+50 000+35 000+137 592)

　　　　　　　　　　　　　　　　　　　　　　　　　　　　1 174 104.00

　　贷：经营活动产生的现金流量——销售商品、提供劳务收到的现金　137 592.00

　　　　　　　　　　——支付给职工以及为职工支付的现金

　　　　（684 000+50 000+135 432+82 080+50 000+35 000）　1 036 512.00

注：应付职工薪酬分应付工程人员的职工薪酬和生产经营人员的职工薪酬，前者记入"在建工程"账户，如支付现金的，应记入"投资活动产生的现金流量——购建固定资产支付的现金"项目，后者记入"生产成本"、"制造费用"、"销售费用"、"管理费用"等账户，支付现金的，应记入"经营活动产生的流量——支付给职工以及为职工支付的现金"项目。本期支付的应付职工薪酬中，有137 592元为非货币性福利，为非付现费用，不应记入"经营活动产生的现金流量——支付给职工以及为职工支付的现金"项目，但由于在调整营业收入时已全额记入"经营活动产生的现金流量——销售商品、提供劳务收到的现金"项目，所以要从"经营活动产生的现金流量——销售商品、提供劳务收到的现金"项目内剔除。

（18）分析调整应交税费

借：应交税费——应交增值税 　　　　　　　　　　　　　　598 200.00

　　　　　　——应交消费税 　　　　　　　　　　　　　　1 668 000.00

　　　　　　——应交城市维护建设税 　　　　　　　　　　158 634.00

　　　　　　——应交教育费附加 　　　　　　　　　　　　67 986.00

　　贷：经营活动产生的现金流量——支付的各项税费　　　　2 492 820.00

（19）分析调整应付股利

借：未分配利润 　　　　　　　　　　　　　　　　　　　　1 471 449.00

　　贷：应付股利 　　　　　　　　　　　　　　　　　　　1 471 449.00

（20）结转净利润

借：未分配利润 　　　　　　　　　　　　　　　　　　　　1 018 092.48

　　贷：净利润 　　　　　　　　　　　　　　　　　　　　1 018 092.48

（21）分析调整盈余公积

借：未分配利润 　　　　　　　　　　　　　　　　　　　　735 724.50

　　贷：盈余公积 　　　　　　　　　　　　　　　　　　　735 724.50

（22）分析调整现金及现金等价物净减少额

借：现金及现金等价物净减少额 　　　　　　　　　　　　　5 781 500.34

　　贷：货币资金 　　　　　　　　　　　　　　　　　　　5 781 500.34

第三步，将调整分录过入工作底稿的相应部分，如表7-3所示。

第四步，核对调整分录，借方、贷方合计数、总计数均已相等；利润表项目经过调整后已等于本期数；资产负债表项目期初数加减调整分录的借贷金额以后，也已等于期末数。

第五步，根据工作底稿中现金流量表项目部分编制正式的现金流量表主表，如表7-4所示。

表 7-4　　　　　　　　　　　　　　**现金流量表**

会企03表

编制单位：北京晓晓化妆品有限公司　　　　2009 年 12 月　　　　金额单位：元

项　　目	本 期 金 额	本年累计金额
一、经营活动产生的现金流量：		
销售商品、提供劳务收到的现金	5 888 106.60	74 829 466.60
收到的税费返还		
收到其他与经营活动有关的现金	20 000.00	20 000.00
经营活动现金流入小计	5 908 106.60	74 849 466.60
购买商品、接受劳务支付的现金	569 355.00	21 505 941.96
支付给职工以及为职工支付的现金	1 036 512.00	11 079 744.00
支付的各项税费	2 492 820.00	33 569 437.91
支付其他与经营活动有关的现金	216 500.00	1 707 500.00
经营活动现金流出小计	4 315 187.00	67 862 623.87
经营活动产生的现金流量净额	1 592 919.60	6 986 842.73
二、投资活动产生的现金流量：		
收回投资收到的现金	300 000.00	300 000.00
取得投资收益收到的现金	209 000.00	409 000.00
处置固定资产、无形资产和其他长期资产收回的现金净额	7 210.06	7 210.06
处置子公司及其他营业单位收到的现金净额		
收到其他与投资活动有关的现金		
投资活动现金流入小计	516 210.06	716 210.06
购建固定资产、无形资产和其他长期资产支付的现金		
投资支付的现金	105 630.00	105 630.00
取得子公司及其他营业单位支付的现金净额		
支付其他与投资活动有关的现金		
投资活动现金流出小计	105 630.00	105 630.00
投资活动产生的现金流量净额	410 580.06	610 580.06
三、筹资活动产生的现金流量：		
吸收投资收到的现金		
取得借款收到的现金	0.00	6 000 000.00
收到其他与筹资活动有关的现金		
筹资活动现金流入小计	0.00	6 000 000.00
偿还债务支付的现金	6 000 000.00	6 000 000.00
分配股利、利润或偿付利息支付的现金	1 785 000.00	1 996 200.00
支付其他与筹资活动有关的现金		
筹资活动现金流出小计	7 785 000.00	7 996 200.00
筹资活动产生的现金流量净额	−7 785 000.00	−1 996 200.00
四、汇率变动对现金及现金等价物的影响		
五、现金及现金等价物净增加额	−5 781 500.34	5 601 222.79
加：期初现金及现金等价物余额	33 870 266.03	22 487 542.90
六、期末现金及现金等价物余额	28 088 765.69	28 088 765.69

（二）分析填列法编制现金流量表主表

根据上述资料，运用分析填列法编制现金流量表主表，具体程序如下：

（1）分析销售商品、提供劳务收到的现金

销售商品、提供劳务收到的现金=营业收入+[应交税费——应交增值税（销项税额）]+（应收票据期初余额–应收票据期末余额）+（应收账款期初余额–应收账款期末余额）–（预收账款期初余额–预收账款期末余额）–当期计提的坏账准备–应收票据利息–购货方享有的现金折扣–债务重组损失–非货币性资产交换确认的营业收入与增值税销项税额–非货币性福利确认的营业收入与增值税销项税额–以产品抵债确认的营业收入与增值税销项税额=7 729 480+1 308 911.6+（300 000–1 382 799.6）+（4 205 024–5 463 516.96）–（0–0）–33 187.04–（–8 686.6）–9 408–155 920–275 184–137 592–206 388=5 888 106.6（元）。

（2）分析收到其他与经营活动有关的现金

收到其他与经营活动有关的现金=收到毁损 A 材料责任人赔款=20 000（元）。

（3）分析购买商品、接受劳务支付的现金

购买商品、接受劳务支付的现金=营业成本+[应交税费——应交增值税（进项税额）]–（存货期初余额–存货期末余额）–（预付账款期初余额–预付账款期末余额）+（应付票据期初余额–应付票据期末余额）+（应付账款期初余额–应付账款期末余额）–当期列入生产成本、制造费用的职工薪酬–当期列入制造费用的固定资产折旧费–当期列入制造费用的无形资产摊销费–冲减 A 材料的存货跌价准备–用产品抵偿的应付账款+应付票据利息+毁损的 A 材料及其分担的材料成本差异+购买 B 材料多支出的银行本票 = 3 169 489.75+ 72 160.5–（6 488 675.2–4 412 675.95）–（10 000–0）+（117 000–0）+（1 170 000–1 023 652.5）–（509 437.6+66 427.20）–87 084.6–16 666– 3 000–206 388+2 340+19 153.9+17 866=569 355（元）。

（4）分析支付给职工以及为职工支付的现金

支付给职工以及为职工支付的现金=生产成本、制造费用、销售费用、管理费用中的职工薪酬+（应付职工薪酬期初余额–应付职工薪酬期末余额）–非货币性福利的应付职工薪酬=（509 437.6+66 427.2+141 632.4+420 786.8）+（1 232 100–1 196 280）–137 592=1 036 512（元）。

（5）分析支付的各项税费

支付的各项税费=汇算清缴以前期间的应纳税款+预缴本期的应纳税款=（598 200+1 668 000+158 634+67 986）+0=2 492 820（元）。

（6）分析支付的其他与经营活动有关的现金

支付的其他与经营活动有关的现金=付现的销售费用+付现的管理费用+付现的营业外支出=0+（15 000+1 500）+200 000=216 500（元）。

（7）分析收回投资收到的现金

收回投资收到的现金=交易性金融资产贷方发生额=300 000（元）。

（8）分析取得投资收益收到的现金

取得投资收益收到的现金=收到的债券利息收入=9 000+200 000=209 000（元）。

（9）分析处置固定资产收回的现金净额

处置固定资产收回的现金净额=收残值收入–支付清理费用=8 410.06–1 200=7 210.06（元）。

（10）分析投资支付的现金

投资支付的现金=购买交易性金融资产支付的现金=105 630（元）。

（11）分析偿还债务支付的现金

偿还债务支付的现金=偿还工行短期借款本金+偿还建行短期借款本金=5 000 000+1 000 000=6 000 000（元）。

（12）分析偿付利息支付的现金

偿付利息支付的现金=偿付工行短期借款利息+偿付建行短期借款利息+偿付建行长期借款利息=210 000+15 000+1 560 000=1 785 000（元）。

根据上述数据，编制现金流量表主表，如表7-4所示。

（三）间接法编制现金流量表补充资料

（1）资产减值准备=坏账准备+存货跌价准备+固定资产减值准备=33 187.04 –3 000+20 253.3=50 440.34（元）。

（2）固定资产折旧=126 749.39+1 979.09=128 728.48（元）。

（3）无形资产摊销=16 736.84（元）。

（4）固定资产报废损失=17 270.87（元）。

（5）公允价值变动损失（减：收益）=–交易性金融资产变动收益=–25 000（元）。

（6）财务费用=工行短期借款利息+建行短期借款利息+建行长期借款利息=35 000+5 000+1 560 000=1 600 000（元）。

（7）投资损失（减：收益）=–（交易性金融资产投资收益+持有至到期投资收益+长期股权投资收益）=–（9 000+165 888+1 562 500）=–1 737 388（元）。

（8）递延所得税资产减少=递延所得税资产期初余额–递延所得税资产期末余额=3 500–11 961.7=–8 461.7（元）。

（9）递延所得税负债增加=递延所得税负债期末余额–递延所得税负债期初余额=6 250–0=6 250（元）。

（10）存货的减少=存货的期初余额–存货的期末余额=6 488 675.2–4 412 675.95=2 075 999.25（元）。

（11）经营性应收项目的减少=（应收票据的期初余额–应收票据的期末余额）+（应收账款的期初余额–应收账款的期末余额）+（预付账款的期初余额–预付账款的期末余额）+（其他应收账款的期初余额–其他应收账款的期末余额）=（300 000–1 382 799.6）+（4 205 024–5 463 516.96）+（10 000–0）+（0–17 866）=–2 349 158.56（元）。

（12）经营性应付项目的增加=（应付票据的期末余额–应付票据的期初余额）+（应付账款的期末余额–应付账款的期初余额）+（预收账款的期末余额–预收账款的期初余额）+（非工程人员应付职工薪酬的期末余额–非工程人员应付职工薪酬的期初余额）+（应交税费的期末余额–应交税费的期初余额）=（0–117 000）+（1 023 652.5–1 170 000）+（0–0）+（1 196 280–1 232 100）+（4 582 953.1–1 142 820）=3 140 965.6（元）。

根据上述数据，编制现金流量表补充资料，如表7-5所示。

表7-5　　　　　　　　　　　现金流量表补充资料　　　　　　　　　　　金额单位：元

补充资料	本期金额	本年累计金额
1. 将净利润调节为经营活动现金流量：		
净利润	–1 018 092.48	7 357 245.00
加：资产减值准备	50 440.34	50 440.34

续表

补 充 资 料	本期金额	本年累计金额
固定资产折旧、油气资产折耗、生产性生物资产折旧	128 728.48	1 544 741.76
无形资产摊销	16 736.84	200 842.08
长期待摊费用摊销		
处置固定资产、无形资产和其他长期资产的损失（收益以"–"号填列）		
固定资产报废损失（收益以"–"号填列）	17 270.87	17 270.87
公允价值变动损失（收益以"–"号填列）	–25 000.00	–25 000.00
财务费用（收益以"–"号填列）	1 600 000.00	1 785 000.00
投资损失（收益以"–"号填列）	–1 737 388.00	–1 737 388.00
递延所得税资产减少（增加以"–"号填列）	–8 461.70	–8 461.70
递延所得税负债增加（减少以"–"号填列）	6 250.00	6 250.00
存货的减少（增加以"–"号填列）	2 075 999.25	1 139 454.05
经营性应收项目的减少（增加以"–"号填列）	–2 349 158.56	–4 686 182.56
经营性应付项目的增加（减少以"–"号填列）	3 140 965.60	1 948 001.93
其他	–305 371.04	–605 371.04
经营活动产生的现金流量净额	1 592 919.60	6 986 842.73
2. 不涉及现金收支的重大投资和筹资活动：		
债务转为资本		
一年内到期的可转换公司债券		
融资租入固定资产		
3. 现金及现金等价物净变动情况：		
现金的期末余额	28 088 765.69	28 088 765.69
减：现金的期初余额	33 870 266.03	22 487 542.90
加：现金等价物的期末余额	0.00	0.00
减：现金等价物的期初余额	0.00	0.00
现金及现金等价物净增加额	–5 781 500.34	5 601 222.79

四、编制 12 月份所有者权益变动表

根据上述资料，编制 2009 年 12 月份的所有者权益变动表，如表 7-6 所示。其中：

（1）本期金额栏中"未分配利润"专栏本期期初余额="未分配利润"明细科目期初余额+[（"主营业务收入"科目期初余额+"其他业务收入"科目期初余额）–（"主营业务成本"科目期初余额+"营业税金及附加"科目期初余额+"销售费用"科目期初余额+"管理费用"科目期初余额+"财务费用"科目期初余额）]=633 600+[（60 739 200+240 000）–（24 617 304.4+20 836 712.2+2 255 254+4 673 111.92+221 480）] =633 600+8 375 337.48=9 008 937.48（元）。

（2）本期金额栏中"未分配利润"专栏对应的"净利润"项目本期增减变动金额–1 018 092.48 元，根据表 7-2 中本期金额栏"净利润"项目金额–1 018 092.48 元填列。

（3）本年累计金额栏中"未分配利润"专栏对应的"净利润"项目本期增减变动金额7 357 245 元，根据表 7-2 中本年累计金额栏"净利润"项目金额 7 357 245 元填列。

表 7-6

所有者权益变动表

编制单位:北京晓晓化妆品有限公司　　　　　　2009年12月

合企04表
金额单位:元

项　目	本期金额						本年累计金额				
	实收资本（或股本）	资本公积	盈余公积	未分配利润	所有者权益合计	实收资本（或股本）	资本公积	盈余公积	未分配利润	所有者权益合计
一、上期期末余额	50 105 600.00		105 600.00	9 008 937.48	59 220 137.48	50 000 000.00		105 600.00	739 200.00	50 844 800.00
加：会计政策变更										
前期差错更正										
二、本期期初余额	50 105 600.00		105 600.00	9 008 937.48	59 220 137.48	50 000 000.00		105 600.00	739 200.00	50 844 800.00
三、本期增减变动金额（减少以"－"号填列）			735 724.50	−3 225 265.98	−2 489 541.48	105 600.00		735 724.50	5 044 471.50	5 885 796.00
（一）净利润				−1 018 092.48	−1 018 092.48				7 357 245.00	7 357 245.00
（二）直接计入所有者权益的利得和损失										
1. 可供出售金融资产公允价值变动净额										
2. 权益法下被投资单位其他所有者权益变动的影响										
3. 与计入所有者权益项目相关的所得税影响										
4. 其他										

续表

项 目	本期金额					本年累计金额				
	实收资本（或股本）	资本公积	盈余公积	未分配利润	所有者权益合计	实收资本（或股本）	资本公积	盈余公积	未分配利润	所有者权益合计
上述（一）和（二）小计				-1 018 092.48	-1 018 092.48				7 357 245.00	7 357 245.00
（三）所有者投入和减少资本										
1. 所有者投入资本										
2. 股份支付计入所有者权益的金额										
3. 其他										
（四）利润分配			735 724.50	-2 207 173.50	-1 471 449.00	105 600.00		735 724.50	-2 312 773.50	-1 471 449.00
1. 提取盈余公积			735 724.50	-735 724.50	0.00			735 724.50	-735 724.50	0.00
2. 对所有者（或股东）的分配				-1 471 449.00	-1 471 449.00	105 600.00			-1 577 049.00	-1 471 449.00
3. 其他										
（五）所有者权益内部结转										
1. 资本公积转增资本（或股本）										
2. 盈余公积转增资本（或股本）										
3. 盈余公积弥补亏损										
4. 其他										
四、本期期末余额	50 105 600.00		841 324.50	5 783 671.50	56 730 596.00	50 105 600.00		841 324.50	5 783 671.50	56 730 596.00

第二节 编制年度财务报表

一、编制年度资产负债表

表 7-7   资产负债表

会企 01 表

编制单位：北京晓晓化妆品有限公司   2009 年 12 月 31 日   金额单位：元

资　产	年末余额	年初余额	负债和所有者权益（或股东权益）	年末余额	年初余额
流动资产：			流动负债：		
货币资金	28 088 765.69	22 487 542.90	短期借款	0.00	0.00
交易性金融资产	130 630.00	0.00	交易性金融负债		
应收票据	1 382 799.60	0.00	应付票据	0.00	0.00
应收账款	5 463 516.96	2 178 000.00	应付账款	1 023 652.50	1 053 000.00
预付款项	0.00	0.00	预收款项	0.00	0.00
应收利息	0.00	0.00	应付职工薪酬	1 196 280.00	267 720.00
应收股利	0.00	0.00	应交税费	4 582 953.10	3 534 163.67
其他应收款	197 866.00	0.00	应付利息	0.00	0.00
存货	4 412 675.95	5 552 130.00	应付股利	1 471 449.00	211 200.00
一年内到期的非流动资产			其他应付款	0.00	0.00
其他流动资产			一年内到期的非流动负债		
流动资产合计	39 676 254.20	30 217 672.90	其他流动负债		
非流动资产：			流动负债合计	8 274 334.60	5 066 083.67
可供出售金融资产			非流动负债：		
持有至到期投资	4 113 088.00	4 147 200.00	长期借款	20 000 000.00	20 000 000.00
长期应收款			应付债券		
长期股权投资	17 362 500.00	16 000 000.00	长期应付款		
投资性房地产			专项应付款		
固定资产	22 240 560.86	23 734 852.85	预计负债		
在建工程			递延所得税负债	6 250.00	0.00
工程物资			其他非流动负债		
固定资产清理	0.00	0.00	非流动负债合计	20 006 250.00	20 000 000.00
生产性生物资产			负债合计	28 280 584.60	25 066 083.67
无形资产	1 606 815.84	1 807 657.92	所有者权益（或股东权益）：		
开发支出			实收资本（或股本）	50 105 600.00	50 000 000.00
商誉			资本公积		
长期待摊费用			减：库存股		
递延所得税资产	11 961.70	3 500.00	盈余公积	841 324.50	105 600.00
其他非流动资产			未分配利润	5 783 671.50	739 200.00
非流动资产合计	45 334 926.40	45 693 210.77	所有者权益（或股东权益）合计	56 730 596.00	50 844 800.00
资产总计	85 011 180.60	75 910 883.67	负债和所有者权益（或股东权益）总计	85 011 180.60	75 910 883.67

二、编制年度利润表

表 7-8

利 润 表

会企 02 表

编制单位：北京晓晓化妆品有限公司　　　　　2009 年度　　　　　金额单位：元

项 目	本 年 金 额	上年金额（略）
一、营业收入	68 708 680.00	
减：营业成本	27 786 794.15	
营业税金及附加	23 502 531.33	
销售费用	2 396 886.40	
管理费用	5 154 523.50	
财务费用	1 824 541.40	
资产减值损失	50 440.34	
加：公允价值变动收益（损失以"-"号填列）	25 000.00	
投资收益（损失以"-"号填列）	1 737 388.00	
其中：对联营企业和合营企业的投资收益	1 562 500.00	
二、营业利润（亏损以"-"号填列）	9 755 350.88	
加：营业外收入		
减：营业外支出	373 190.87	
其中：非流动资产处置损失	17 270.87	
三、利润总额（亏损总额以"-"号填列）	9 382 160.01	
减：所得税费用	2 024 915.01	
四、净利润（净亏损以"-"号填列）	7 357 245.00	
五、每股收益		
（一）基本每股收益		
（二）稀释每股收益		
（三）其他综合收益		
（四）综合收益总额		

三、编制年度现金流量表

表 7-9

现金流量表

会企03表

编制单位：北京晓晓化妆品有限公司　　　　2009 年度　　　　金额单位：元

项　　目	本 年 金 额	上年金额（略）
一、经营活动产生的现金流量：		
销售商品、提供劳务收到的现金	74 829 466.60	
收到的税费返还		
收到其他与经营活动有关的现金	20 000.00	
经营活动现金流入小计	74 849 466.60	
购买商品、接受劳务支付的现金	21 505 941.96	
支付给职工以及为职工支付的现金	11 079 744.00	
支付的各项税费	33 569 437.91	
支付其他与经营活动有关的现金	1 707 500.00	
经营活动现金流出小计	67 862 623.87	
经营活动产生的现金流量净额	6 986 842.73	
二、投资活动产生的现金流量：		
收回投资收到的现金	300 000.00	
取得投资收益收到的现金	409 000.00	
处置固定资产、无形资产和其他长期资产收回的现金净额	7 210.06	
处置子公司及其他营业单位收到的现金净额		
收到其他与投资活动有关的现金		
投资活动现金流入小计	716 210.06	
购建固定资产、无形资产和其他长期资产支付的现金		
投资支付的现金	105 630.00	
取得子公司及其他营业单位支付的现金净额		
支付其他与投资活动有关的现金		
投资活动现金流出小计	105 630.00	
投资活动产生的现金流量净额	610 580.06	
三、筹资活动产生的现金流量：		
吸收投资收到的现金		
取得借款收到的现金	6 000 000.00	
收到其他与筹资活动有关的现金		
筹资活动现金流入小计	6 000 000.00	
偿还债务支付的现金	6 000 000.00	
分配股利、利润或偿付利息支付的现金	1 996 200.00	
支付其他与筹资活动有关的现金		
筹资活动现金流出小计	7 996 200.00	
筹资活动产生的现金流量净额	−1 996 200.00	
四、汇率变动对现金及现金等价物的影响		
五、现金及现金等价物净增加额	5 601 222.79	
加：期初现金及现金等价物余额	22 487 542.90	
六、期末现金及现金等价物余额	28 088 765.69	

表 7-10　　　　　　　　　　**现金流量表补充资料**　　　　　　　　金额单位：元

补 充 资 料	本 年 金 额	上年金额（略）
1. 将净利润调节为经营活动现金流量：		
净利润	7 357 245.00	
加：资产减值准备	50 440.34	
固定资产折旧、油气资产折耗、生产性生物资产折旧	1 544 741.76	
无形资产摊销	200 842.08	
长期待摊费用摊销		
处置固定资产、无形资产和其他长期资产的损失（收益以"–"号填列）		
固定资产报废损失（收益以"–"号填列）	17 270.87	
公允价值变动损失（收益以"–"号填列）	–25 000.00	
财务费用（收益以"–"号填列）	1 785 000.00	
投资损失（收益以"–"号填列）	–1 737 388.00	
递延所得税资产减少（增加以"–"号填列）	–8 461.70	
递延所得税负债增加（减少以"–"号填列）	6 250.00	
存货的减少（增加以"–"号填列）	1 139 454.05	
经营性应收项目的减少（增加以"–"号填列）	–4 686 182.56	
经营性应付项目的增加（减少以"–"号填列）	1 948 001.93	
其他	–605 371.04	
经营活动产生的现金流量净额	6 986 842.73	
2. 不涉及现金收支的重大投资和筹资活动：		
债务转为资本		
一年内到期的可转换公司债券		
融资租入固定资产		
3. 现金及现金等价物净变动情况：		
现金的期末余额	28 088 765.69	
减：现金的期初余额	22 487 542.90	
加：现金等价物的期末余额	0.00	
减：现金等价物的期初余额	0.00	
现金及现金等价物净增加额	5 601 222.79	

四、编制年度所有者权益变动表

表 7-11

所有者权益变动表

2009年度

编制单位：北京晓晓化妆品有限公司

会企04表

金额单位：元

项　　目	本年金额					上年金额（略）				
	实收资本（或股本）	资本公积	盈余公积	未分配利润	所有者权益合计	实收资本（或股本）	资本公积	盈余公积	未分配利润	所有者权益合计
一、上年年末余额	50 000 000.00		105 600.00	739 200.00	50 844 800.00					
加：会计政策变更										
前期差错更正										
二、本年年初余额	50 000 000.00		105 600.00	739 200.00	50 844 800.00					
三、本年增减变动金额（减少以"-"号填列）		105 600.00	735 724.50	5 044 471.50	5 885 796.00					
（一）净利润				7 357 245.00	7 357 245.00					
（二）直接计入所有者权益的利得和损失										
1. 可供出售金融资产公允价值变动净额										
2. 权益法下被投资单位其他所有者权益变动的影响										
3. 与计入所有者权益项目相关的所得税影响										
4. 其他										
上述（一）和（二）小计				7 357 245.00	7 357 245.00					

续表

项 目	本年金额					上年金额（略）					
	实收资本（或股本）	资本公积	盈余公积	未分配利润	所有者权益合计	实收资本（或股本）	资本公积	盈余公积	未分配利润	所有者权益合计	
（三）所有者投入和减少资本											
1. 所有者投入资本											
2. 股份支付计入所有者权益的金额											
3. 其他											
（四）利润分配	105 600.00		735 724.50	-2 312 773.50	-1 471 449.00						
1. 提取盈余公积			735 724.50	-735 724.50	0.00						
2. 对所有者（或股东）的分配	105 600.00			-1 577 049.00	-1 471 449.00						
3. 其他											
（五）所有者权益内部结转											
1. 资本公积转增资本（或股本）											
2. 盈余公积转增资本（或股本）											
3. 盈余公积弥补亏损											
4. 其他											
四、本年末余额	50 105 600.00		841 324.50	5 783 671.50	56 730 596.00						

下篇 实 训 篇

　　综合实训是从编制会计凭证、开设登记会计账簿到编制财务报表的整套业务处理流程及方法的系统训练，具体包括审核编制原始凭证、编制审核记账凭证、开设登记会计账簿和编制财务报表四个相互联系的模块。综合实训流程如下图所示。

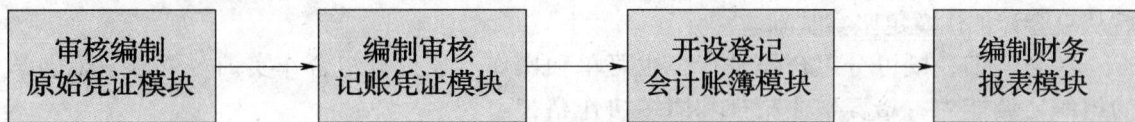

审核编制 原始凭证模块	→	编制审核 记账凭证模块	→	开设登记 会计账簿模块	→	编制财务 报表模块

综合实训流程图

8
CHAPTER

第八章

综 合 实 训

■ 第一节 实训目的

综合实训，通过手工操作、Excel办公软件、用友等财务软件对学生从编制会计凭证、开设登记会计账簿到编制财务报表的整套业务处理流程及方法的系统训练，能够使同学全面系统地掌握工业企业会计核算的基本程序和具体方法，从而达到财务会计理论教学与会计实务的统一，提高会计学专业学生记账、算账、报账、用账的实际操作能力，为其毕业后从事会计工作奠定坚实基础。

综合实训，既可分组合作进行，也可单独操作。通过分组合作实训，可以锻炼同学的组织协调能力，培养敬业精神和团结协作精神。

■ 第二节 实训资料

一、实训企业基本情况

企业名称：北京晓晓化妆品有限公司。

住所：北京市海淀区北五环中路260号。

法定代表人：李晓晓。

注册资本：50 000 000元（伍仟万元）人民币。

其中：北京日化公司投入资本20 000 000元，占40%。

上海日化公司投入资本15 000 000元，占30%。

李晓晓投入资本10 000 000元，占20%。

张文涛投入资本2 500 000元，占5%。

王海力投入资本2 500 000元，占5%。

企业类型：有限责任公司。

经营范围：生产高档护肤类化妆品。

营业期限：2006 年 1 月 1 日至 2025 年 12 月 31 日。

成立日期：2006 年 1 月 1 日。

注册号：1101086328768。

纳税登记号：110108767606868（增值税一般纳税人）。

计算机代码：06185881。

开户银行及账号：中国建设银行清河支行，01091060100120105009898。

二、实训企业内部机构设置

（一）公司办公室

公司办公室负责行政管理、技术开发及质检，协调各职能部门的工作。

（二）公司采购部

公司采购部负责原材料、周转材料的采购供应。

（三）公司生产部门

公司生产部门负责高档护肤类化妆品的生产、灌装、包装并交仓库验收。

（四）公司仓储部

公司仓储部负责各种原材料、周转材料、库存商品的验收、保管、发出，并设置原材料和库存商品数量账。

（五）公司销售部

公司销售部负责库存商品的销售，设置库存商品数量账，以便控制可供销售商品的数量。

（六）公司财务部

公司财务部负责组织全公司的会计核算和财务管理工作，具体工作岗位的分工如下：

（1）主管会计岗位，全面负责组织会计工作，开设总分类账及部分明细分类账。

（2）原材料核算岗位，负责原材料、周转材料等的日常核算工作。

（3）生产成本核算岗位，负责组织生产成本核算。

（4）库存商品核算岗位，负责建立库存商品数量金额明细账。

（5）职工薪酬核算岗位，负责企业职工薪酬核算。

（6）往来结算岗位，负责办理企业与各方面的往来结算业务。

（7）出纳岗位，负责办理货币资金的收付业务，建立银行存款日记账和现金日记账。

（8）固定资产核算岗位，负责固定资产增减变动的核算。

（9）费用核算岗位，负责期间费用的核算以及营业外收支的核算。

三、实训企业会计核算基本要求

（一）会计政策与核算原则

（1）公司账务处理及财务报表编制执行中华人民共和国财政部 2006 年 2 月颁布的《企业会计准则》及《企业会计制度》。

（2）公司采用借贷记账法，以权责发生制为记账基础；资产计价采用历史成本法、成本与可变现净值孰低法和公允价值计价法核算，并于会计年度末，按《企业会计制度》的有关规定计提相应的减值准备。

（3）公司采用公历年制，即自公历 1 月 1 日起至 12 月 31 日止为一个会计年度。

（4）公司以人民币为记账本位币。

（二）会计核算程序

实训企业采用科目汇总表账务处理程序。

（三）会计核算方法

1. 应收账款核算

应收账款采用总价法入账，依据现金折扣条件计算现金折扣时不考虑增值税。

2. 存货核算

（1）材料成本采用计划成本法核算，生产化妆品所需原料主要有 A 材料、B 材料、C 材料和 D 材料，A 材料的单位计划成本为 95 元/千克，B 材料的单位计划成本为 180 元/千克，C 材料的单位计划成本为 25 元/千克，D 材料的单位计划成本为 50 元/千克。

（2）库存商品成本采用计划成本法核算，化妆品的单位计划成本为 950 元/箱。

（3）周转材料包括低值易耗品和包装物，低值易耗品采用五五摊销法摊销，包装物采用一次转销法核算。

（4）月末汇总结转产品销售成本。

3. 固定资产核算

为简化核算，除电脑采用年数总和法计提折旧外，其他固定资产按直线法计提折旧，具体内容参照第四章有关内容。

4. 无形资产核算

为简化核算，无形资产按直线法进行摊销，具体内容参照第四章有关内容。

5. 减值准备的计提

（1）坏账损失采用备抵法核算，采用余额百分比法和账龄分析法核算应收款项的坏账准备，根据债务单位的资信情况，确定坏账准备的计提比例为 1%。

（2）年末，存货、固定资产、无形资产采用成本与可变现净值孰低法计价，按存货类别计提存货跌价准备，按单项固定资产计提固定资产减值准备，按单项无形资产计提无形资产减值准备。

6. 所得税会计

所得税会计采用资产负债表债务法核算。

（四）税费的相关规定

1. 增值税

增值税，向国家税务局缴纳，其纳税期限为 1 个月，适用的增值税税率为 17%。

2. 消费税

消费税，向国家税务局缴纳，其纳税期限为 1 个月，适用的消费税税率为 30%，期末汇总核算消费税。

3. 营业税

营业税，向地方税务局缴纳，其纳税期限为 1 个月，运输劳务适用的营业税税率为 3%，期末汇总核算营业税。

4. 城市维护建设税

城市维护建设税，向地方税务局缴纳，其纳税期限为 1 个月，适用的城市维护建设税税率为 7%，期末汇总核算城市维护建设税。

5. 教育费附加

教育费附加，向地方税务局缴纳，其纳税期限为 1 个月，适用的教育费附加征收比率为 3%，期末汇总核算教育费附加。

6. 企业所得税

企业所得税，向国家税务局缴纳，其纳税期限为按年计算、分季预缴、年终汇算清缴，适用的所得税税率为 25%。2009 年所得税汇算清缴在 2010 年 5 月 31 日前完成。

（五）利润分配

分别按当年净利润的 10%、20% 和 10% 计提法定公积金、分配现金股利和股票股利。

（六）其他说明

本实训未说明的其他核算方法，均按照财政部 2006 年 2 月颁布的《企业会计准则》和相关税收法律执行。在具体核算中遇到问题，可参照实例篇具体内容。

四、实训企业经济业务资料

2009 年 12 月，北京晓晓化妆品有限公司发生的经济业务资料请见第四章的"第二节 2009 年 12 月发生的具体经济业务"。

五、实训企业建账资料

（一）2009 年 1 月 1 日的会计科目余额表

表 8-1　　　　　　　　　会计科目余额表

编制单位：北京晓晓化妆品有限公司　　　　2009 年 01 月 01 日　　　　　金额单位：元

科 目 名 称	借 方 余 额	科 目 名 称	贷 方 余 额
库存现金	107 870.00	短期借款	0.00
银行存款	22 379 672.90	工商银行	0.00
建设银行	22 379 672.90	建设银行	0.00

科 目 名 称	借 方 余 额	科 目 名 称	贷 方 余 额
其他货币资金	0.00	应付票据	0.00
银行汇票	0.00	丙公司	0.00
银行本票	0.00	应付账款	1 053 000.00
外埠存款	0.00	丙公司	1 053 000.00
应收票据	0.00	暂估应付账款	0.00
上海贸易公司	0.00	应付职工薪酬	267 720.00
广州贸易公司	0.00	工资	0.00
应收账款	2 200 000.00	职工福利	205 200.00
北京贸易公司	0.00	社会保险费	0.00
上海贸易公司	1 000 000.00	养老保险费	0.00
广州贸易公司	1 200 000.00	医疗保险费	0.00
预付账款	0.00	失业保险费	0.00
甲公司	0.00	生育保险费	0.00
乙公司	0.00	工伤保险费	0.00
应收股利	0.00	住房公积金	0.00
跃美日化	0.00	工会经费	32 720.00
应收利息	0.00	职工教育经费	29 800.00
乙公司	0.00	应交税费	3 534 163.67
其他应收款	0.00	应交增值税	816 865.70
丁公司	0.00	应交消费税	2 277 720.00
坏账准备	−22 000.00	应交营业税	0.00
北京贸易公司	0.00	应交城市维护建设	216 621.00
上海贸易公司	−10 000.00	应交教育费附加	92 837.57
广州贸易公司	−12 000.00	应交所得税	130 119.40
材料采购	0.00	应交个人所得税	0.00
A 材料	0.00	应付利息	0.00
B 材料	0.00	工商银行	0.00
C 材料	0.00	建设银行	0.00
D 材料	0.00	应付股利	211 200.00
原材料	1 832 500.00	北京日化	84 480.00
A 材料	332 500.00	上海日化	63 360.00
B 材料	900 000.00	李晓晓	42 240.00
C 材料	250 000.00	张文涛	10 560.00
D 材料	350 000.00	王海力	10 560.00
材料成本差异	12 500.00	其他应付款	0.00
A 材料	7 000.00	社会保险费	0.00
B 材料	8 500.00	养老保险费	0.00

科 目 名 称	借 方 余 额	科 目 名 称	贷 方 余 额
C 材料	−2 000.00	医疗保险费	0.00
D 材料	−1 000.00	失业保险费	0.00
生产成本	0.00	住房公积金	0.00
制造费用	0.00	长期借款	20 000 000.00
库存商品	3 420 000.00	建设银行	20 000 000.00
化妆品	3 420 000.00	实收资本	50 000 000.00
产品成本差异	5 130.00	北京日化	20 000 000.00
化妆品	5 130.00	上海日化	15 000 000.00
周转材料	285 000.00	李晓晓	10 000 000.00
包装物	280 000.00	张文涛	2 500 000.00
化妆品小包装盒	25 000.00	王海力	2 500 000.00
化妆品小包装瓶	250 000.00	盈余公积	105 600.00
化妆品包装箱	5 000.00	法定盈余公积	105 600.00
低值易耗品	5 000.00	利润分配	739 200.00
在库	5 000.00	未分配利润	739 200.00
在用	0.00		
摊销	0.00		
存货跌价准备	−3 000.00		
A 材料	−3 000.00		
持有至到期投资	4 147 200.00		
乙公司	4 147 200.00		
面值	4 000 000.00		
利息调整	147 200.00		
长期股权投资	16 000 000.00		
跃美日化	16 000 000.00		
成本	15 000 000.00		
损益调整	1 000 000.00		
固定资产	25 180 000.00		
办公楼	7 000 000.00		
生产车间厂房	10 000 000.00		
生产车间生产线	6 000 000.00		
仓库	1 000 000.00		
运输汽车	500 000.00		
小轿车	600 000.00		
电脑	80 000.00		
累计折旧	−1 445 147.15		
办公楼	−304 816.05		

科 目 名 称	借 方 余 额	科 目 名 称	贷 方 余 额
生产车间厂房	−435 451.50		
生产车间生产线	−522 479.10		
仓库	−43 545.15		
运输汽车	−43 539.98		
小轿车	−52 247.91		
电脑	−43 067.46		
无形资产	2 008 500.00		
专利权	2 000 000.00		
化妆品注册商标 1	3 500.00		
化妆品注册商标 2	5 000.00		
累计摊销	−200 842.08		
专利权	−199 992.00		
化妆品注册商标 1	−350.04		
化妆品注册商标 2	−500.04		
递延所得税资产	3 500.00		
应收账款	2 750.00		
存货	750.00		
待处理财产损溢	0.00		
待处理流动资产损溢	0.00		
合　计	75 910 883.67	合　计	75 910 883.67

表 8−2　　　　　　　　主要材料明细表（据以开设数量金额式明细账）

编制单位：北京晓晓化妆品有限公司　　　　2009 年 01 月 01 日　　　　　　金额单位：元

科 目 名 称	数量（千克）	单价（元/千克）	金额
材料采购			0.00
A 材料	0	—	0.00
B 材料	0	—	0.00
C 材料	0	—	0.00
D 材料	0	—	0.00
原材料			1 832 500.00
A 材料	3 500	95.00	332 500.00
B 材料	5 000	180.00	900 000.00
C 材料	10 000	25.00	250 000.00
D 材料	7 000	50.00	350 000.00

表 8-3   **库存商品明细表（据以开设数量金额式明细账）**

编制单位：北京晓晓化妆品有限公司   2009 年 01 月 01 日   金额单位：元

科 目 名 称	数量（箱）	单位计划成本（元/箱）	金额
库存商品			3 420 000.00
化妆品	3 600	950.00	3 420 000.00

表 8-4   **周转材料明细表（据以开设数量金额式明细账）**

编制单位：北京晓晓化妆品有限公司   2009 年 01 月 01 日   金额单位：元

科 目 名 称	数量	单价	金额
周转材料			285 000.00
包装物			280 000.00
化妆品小包装盒	50 000 个	0.50 元/个	25 000.00
化妆品小包装瓶	50 000 个	5.00 元/个	250 000.00
化妆品包装箱	5 000 个	1.00 元/个	5 000.00
低值易耗品			5 000.00
在库	10 套	500.00 元/套	5 000.00
在用	0 套	500.00 元/套	0.00
摊销	0 套	500.00 元/套	0.00

表 8-5   **固定资产类目表**

编制单位：北京晓晓化妆品有限公司   2009 年 01 月 01 日   金额单位：元

科 目 名 称	数量	单价	金额
固定资产			25 180 000.00
办公楼	1 栋		7 000 000.00
生产车间厂房	1 栋		10 000 000.00
生产车间生产线	1 套		6 000 000.00
仓库	1 栋		1 000 000.00
运输汽车	2 辆	250 000 元/辆	500 000.00
小轿车	3 辆	200 000 元/辆	600 000.00
电脑	10 台	8 000 元/台	80 000.00
累计折旧			−1 445 147.15
办公楼	1 栋		−304 816.05
生产车间厂房	1 栋		−435 451.50
生产车间生产线	1 套		−522 479.10
仓库	1 栋		−43 545.15
运输汽车	2 辆	250 000 元/辆	−43 539.98
小轿车	3 辆	200 000 元/辆	−52 247.91
电脑	10 台	8 000 元/台	−43 067.46

（二）2009 年 11 月 30 日的会计科目余额表

表 8-6   会计科目余额表

编制单位：北京晓晓化妆品有限公司   2009 年 11 月 30 日   金额单位：元

科 目 名 称	借 方 余 额	科 目 名 称	贷 方 余 额
库存现金	126 670.00	短期借款	6 000 000.00
银行存款	33 593 596.03	工商银行	5 000 000.00
建设银行	33 593 596.03	建设银行	1 000 000.00
其他货币资金	150 000.00	应付票据	117 000.00
银行汇票	0.00	丙公司	117 000.00
银行本票	0.00	应付账款	1 170 000.00
存出投资款	150 000.00	丙公司	1 170 000.00
外埠存款	0.00	暂估应付账款	0.00
交易性金融资产	300 000.00	应付职工薪酬	1 232 100.00
债券投资	300 000.00	工资	0.00
成本	300 000.00	职工福利	889 200.00
应收票据	300 000.00	社会保险费	0.00
上海贸易公司	100 000.00	养老保险费	0.00
广州贸易公司	200 000.00	医疗保险费	0.00
应收账款	4 227 024.00	失业保险费	0.00
北京贸易公司	1 375 920.00	生育保险费	0.00
上海贸易公司	275 184.00	工伤保险费	0.00
广州贸易公司	2 575 920.00	住房公积金	0.00
预付账款	10 000.00	工会经费	133 200.00
甲公司	0.00	职工教育经费	209 700.00
乙公司	10 000.00	应交税费	1 142 820.00
应收股利	0.00	应交增值税	598 200.00
跃美日化	0.00	应交消费税	1 668 000.00
应收利息	0.00	应交营业税	0.00
乙公司	0.00	应交城市维护建设	158 634.00
其他应收款	0.00	应交教育费附加	67 986.00
丁公司	0.00	应交所得税	-1 350 000.00
坏账准备	-22 000.00	应交个人所得税	0.00
北京贸易公司	0.00	应付利息	185 000.00
上海贸易公司	-10 000.00	工商银行	175 000.00
广州贸易公司	-12 000.00	建设银行	10 000.00

续表

科 目 名 称	借 方 余 额	科 目 名 称	贷 方 余 额
材料采购	0.00	应付股利	0.00
A 材料	0.00	北京日化	0.00
B 材料	0.00	上海日化	0.00
C 材料	0.00	李晓晓	0.00
D 材料	0.00	张文涛	0.00
原材料	2 450 000.00	王海力	0.00
A 材料	950 000.00	其他应付款	
B 材料	900 000.00	社会保险费	0.00
C 材料	250 000.00	养老保险费	0.00
D 材料	350 000.00	医疗保险费	0.00
材料成本差异	11 850.00	失业保险费	0.00
A 材料	7 600.00	住房公积金	0.00
B 材料	9 000.00	长期借款	20 000 000.00
C 材料	−3 000.00	建设银行	20 000 000.00
D 材料	−1 750.00	实收资本	50 105 600.00
生产成本	0.00	北京日化	20 042 240.00
制造费用	0.00	上海日化	15 031 680.00
库存商品	3 458 000.00	李晓晓	10 021 120.00
化妆品	3 458 000.00	张文涛	2 505 280.00
产品成本差异	11 825.20	王海力	2 505 280.00
化妆品	11 825.20	盈余公积	105 600.00
周转材料	560 000.00	法定盈余公积	105 600.00
包装物	555 000.00	利润分配	633 600.00
化妆品小包装盒	50 000.00	转作股本的股利	0.00
化妆品小包装瓶	500 000.00	未分配利润	633 600.00
化妆品包装箱	5 000.00	主营业务收入	60 739 200.00
低值易耗品	5 000.00	销售化妆品	60 739 200.00
在库	5 000.00	其他业务收入	240 000.00
在用	0.00	提供运输劳务	240 000.00
摊销	0.00	主营业务成本	−24 617 304.40
存货跌价准备	−3 000.00	销售化妆品	−24 617 304.40
A 材料	−3 000.00	营业税金及附加	−20 836 712.20
持有至到期投资	4 147 200.00	营业税	−7 200.00
乙公司	4 147 200.00	消费税	−18 221 760.00

科 目 名 称	借 方 余 额	科 目 名 称	贷 方 余 额
面值	4 000 000.00	城市维护建设税	−1 825 426.54
利息调整	147 200.00	教育费附加	−782 325.66
长期股权投资	15 800 000.00	销售费用	−2 255 254.00
跃美日化	15 800 000.00	广告费	−1 000 000.00
成本	15 000 000.00	职工薪酬	−1 255 254.00
损益调整	800 000.00	管理费用	−4 673 111.92
固定资产	25 180 000.00	职工薪酬	−4 023 250.00
办公楼	7 000 000.00	业务招待费	−185 000.00
生产车间厂房	10 000 000.00	差旅费	−6 000.00
生产车间生产线	6 000 000.00	折旧费	−458 082.68
仓库	1 000 000.00	无形资产摊销	−779.24
运输汽车	500 000.00	财务费用	−221 480.00
小轿车	600 000.00	利息支出	−185 000.00
电脑	80 000.00	现金折扣	−36 480.00
累计折旧	−2 861 160.43		
办公楼	−609 632.10		
生产车间厂房	−870 903.00		
生产车间生产线	−1 044 958.20		
仓库	−87 090.30		
运输汽车	−87 079.96		
小轿车	−104 495.82		
电脑	−57 001.05		
无形资产	2 008 500.00		
专利权	2 000 000.00		
化妆品注册商标1	3 500.00		
化妆品注册商标2	5 000.00		
累计摊销	−384 947.32		
专利权	−383 318.00		
化妆品注册商标1	−670.91		
化妆品注册商标2	−958.41		
递延所得税资产	3 500.00		
应收账款	2 750.00		
存货	750.00		
待处理财产损溢	0.00		
待处理流动资产损溢	0.00		
合 计	89 067 057.48	合 计	89 067 057.48

表 8-7   **主要材料明细表（据以开设数量金额式明细账）**

编制单位：北京晓晓化妆品有限公司　　　　2009 年 11 月 30 日　　　　　金额单位：元

科 目 名 称	数量（千克）	单价（元/千克）	金额
材料采购			0.00
A 材料	0	—	0.00
B 材料	0	—	0.00
C 材料	0	—	0.00
D 材料	0	—	0.00
原材料			2 450 000.00
A 材料	10 000	95.00	950 000.00
B 材料	5 000	180.00	900 000.00
C 材料	10 000	25.00	250 000.00
D 材料	7 000	50.00	350 000.00

表 8-8   **库存商品明细表（据以开设数量金额式明细账）**

编制单位：北京晓晓化妆品有限公司　　　　2009 年 11 月 30 日　　　　　金额单位：元

科 目 名 称	数量（箱）	单位计划成本（元/箱）	金额
库存商品			3 458 000.00
化妆品	3 640	950.00	3 458 000.00

表 8-9   **周转材料明细表（据以开设数量金额式明细账）**

编制单位：北京晓晓化妆品有限公司　　　　2009 年 11 月 30 日　　　　　金额单位：元

科 目 名 称	数量	单价	金额
周转材料			560 000.00
包装物			555 000.00
化妆品小包装盒	100 000 个	0.50 元/个	50 000.00
化妆品小包装瓶	100 000 个	5.00 元/个	500 000.00
化妆品包装箱	5 000 个	1.00 元/个	5 000.00
低值易耗品			5 000.00
在库	10 套	500.00 元/套	5 000.00
在用	0 套	500.00 元/套	0.00
摊销	0 套	500.00 元/套	0.00

表 8-10   **固定资产类目表**

编制单位：北京晓晓化妆品有限公司　　　　2009 年 11 月 30 日　　　　　金额单位：元

科 目 名 称	数量	单价	金额
固定资产			25 180 000.00
办公楼	1 栋		7 000 000.00
生产车间厂房	1 栋		10 000 000.00
生产车间生产线	1 套		6 000 000.00

续表

科 目 名 称	数量	单价	金额
仓库	1 栋		1 000 000.00
运输汽车	2 辆	250 000 元/辆	500 000.00
小轿车	3 辆	200 000 元/辆	600 000.00
电脑	10 台	8 000 元/台	80 000.00
累计折旧			−2 861 160.43
办公楼			−609 632.10
生产车间厂房			−870 903.00
生产车间生产线			−1 044 958.20
仓库			−87 090.30
运输汽车			−87 079.96
小轿车			−104 495.82
电脑			−57 001.05

（三）2009 年 11 月 30 日的资产负债表

表 8-11 资产负债表

会企 01 表

编制单位：北京晓晓化妆品有限公司　　2009 年 11 月 30 日　　　　金额单位：元

资 产	期末余额	年初余额	负债和所有者权益 （或股东权益）	期末余额	期初余额
流动资产：			流动负债：		
货币资金	33 870 266.03	22 487 542.90	短期借款	6 000 000.00	0.00
交易性金融资产	300 000.00	0.00	交易性金融负债		
应收票据	300 000.00	0.00	应付票据	117 000.00	0.00
应收账款	4 205 024.00	2 178 000.00	应付账款	1 170 000.00	1 053 000.00
预付款项	10 000.00		预收账款	0.00	0.00
应收利息	0.00	0.00	应付职工薪酬	1 232 100.00	267 720.00
应收股利	0.00	0.00	应交税费	1 142 820.00	3 534 163.67
其他应收款	0.00	0.00	应付利息	185 000.00	0.00
存货	6 488 675.20	5 552 130.00	应付股利	0.00	211 200.00
一年内到期的 非流动资产			其他应付款	0.00	0.00
其他流动资产			一年内到期的非 流动负债		

资 产	期末余额	年初余额	负债和所有者权益（或股东权益）	期末余额	期初余额
流动资产合计	45 173 965.23	30 217 672.90	其他流动负债		
非流动资产：			流动负债合计	9 846 920.00	5 066 083.67
可供出售金融资产			非流动负债：		
持有至到期投资	4 147 200.00	4 147 200.00	长期借款	20 000 000.00	20 000 000.00
长期应收款			应付债券		
长期股权投资	15 800 000.00	16 000 000.00	长期应付款		
投资性房地产			专项应付款		
固定资产	22 318 839.57	23 734 852.85	预计负债		
在建工程			递延所得税负债	0.00	0.00
工程物资			其他非流动负债		
固定资产清理	0.00	0.00	非流动负债合计	20 000 000.00	20 000 000.00
生产性生物资产			负债合计	29 846 920.00	25 066 083.67
无形资产	1 623 552.68	1 807 657.92	所有者权益（或股东权益）：		
开发支出			实收资本（或股本）	50 105 600.00	50 000 000.00
商誉			资本公积		
长期待摊费用			减：库存股		
递延所得税资产	3 500.00	3 500.00	盈余公积	105 600.00	105 600.00
其他非流动资产			未分配利润	9 008 937.48	739 200.00
非流动资产合计	43 893 092.25	45 693 210.77	所有者权益（或股东权益）合计	59 220 137.48	50 844 800.00
资产总计	89 067 057.48	75 910 883.67	负债和所有者权益（或股东权益）总计	89 067 057.48	75 910 883.67

（四）2009 年 11 月份的利润表

表 8-12　　　　　　　　　　　　　利　润　表

会企 02 表

编制单位：北京晓晓化妆品有限公司　　　2009 年 11 月　　　　　　金额单位：元

项　目	本 期 金 额（略）	本年累计金额
一、营业收入		60 979 200.00
减：营业成本		24 617 304.40
营业税金及附加		20 836 712.20
销售费用		2 255 254.00
管理费用		4 673 111.92
财务费用		221 480.00
资产减值损失		0.00
加：公允价值变动收益（损失以"-"号填列）		0.00
投资收益（损失以"-"号填列）		0.00
其中：对联营企业和合营企业的投资收益		0.00
二、营业利润（亏损以"-"号填列）		8 375 337.48
加：营业外收入		0.00
减：营业外支出		0.00
其中：非流动资产处置损失		0.00
三、利润总额（亏损总额以"-"号填列）		8 375 337.48
减：所得税费用		0.00
四、净利润（净亏损以"-"号填列）		8 375 337.48
五、每股收益		
（一）基本每股收益		
（二）稀释每股收益		
（三）其他综合收益		
（四）综合收益总额		

（五）2009 年 11 月份的现金流量表主表和现金流量表补充资料

表 8-13　　　　　　　　　　　　现金流量表

会企03表

编制单位：北京晓晓化妆品有限公司　　　2009 年 11 月　　　　　　金额单位：元

项　目	本 期 金 额（略）	本年累计金额
一、经营活动产生的现金流量：		
销售商品、提供劳务收到的现金		68 941 360.00
收到的税费返还		
收到其他与经营活动有关的现金		0.00
经营活动现金流入小计		68 941 360.00

续表

项　目	本　期　金　额（略）	本年累计金额
购买商品、接受劳务支付的现金		20 936 586.96
支付给职工以及为职工支付的现金		10 043 232.00
支付的各项税费		31 076 617.91
支付其他与经营活动有关的现金		1 491 000.00
经营活动现金流出小计		63 547 436.87
经营活动产生的现金流量净额		5 393 923.13
二、投资活动产生的现金流量：		
收回投资收到的现金		0.00
取得投资收益收到的现金		200 000.00
处置固定资产、无形资产和其他长期资产收回的现金净额		0.00
处置子公司及其他营业单位收到的现金净额		
收到其他与投资活动有关的现金		
投资活动现金流入小计		200 000.00
购建固定资产、无形资产和其他长期资产支付的现金		
投资支付的现金		0.00
取得子公司及其他营业单位支付的现金净额		
支付其他与投资活动有关的现金		
投资活动现金流出小计		0.00
投资活动产生的现金流量净额		200 000.00
三、筹资活动产生的现金流量：		
吸收投资收到的现金		
取得借款收到的现金		6 000 000.00
收到其他与筹资活动有关的现金		
筹资活动现金流入小计		6 000 000.00
偿还债务支付的现金		0.00
分配股利、利润或偿付利息支付的现金		211 200.00
支付其他与筹资活动有关的现金		
筹资活动现金流出小计		211 200.00
筹资活动产生的现金流量净额		5 788 800.00
四、汇率变动对现金及现金等价物的影响		
五、现金及现金等价物净增加额		11 382 723 .13
加：期初现金及现金等价物余额		22 487 542.90
六、期末现金及现金等价物余额		33 870 266.03

表 8-14 现金流量表补充资料 金额单位：元

补 充 资 料	本期金额（略）	本年累计金额
1. 将净利润调节为经营活动现金流量：		
净利润		8 375 337.48
加：资产减值准备		0.00
固定资产折旧、油气资产折耗、生产性生物资产折旧		1 416 013.28
无形资产摊销		184 105.24
长期待摊费用摊销		
处置固定资产、无形资产和其他长期资产的损失（收益以"-"号填列）		
固定资产报废损失（收益以"-"号填列）		0.00
公允价值变动损失（收益以"-"号填列）		0.00
财务费用（收益以"-"号填列）		185 000.00
投资损失（收益以"-"号填列）		0.00
递延所得税资产减少（增加以"-"号填列）		0.00
递延所得税负债增加（减少以"-"号填列）		0.00
存货的减少（增加以"-"号填列）		-936 545.20
经营性应收项目的减少（增加以"-"号填列）		-2 337 024.00
经营性应付项目的增加（减少以"-"号填列）		-1 192 963.67
其他		-300 000.00
经营活动产生的现金流量净额		5 393 923.13
2. 不涉及现金收支的重大投资和筹资活动：		
债务转为资本		
一年内到期的可转换公司债券		
融资租入固定资产		
3. 现金及现金等价物净变动情况：		
现金的期末余额		33 870 266.03
减：现金的期初余额		22 487 542.90
加：现金等价物的期末余额		0.00
减：现金等价物的期初余额		0.00
现金及现金等价物净增加额		11 382 723 .13

（六）2009 年 11 月份的所有者权益变动表

表 8-15

所有者权益变动表

编制单位：北京晓晓化妆品有限公司

2009年11月

合企04表

金额单位：元

项　目	本期金额（略）						本年累计金额					
	实收资本（或股本）	资本公积	盈余公积	未分配利润	所有者权益合计	实收资本（或股本）	资本公积	盈余公积	未分配利润	所有者权益合计
一、上期期末余额						50 000 000.00		105 600.00	739 200.00	50 844 800.00
加：会计政策变更										
前期差错更正										
二、本期期初余额						50 000 000.00		105 600.00	739 200.00	50 844 800.00
三、本期增减变动金额（减少以"－"号填列）						105 600.00			8 269 737.48	8 375 337.48
（一）净利润									8 375 337.48	8 375 337.48
（二）直接计入所有者权益的利得和损失										
1. 可供出售金融资产公允价值变动净额										
2. 权益法下被投资单位其他所有者权益变动的影响										
3. 与计入所有者权益项目相关的所得税影响										
4. 其他										

续表

项 目	本期金额（略）					本年累计金额				
	实收资本（或股本）	资本公积	盈余公积	未分配利润	所有者权益合计	实收资本（或股本）	资本公积	盈余公积	未分配利润	所有者权益合计
上述（一）和（二）小计									8 375 337.48	8 375 337.48
（三）所有者投入和减少资本										
1. 所有者投入资本										
2. 股份支付计入所有者权益的金额										
3. 其他										
（四）利润分配						105 600.00			−105 600.00	0.00
1. 提取盈余公积										
2. 对所有者（或股东）的分配						105 600.00			−105 600.00	0.00
3. 其他										
（五）所有者权益内部结转										
1. 资本公积转增资本（或股本）										
2. 盈余公积转增资本（或股本）										
3. 盈余公积弥补亏损										
4. 其他										
四、本期期末余额						50 105 600.00		105 600.00	9 008 937.48	59 220 137.48

第三节 实训要求

本实训要严格按照财政部颁布的《企业会计准则（2006）》和《会计基础工作规范》执行。

一、实训分组

为培养学生团结合作精神和协调能力，本综合实训分组进行。

本综合实训，建议每 3 位同学组成一个实训小组，每小组同学所选经济业务相同，可以相互讨论、彼此借鉴，但每位同学必须完成所有实训资料，并能独立回答老师所抽查的问题。

二、选择经济业务

"第四章 企业基本情况和业务资料模块"中的 "第二节 2009 年 12 月发生的具体经济业务"中的 69 笔业务（72 笔业务中不包括第 53、66 和 67 笔 3 笔业务）可供选择，每个实训小组需从中选择 50 笔经济业务，分为必选和自选两部分，但不同的小组所选经济业务应有所区别，并要注意自选与必选经济业务之间的联系。

（一）必选部分

每小组必选第 1、2、3、4、5、6、11、12、43、44、45、46、48、49、51、54、55、56、57、58、59、60、61、62、63、64、65、68、69、70、71 和 72 笔共 32 笔经济业务。

（二）自选部分

每小组自选 69 笔经济业务中其他 18 笔经济业务。

三、实训手段

各学校可根据实训目的和设备情况选择采用如下实训手段完成财务会计综合实训。
（1）手工操作。
（2）Excel 2007 办公软件。
（3）用友 8.70 等财务软件。

四、实训内容

（一）审核编制原始凭证

根据所选经济业务编制审核相关原始凭证，为保持教材的完整性，与书中原始凭证相同的，可不裁下来，在记账凭证上注明所附原始凭证张数，如原始凭证需要重新编制的，请粘贴在记账凭证的背面。

（二）编制审核记账凭证

记账凭证可采用收款凭证、付款凭证和转账凭证，也可以采用通用记账凭证。本实训采用通用记账凭证。

（三）编制科目汇总表

根据记账凭证每 10 天分上、中、下旬编制科目汇总表并试算平衡（发生额平衡）。根据科目汇总表登记总账。

（四）开设登记会计账簿

开设登记会计账簿步骤如下：

1. 建账

根据提供的"建账资料"，开设现金日记账、银行存款日记账、总分类账户和相关明细分类账户。

"材料采购"、"原材料"、"库存商品"、"周转材料"明细账要求采用数量金额式明细账，"生产成本"、"制造费用"、"应交税费——应交增值税"、"管理费用"和"本年利润"明细账要求采用多栏式明细账，其他明细账要求采用三栏式明细账。

将"建账资料"中的年初、月初余额数据记入相关账户的余额栏内，并在"摘要"栏写上"承前页"。参照第六章总分类账和明细分类账中 1 至 11 月份累计金额，记入相关账户的发生额栏内，并在"摘要"栏写上"本年累计"。

2. 登账

根据上述记账凭证和会计科目汇总表，平行登记现金日记账、银行存款日记账、总分类账和明细分类账，并结出其发生额及余额。总分类账要与有关明细分类账、日记账进行核对，做到账账相符。

（1）登现金日记账

根据相关记账凭证，按照业务发生顺序逐笔登记现金日记账。每日终了，应当计算当日的现金收入合计额、现金支出合计额和结余额，将结余额与实际库存额核对，做到账款相符。

（2）登银行存款日记账

根据相关记账凭证，按照业务的发生顺序逐笔登记银行存款日记账。每日终了，应结出余额。"银行存款日记账"应定期与"银行对账单"核对，至少每月核对一次。企业银行存款账面余额与银行对账单余额之间如有差额，应编制"银企余额调节表"调节相符。

（3）登总账

根据会计科目的编码顺序和本企业上年度及预计本年度业务情况开设总账，总分类账一般采用 10 日汇总并编制科目汇总表登记。

（4）登明细账

根据记账凭证，按照业务发生顺序逐笔登记明细分类账。

（五）编制科目余额表

根据会计账簿编制科目余额表。

（六）编制财务报表

1．专科学生

期末根据核对相符的总分类账户、明细分类账户及提供的相关资料，编制 2009 年 12 月份的资产负债表和利润表。

2．本科学生

期末根据核对相符的总分类账户、明细分类账户及提供的相关资料，编制 2009 年 12 月份的资产负债表、利润表、现金流量表和所有者权益变动表。

如时间宽裕，也可编制 2009 年度的资产负债表、利润表、现金流量表和所有者权益变动表。

（七）装订资料

根据所选经济业务的原始凭证，编制通用记账凭证，并从"通字第 1 号"开始连续编号并装订成册，科目汇总表装订其中。装订前要加上封面、封底。

会计明细账页按科目编号和账页编号装订成册，装订前要加上扉页。

五、实训程序及参考进度

本实训要求课时为 48 学时，也可根据学校实际情况酌情增减。如采用"手工加 Excel 办公软件"实训手段的，建议手工操作部分占 36 学时，Excel 操作占 12 学时。综合考虑手工和计算机操作各种因素，建议课时分配如下：

（1）审核编制原始凭证，约 5 学时。

（2）编制审核记账凭证，约 8 学时。

（3）编制科目汇总表，约 2 学时。

（4）开设登记会计账簿，约 16 学时。

（5）编制科目余额表，约 2 学时。

（6）编制财务报表，约 14 学时。

（7）装订资料，约 1 学时。

六、提交实训资料

（1）装订成册的记账凭证（包括科目汇总表）。

（2）现金日记账、银行存款日记账、明细分类账、总分类账。

（3）科目余额表。

（4）专科学生：资产负债表、利润表；本科学生：资产负债表、利润表、工作底稿、现金流量表和所有者权益变动表。

七、实训所需设备和耗材

采用用友等财务软件操作的，需提供安装用友 8.70 等财务软件的计算机，至少每小组一台；采用 Excel 办公软件操作的，需提供安装 Excel 办公软件的计算机，至少每小组一台；采用手工操作的，需提供如下耗材：

（1）通用记账凭证 100 页，封皮 3 张。

（2）科目汇总表 6 张。

（3）现金日记账、银行存款日记账、总分类账各一本。

（4）三栏式明细分类账（乙式 502）90 页、多栏式明细分类账（乙式 614-2）8 页、数量金额式明细分类账（乙式 504-2）12 页，封皮 3 张。

（5）科目余额表 2 张（可自制）。

（6）专科学生用：资产负债表 2 张、利润表 2 张；本科学生用：资产负债表 4 张、利润表 4 张；现金流量表主表和现金流量表补充资料 4 张、所有者权益变动表 4 张。

（7）本科学生用：工作底稿 2 张（可自制）。

（8）口取纸 2 张。

参 考 文 献

［1］中华人民共和国财政部.企业会计准则（2006）.北京：经济科学出版社，2007.

［2］中华人民共和国财政部.企业会计准则——应用指南（2006）.北京：中国财政经济出版社，2006.

［3］财政部会计司编写组.企业会计准则讲解（2008）.北京：人民出版社，2008.

［4］中国注册会计师协会.会计.北京：中国财政经济出版社，2010.

［5］中国注册会计师协会.税法.北京：中国财政经济出版社，2010.

［6］裴淑红.企业会计实务.北京：中国市场出版社，2009.

［7］裴淑红.财务会计操作实务.北京：中国市场出版社，2008.

［8］李宝珍，裴淑红，付倩.财务会计学（中、高级）.2 版.北京：中国市场出版社，2010.

［9］裴淑红，原晓青.税法.北京：化学工业出版社，2009.

［10］裴淑红，李军.纳税申报实务.北京：化学工业出版社，2010.

［11］刘博.会计基本技能训练.北京：中国市场出版社，2008.